中国分省系列地图册

宁夏

中国地图出版社

图书在版编目（CIP）数据

宁夏 / 中国地图出版社编著. -- 2版. -- 北京 : 中国地图出版社, 2023.3 （2024.1重印）
（中国分省系列地图册）
ISBN 978-7-5204-3478-2

Ⅰ. ①宁… Ⅱ. ①中… Ⅲ. ①行政区地图－宁夏－地图集 Ⅳ. ①K992.243

中国国家版本馆CIP数据核字(2023)第049972号

责任编辑：鹿　宇
编　　辑：梁　华
审　　校：张　红　钱明德　雷京华
审　　订：刘文杰
封面设计：中文天地　舒博宁

编　著	中国地图出版社		
出版发行	中国地图出版社		
社　址	北京市西城区白纸坊西街3号	邮政编码	100054
网　址	www.sinomaps.com		
印　刷	河北环京美印刷有限公司	经　销	新华书店
成品规格	170mm×240mm	印　张	7.5
印　次	2024年1月 河北第2次印刷	版　次	2016年1月第1版 2023年3月第2版
印　数	3501－8000	定　价	39.00元
书　号	ISBN 978-7-5204-3478-2		
审 图 号	GS京 (2023)0014号		

本图册中国国界线系按照中国地图出版社1989年出版的1：400万《中华人民共和国地形图》绘制
咨询电话：010－83493066(编辑)、010－83493029(印装)、010－83543956、010－83493011(销售)

图例

市县图

图例	说明
	自治区行政中心
	地级市行政中心
	县级行政中心
	乡级行政中心
	村庄
	省级界
	地级界
	县级界
	河流、水库、水坝、渠道
	常年湖　时令湖
贺兰山 ▲敖包圪垯 3556	山脉、山峰及高程
	铁路
	高速铁路
	建筑中铁路
盐中高速　未成	高速公路及分段名称
G70福银高速	高速公路编号及总名称
宣和　兴仁　兴仁	高速公路出入口、服务区及收费站
	高等级公路
312　未成	国道及国道编号
	省道
	县乡道
	国家级风景名胜区
	其他旅游点
	国家级自然保护区
	国家森林公园
	水运港口

城区图

图例	说明
	自治区政府
	地级市政府
	县级政府
	街道、乡镇
	公园、绿地
	宾馆、饭店
文	学校
	医院
	文化宫
	影剧院
商	购物场所
¥	银行
	邮电局
	博物馆
	图书馆
	体育场、体育馆
	工厂
	旅游景点
	机场
	其他

目录

市县索引图

注:图中数字表示页码

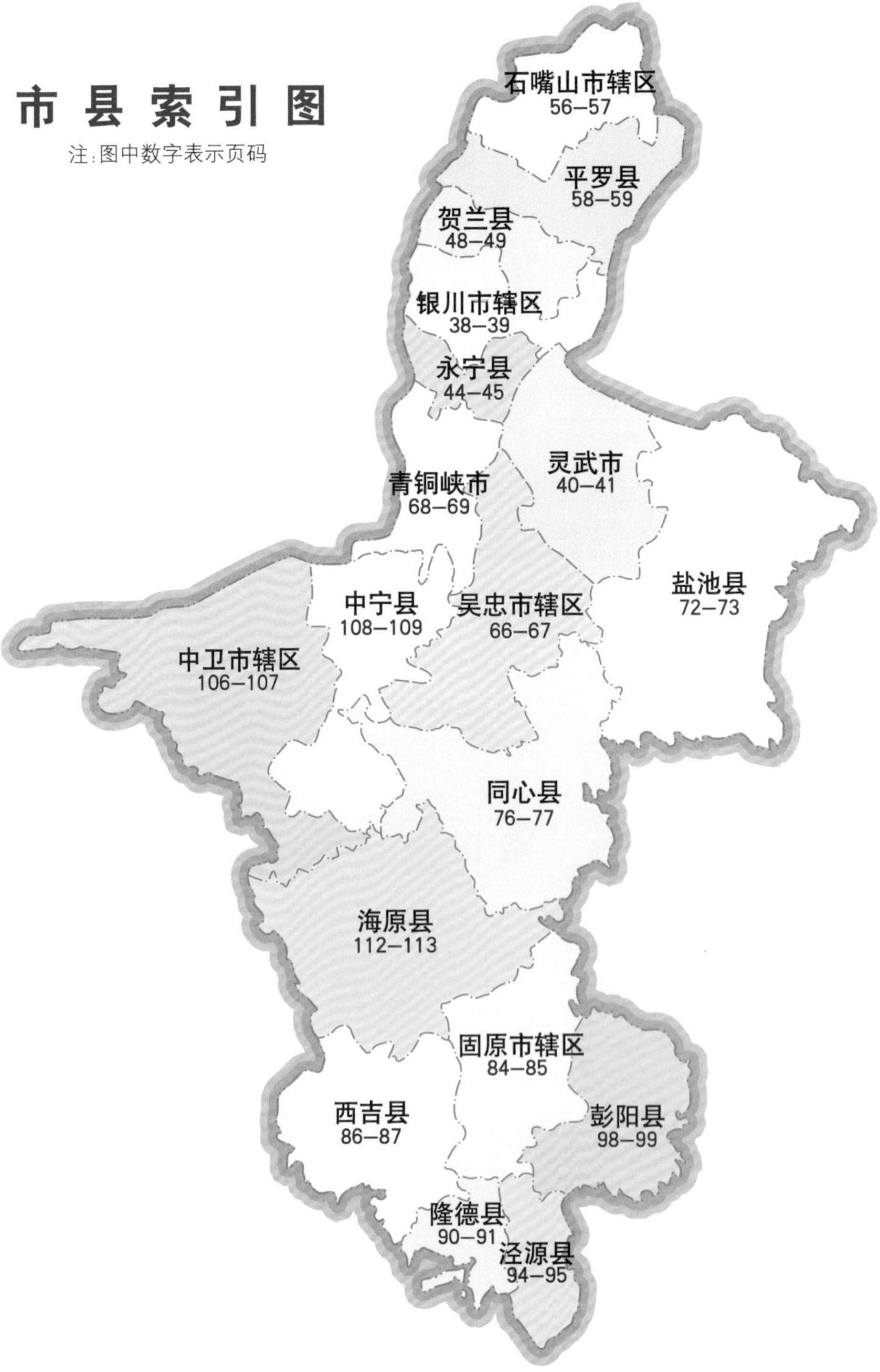

序　图

地县图

宁夏回族自治区政区

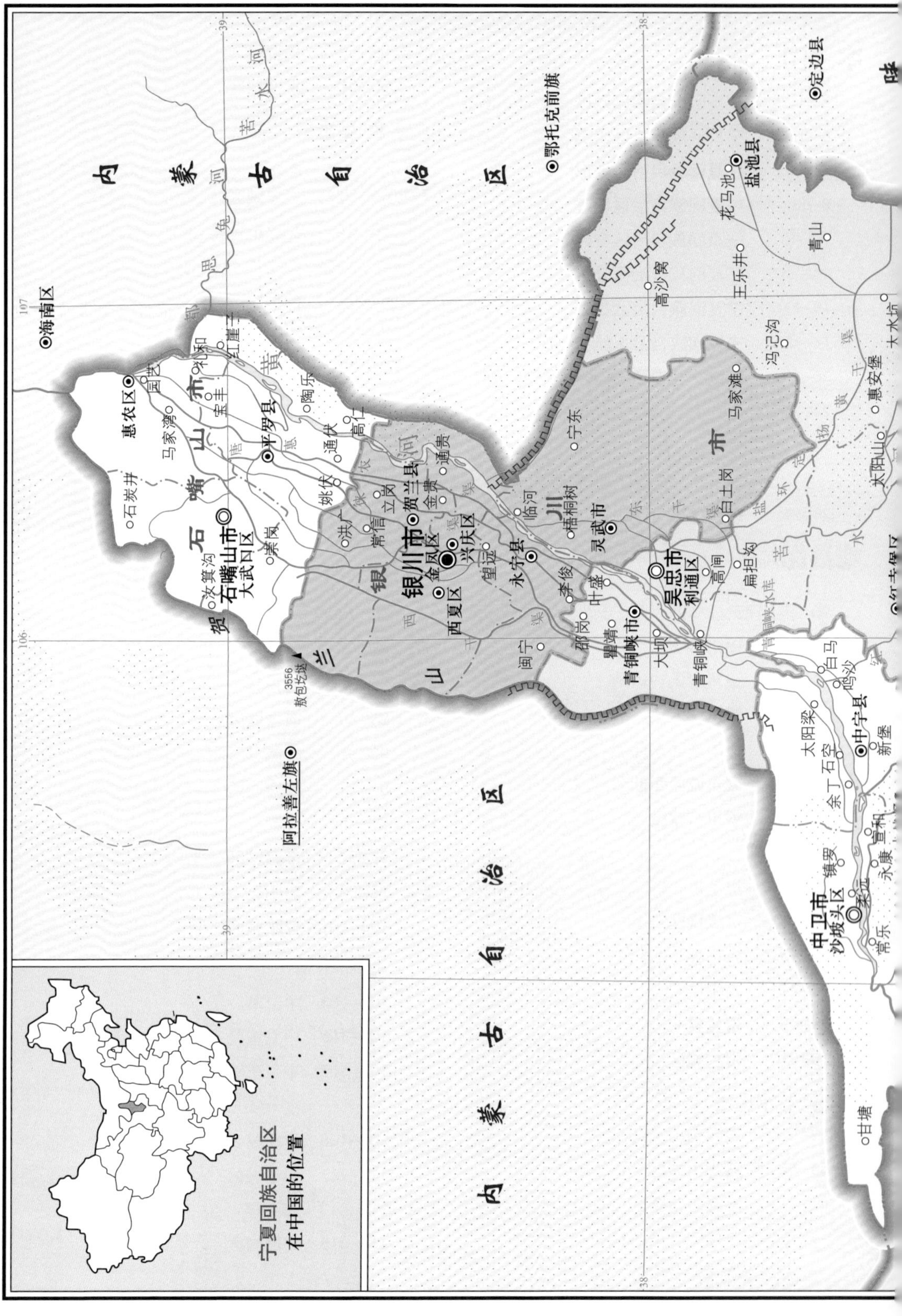

内蒙古自治区
鄂托克前旗
海南区
阿拉善左旗
定边县
陕
盐池县
花马池
青山
王乐井
高沙窝
冯记沟
马家滩
惠安堡
太阳山
大水坑
宁东
临河
梧桐树
灵武市
吴忠市
利通区
高闸
扁担沟
白土岗
银川市
金凤区
兴庆区
西夏区
贺兰县
永宁县
望远
李俊
叶盛
青铜峡市
瞿靖
邵岗
大坝
青铜峡
闽宁
石嘴山市
大武口区
惠农区
平罗县
石炭井
汝箕沟
崇岗
马家湾
园艺
宝丰
礼和
红崖子
陶乐
高仁
通伏
姚伏
洪广
常信
立岗
金贵
通贵
贺兰山
3556
敖包圪垯
中卫市
沙坡头区
中宁县
鸣沙
白马
太阳梁
石空
余丁
新堡
宣和
永康
镇罗
柔远
常乐
甘塘
黄河
都思兔河
苦水河
宁夏回族自治区
在中国的位置

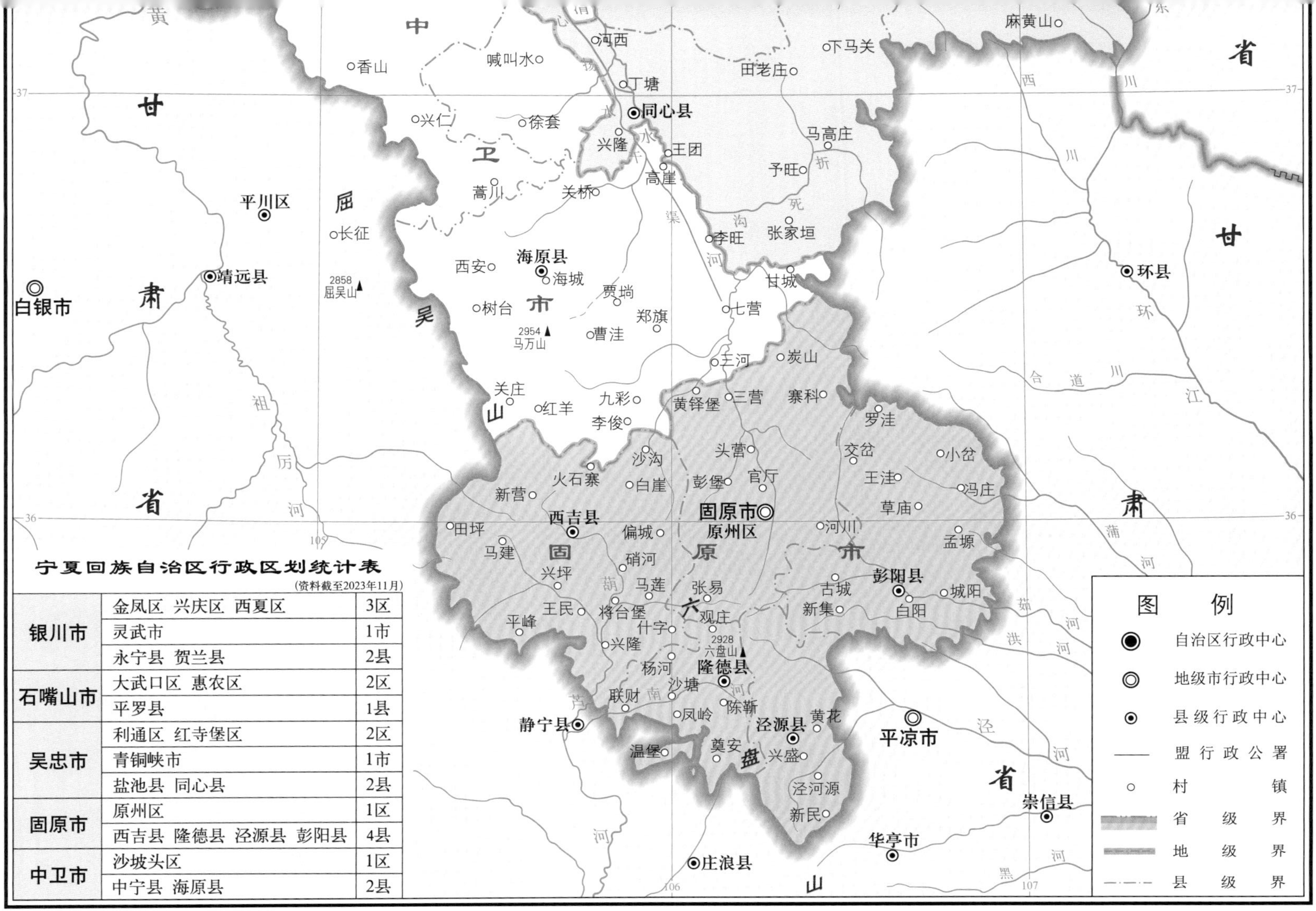

宁夏回族自治区行政区划统计表

(资料截至2023年11月)

银川市	金凤区 兴庆区 西夏区	3区
	灵武市	1市
	永宁县 贺兰县	2县
石嘴山市	大武口区 惠农区	2区
	平罗县	1县
吴忠市	利通区 红寺堡区	2区
	青铜峡市	1市
	盐池县 同心县	2县
固原市	原州区	1区
	西吉县 隆德县 泾源县 彭阳县	4县
中卫市	沙坡头区	1区
	中宁县 海原县	2县

位置面积

宁夏回族自治区简称宁，位于中国中部偏北的内陆，西北地区东部、黄河上中游中段，与甘肃省、陕西省和内蒙古自治区毗邻。地理坐标：东经104° 17′ ~107° 40′，北纬35° 14′ ~39° 23′。范围北起石嘴山市头道坎北2千米的黄河江心，其南迄泾源县六盘山的中嘴梁；西起中卫市营盘水车站西南2千米的田滂坝，东至盐池县柳树梁东北4千米处，最大南北相距456千米，东西250千米。全区面积约6.6万平方千米。

行政区划

宁夏回族自治区下辖银川、石嘴山、吴忠、固原、中卫5个地级市；2个县级市：青铜峡市、灵武市；11个县：永宁县、贺兰县、平罗县、盐池县、同心县、泾源县、隆德县、西吉县、海原县、中宁县、彭阳县；9个市区辖区：银川兴庆区、银川西夏区、银川金凤区、石嘴山大武口区、石嘴山惠农区、吴忠利通区、吴忠红寺堡区、固原原州区、中卫沙坡头区。自治区首府银川。

人口民族

截至2020年末（第七次全国人口普查），全区常住人口720.27万人，共有43个民族，其中以回、汉、满等民族为主，是中国最大的回族聚居区。回族主要分布在南部山区的同心、固原、西吉、海原、泾源和引黄灌区的吴忠、灵武等市县。

●回族

主要聚居于宁夏回族自治区，河南、新疆、青海、河北、山东等省(自治区)也有大小不等的聚居区。现回族人口已超过1000万。回族是由中外多种民族成分在长期历史发展中形成的民族。伊斯兰教的传入及其在中国的发展，对回族的形成起了重要的纽带作用。回族多数信仰伊斯兰教，为了宗教活动和生活习俗上的便利，回民习惯在住地建礼拜寺(又称清真寺)，围寺而居。回族的通用语为汉语。日常交往及宗教活动中，回族语言中保留了大量的阿拉伯语和波斯语的词汇。

回族有三大节日：开斋节（大尔迪）、宰牲节（小尔迪）、圣纪节。

历史沿革

距今5万年左右，宁夏境内就有人类活动，创造了旧石器时代晚期的“水洞沟文化”。在战国时期，秦惠文王始置乌化县。秦始皇统一中国后，建

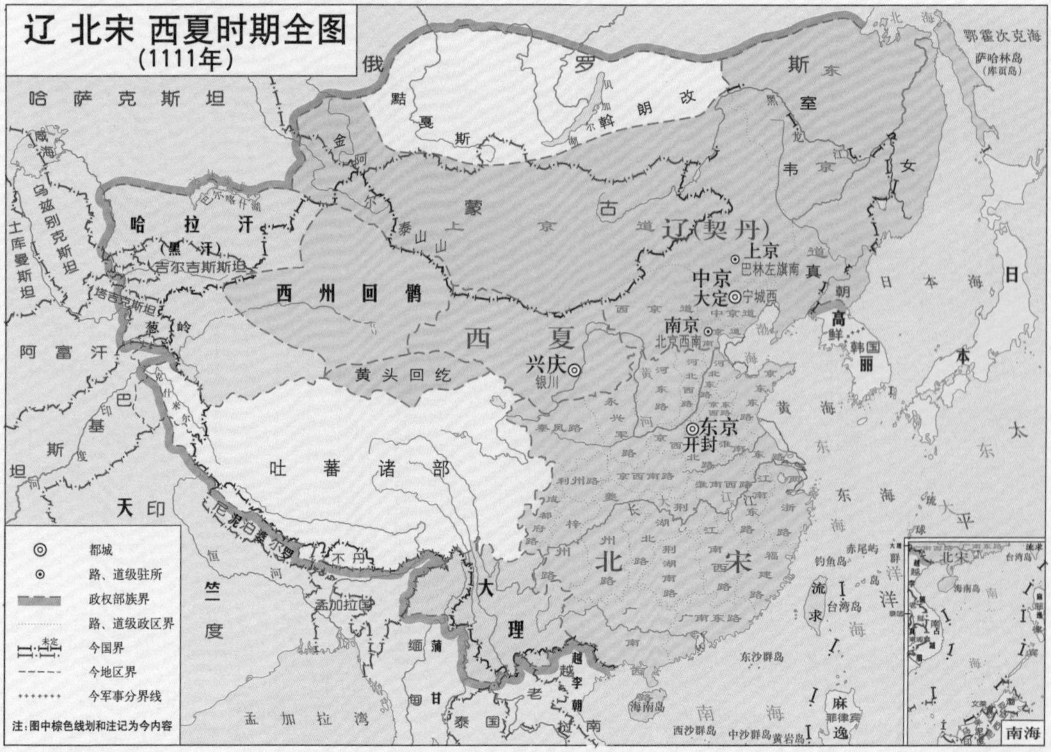

立中央政权，宁夏属北地郡。三国、西晋时期属羌胡：东晋末年，匈奴后裔赫连勃勃建立地方政权，国号大夏，宁夏大部分属其管辖范围。南北朝时期历属北魏、西魏、北周。隋朝设灵武郡、平凉郡：唐朝分全国为十道，宁夏属关内道。五代时东部历属梁、唐、晋、汉、周，西部为党项地。1038年，党项族首领李元昊，以宁夏为中心，建立大夏国，史称西夏。定都兴庆府（今银川市），国土“东尽黄河，西界玉门，南接萧关，北抵大漠”，“方二万余里”形成了和宋、辽、金政权三足鼎立的局面。元灭西夏后，取“夏地安宁”之意改中兴府为宁夏路，宁夏之名自此始。明置陕西布政使司宁夏卫、宁夏中卫等，清朝置甘肃省宁夏府。民国初年大部设为甘肃省朔方道，后改宁夏道，南部属陇东道。1929年以旧宁夏护军使辖地及析置磴口县设宁夏省，省会宁夏县。1954年撤销宁夏省，原辖区分别划归内蒙古和甘肃两省区，1958年10月25日正式成立了宁夏回族自治区。

经济发展

中华人民共和国成立以来，特别是改革开放以来，宁夏凭借长期开发建设形成的基础设施和丰富的煤炭、石油、天然气等矿产资源优势，致力于经济建设，工业、农业、林业、畜牧、水利、交通、邮电、商业等都在以前所未有的速度向前发展。宁夏已形成门类齐全的工业体系，宁夏引黄灌区已成为中国重要的12个商品粮生产基地之一，素有“塞上江南、鱼米之乡”“西部粮仓”的美誉。

宁夏引黄灌溉历史悠久，自秦汉以来，利用黄河之便，兴修水利，灌溉农田，秦渠、汉渠、唐徕渠等古渠至今仍发挥着重要的作用。全区农业生产环境洁净，非常适合无公害、绿色、有机农产品生产。主产优质水稻、小麦、玉米、高粱、马铃薯、瓜菜等，以及胡麻、油菜、甜菜、枸杞等经济作物。甜菜种植发展较快，单产水平和含糖率均居全国前列。宁夏的枸杞，有“枸杞甲天下”之说，产销量占全国60%以上。宁夏的清真牛羊肉、乳制品和绒毛制品深受国内外客商的欢迎。“宁夏滩羊”是我国特有的种质资源，肉质鲜美。南部山区海拔高，隔离条件好，是马铃薯种植生产的优势区域。中卫的硒砂瓜富含多种维生素，产品畅销全国。贺兰山东麓是驰名中外的酿酒葡萄种植最佳适宜区，所产葡萄酒品质优良。

宁夏回族自治区原有工业基础极为薄弱，自治区成立以来发展较为迅速，逐步建立起煤炭、机械、冶金、电力等工业，已形成银川、石嘴山、青铜峡等工业中心。煤炭资源丰富，汝箕沟无烟煤质量堪称全国之冠，贺兰山矿区是宁夏最大煤炭基地。近年来，结构调整取得新进展，产业聚集度不断提高。通过大力发展能源、煤化工、新材料、装备制造、特色农副产品加工及高新技术等优势特色产业，工业结构出现了新的格局。以龙头企业为核心，形成了煤电铝、煤炭炼焦化工、电石PVc等一系列产业集群。自治区已被国家确定为13个亿吨级煤炭基地、4个“西电东送”火电基地之一。钽铌铍钛及其合金、风电及其组件、光伏发电及组件、生物发酵等新兴产业初具规模。以羊绒、葡萄酿酒、枸杞系列产品、土豆淀粉、乳制品、金属镁、稀有金属、化学原料药等为主的特色产业迅速发展壮大，成为工业经济新的增长点。

国家实施“一带一路”建设以来，宁夏积极参与“一带一路”建设工作。加快建设中阿空中、网上、陆上丝绸之路，着力打造丝绸之路经济带战略支点。

●神华宁夏煤业集团

公司成立于2006年1月，是神华集团控股子公司，也是宁夏回族自治区龙头骨干企业。注册资本100.3亿元，其中神华集团占51%，宁夏政府占49%。

神华宁夏煤业集团公司是国家级重点开发区宁东能源化工基地建设的主力军，承担着国家亿吨级煤炭基地和世界级现代煤化工基地建设重任。经过十多年的大规模开发建设，一大批煤矿、煤化工、铁路重点项目相继开工建设并投产。

“十二五”时期，神华宁夏煤业集团公司将积极抢抓新一轮西部大开发战略机遇，加快经济发展方式转变，做大煤炭，做足电力，做强煤化工，做精碳基材料，做优铁路运输，加快建成国家级煤、电、路、化特大型综合能源基地，奋力建设世界一流企业，精心打造世界煤化工的“硅谷”。

●宁夏发电集团有限责任公司

公司成立于2003年6月，是宁夏回族自治区主导以区内用电和引导向区外送电的地方办电主体。成立十多年来，在坚持发展火力发电等传统能源的同时，积极开发风力发电、太阳能发电等可再生能源，形成了传统能源与可再生能源“两翼并重、双翼齐飞”的产业格局，并按照延伸产业链的思路，形成了火力发电、风力发电、太阳能发电、煤炭开发、装备制造五大产业板块和煤炭—铁路—火力发电、风电设备制造—风力发电、硅材料—光伏发电设备—太阳能光伏发电三条产业链协同发展的良好局面。

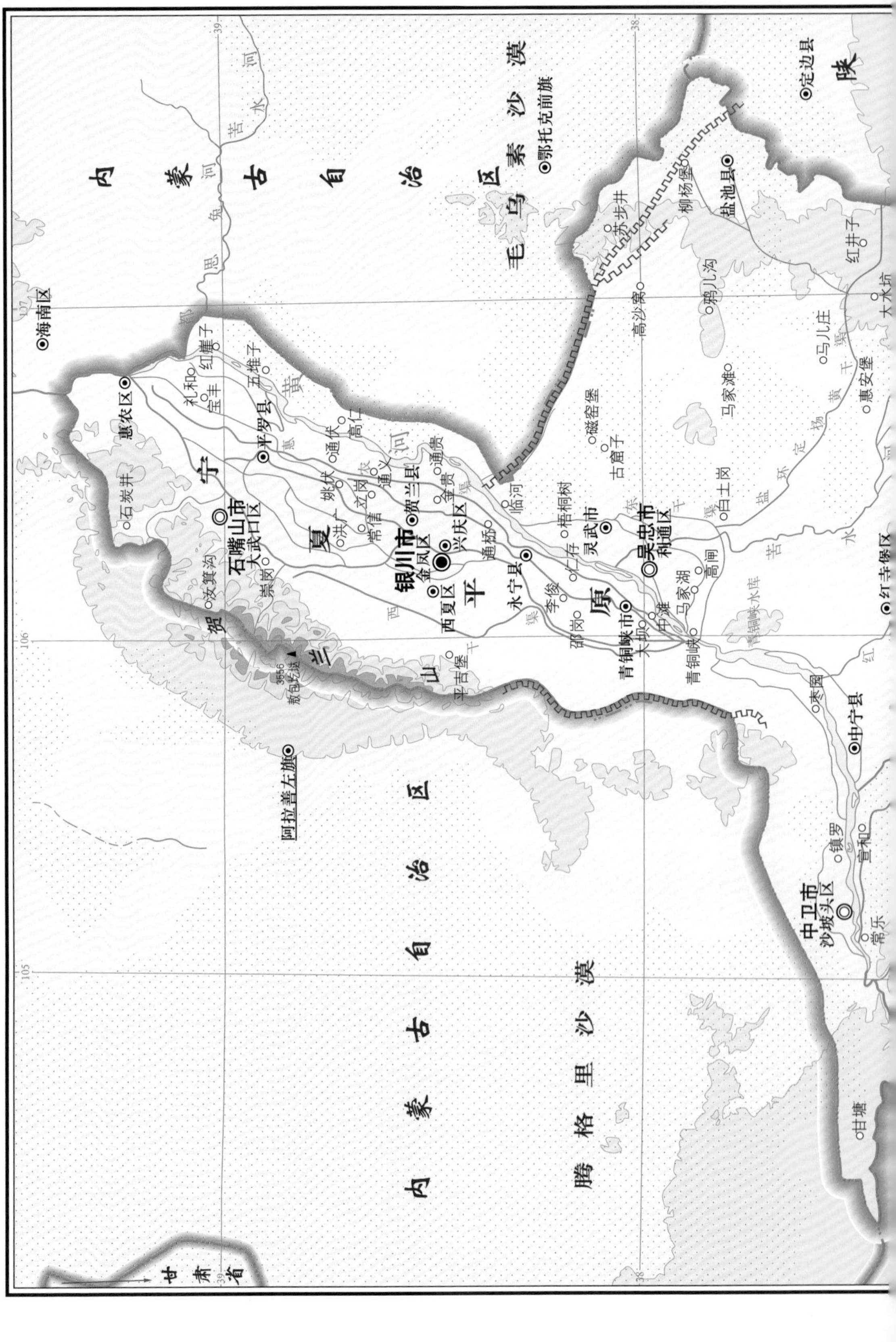
内蒙古自治区
毛乌素沙漠
鄂托克前旗
定边县
陕
盐池县
柳杨堡
苏步井
高沙窝
鸦儿沟
红井子
大水坑
马家滩
马儿庄
惠安堡
海南区
惠农区
红崖子
礼和
宝丰
五堆子
平罗县
石炭井
宁
石嘴山市
大武口区
汝箕沟
崇岗
姚伏
通伏
高仁
洪广
立岗
常信
通义
贺兰县
通贵
金贵
银川市
金凤区
兴庆区
西夏区
夏
平
原
通桥
临河
梧桐树
灵武市
古窑子
磁窑堡
吴忠市
利通区
白土岗
永宁县
仁存
李俊
邵岗
青铜峡市
大坝
马家湖
高闸
青铜峡
青铜峡水库
红寺堡区
贺
兰
山
3556
敖包圪垯
平吉堡
阿拉善左旗
枣园
中宁县
宣和
镇罗
中卫市
沙坡头区
常乐
甘塘
腾格里沙漠
甘肃省
黄河
苦水河
都思兔河
西干渠
惠农渠
东干渠
秦渠
汉渠
盐环定扬黄
105
106
107
38
39

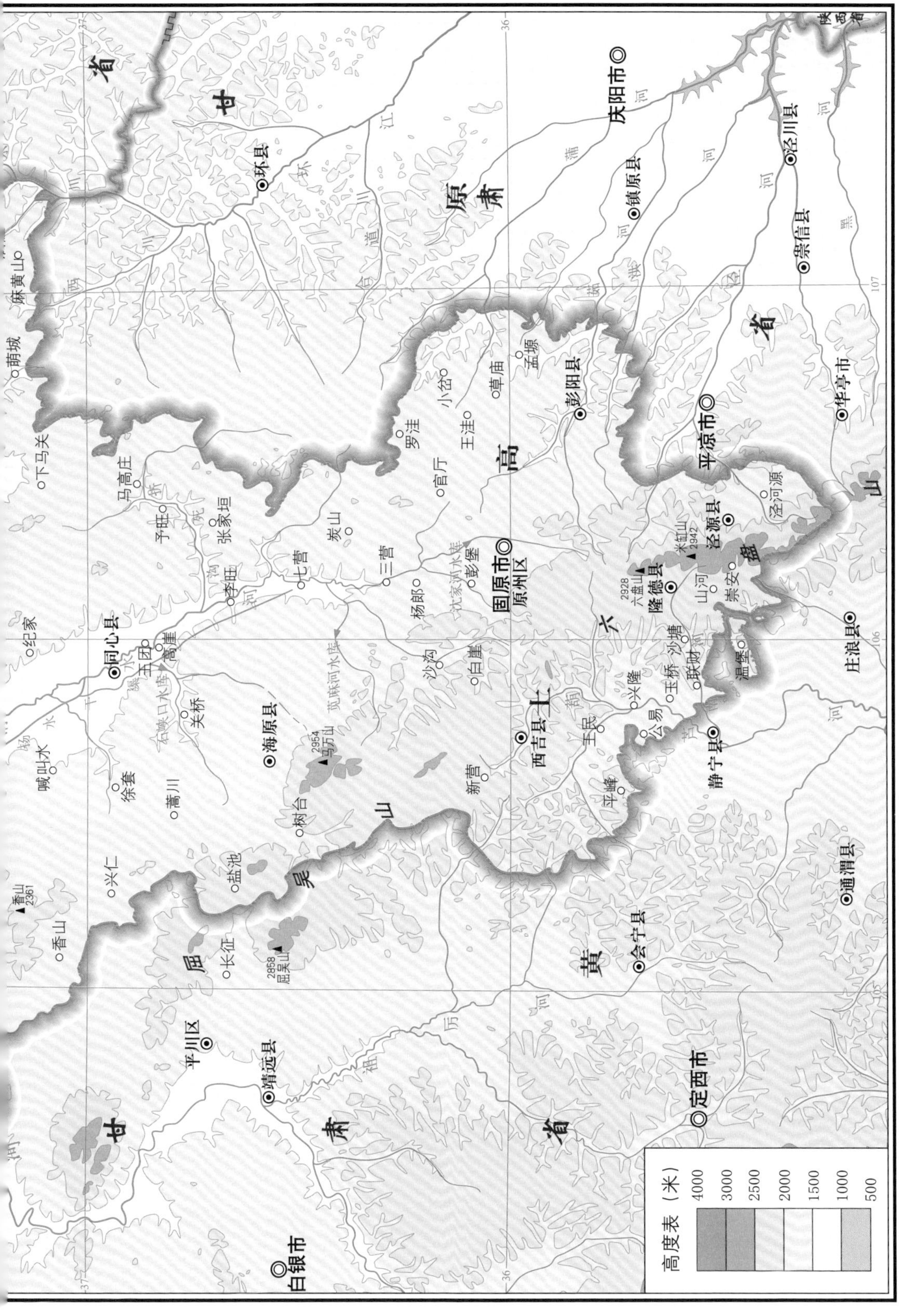

甘肃省
庆阳市
环县
镇原县
泾川县
崇信县
平凉市
华亭市
泾源县
隆德县
庄浪县
静宁县
通渭县
会宁县
定西市
靖远县
平川区
白银市
固原市
原州区
彭阳县
西吉县
海原县
同心县
麻黄山
萌城
下马关
马高庄
予旺
张家垣
李旺
七营
三营
炭山
官厅
罗洼
小岔
王洼
草庙
孟塬
彭堡
杨郎
沙沟
白崖
兴隆
王民
公易
平峰
新营
树台
马万山
2954
关桥
徐套
蒿川
喊叫水
纪家
王团
高崖
兴仁
盐池
长征
香山
2361
屈吴山
2858
山河
崇安
温堡
联财
沙塘
玉桥
泾河源
米缸山
2942
六盘山
2928
陕西省
黄土高原
六盘山
屈吴山
石峡口水库
沈家河水库
苋麻河水库
清水河
高度表（米）
4000
3000
2500
2000
1500
1000
500

1:1 580 000

地形地貌

宁夏位于中国地势第一阶梯向第二阶梯转折的过渡地带，全境海拔在1000米以上，地势南高北低，高差近1000米，呈阶梯状下降。

南部黄土丘陵海拔2000米左右，面积占全区的37.1%；中部灵盐台地和兴仁平原、清水河下游平原、红寺堡平原、韦州平原等山间平原海拔1300～1500米，面积占全区的23.0%；北部宁夏平原海拔1100～1200米，面积占全区的18.17%。三者形成宁夏面积最大的三级地势阶梯。

其余地区为山地前红岩丘陵和腾格里沙漠。宁夏山地皆为断块山，除贺兰山(中段海拔3000米以上，主峰敖包圪垯，3556米，是宁夏最高峰)高耸于西北边境外，其余南部弧形地貌格局展布于区内。三列弧形山地及外围界山由南西向北东逐列降低，西华山、南华山、月亮山、六盘山海拔2600～3000米，香山、清水河西侧山地海拔2000～2350米，卫宁北山、烟筒山、牛首山等海拔1500～1700米，也组成阶梯状地势结构。

宁夏山地与平原多交错分布，此起彼落，高差500～2000米不等，贺兰山与银川平原高差冠于全区。

●宁夏平原

位于宁夏回族自治区中部黄河两岸。宁夏平原面积约8000平方千米，海拔1100～1200米，地势从西南向东北逐渐倾斜。黄河自中卫入境，向东北斜贯于平原之上，黄河顺地势经石嘴山出境。平原上土层深厚，地势平坦，加上坡降相宜，引水方便，便于自流灌溉，建于2000多年前的秦渠、汉渠、唐渠延名至今，流淌至今，形成了大面积的自流灌溉区。

●贺兰山脉

位于宁夏回族自治区与内蒙古自治区的交界，为南北走向，长度约200千米，主峰敖包圪垯海拔高3556米。贺兰山以西是腾格里沙漠，以东是宁夏平原，是地理和气候的重要分界。

●宁南黄土丘陵

指宁夏南部的一片丘陵区域，位于麻黄山北，青龙山、罗山、烟筒山、香山之南，是黄土高原的一部分，墚峁发育，沟壑纵横，水土流失严重。包括葫芦河流域、清水河流域。

●六盘山

六盘山古称陇上，位于宁夏的南部，耸立于黄土高原之上，是一条近似南北走向的狭长山脉。主峰位于和尚铺以南的米缸山，海拔2942米，山势高峻。山路曲折险狭，须经六重盘道才能到达顶峰，六盘山因此而得名。山腰地带降雨较多，气候较为湿润，宜于林木生长，有较繁茂的天然次生阔叶林，使六盘山成为突起于黄土高原之上的一个“绿岛”，也是宁夏重要的林区之一。

●灵盐台地

在黄土丘陵区以北、银川平原以东，即灵武市东部和盐池县北部的广大地区，为鄂尔多斯高原的一部分，是海拔1200～1500米的台地。台面上固定和半固定沙丘较多。西部，低矮的平墚与宽阔谷地相交错，起伏微缓。谷地里散布有面积不大的盐池、海子，生产食盐、芒硝等盐类矿点。

气候特征

宁夏地居内陆，远离海洋，位于中国季风区的西缘，冬季受蒙古高压控制，正当冷空气南下之要冲，夏季处在东南季风西行的末梢，形成较典型的大陆性气候，具有冬寒长、夏热短、春暖快、秋凉早，干旱少雨、日照充足、蒸发强烈、风大沙多、南凉北暖、南湿北干和气象灾害较多等特点。

【年平均气温】年平均气温是在5℃～9℃之间，呈北高南低分布。固原市在7℃以下，贺兰山和六盘山最低，分别为－0.8℃和10℃。同心以北至宁夏平原，年均气温在8℃～9.4℃之间，中宁、大武口分别为9.2℃和9.4℃，是年均气温最高的地方。

日平均气温≥10℃的初日，是农作物生长活跃的时期，同心以北地区出现在4月中旬末到4月下旬初；固原市出现在5月上、中旬，南北相差约25天左右。

日平均气温≥10℃的终日，同心以北地区在10月上旬；固原市在9月中、下旬，南北相差20天左右。≥10℃是农作物生长旺盛期，中北部平原地区持续天数在170天左右，积温为3200℃～3500℃；固原市持续天数在120-150天，积温1900℃～2600℃；贺兰山、六盘山，持续天数在40天以下，积温400℃～500℃。

【年降水量】宁夏降水少，多年平均年降水量为183.4～677毫米，由南向北递减，六盘山地区600毫米以上，黄土丘陵区300～600毫米，同心、盐池一带200～300毫米，银川平原和卫宁平原200毫米左右。六盘山和贺兰山年降水分别为677毫米和430毫米，是宁夏南、北的多雨中心。

年降水总量中，夏季占51%～65%，冬季占1%～2%，春季占14%～18%，秋季占20%～28%。各地年降水曲线都呈单峰型，进入6月，降水量迅速增大，9月以后，降水量急剧减少。降水量最大值一般出现于7月下旬至8月上旬，这一期间的降水量，中、北部地区占年降水量的30%左右。南部地区占年降水量的21%～25%；月平均降水量最小值一般出现于12月，占年降水量的比重各地都在0.5%以下。降水的年际变化也很大，多雨年降水量是少雨年降水量的2～6倍。降水变差系数0.20～0.46，由南向北增大，降水越少的地区降水越不稳定。

【年蒸发量】宁夏各地年蒸发量在1214.3～2803.4毫米之间。韦州站年蒸发量最大，为2803.4毫米。西吉、泾源、隆德等地年蒸发量较小，平均小于1481毫米。其分布趋势大致为韦州

年平均气温
1:3 510 000

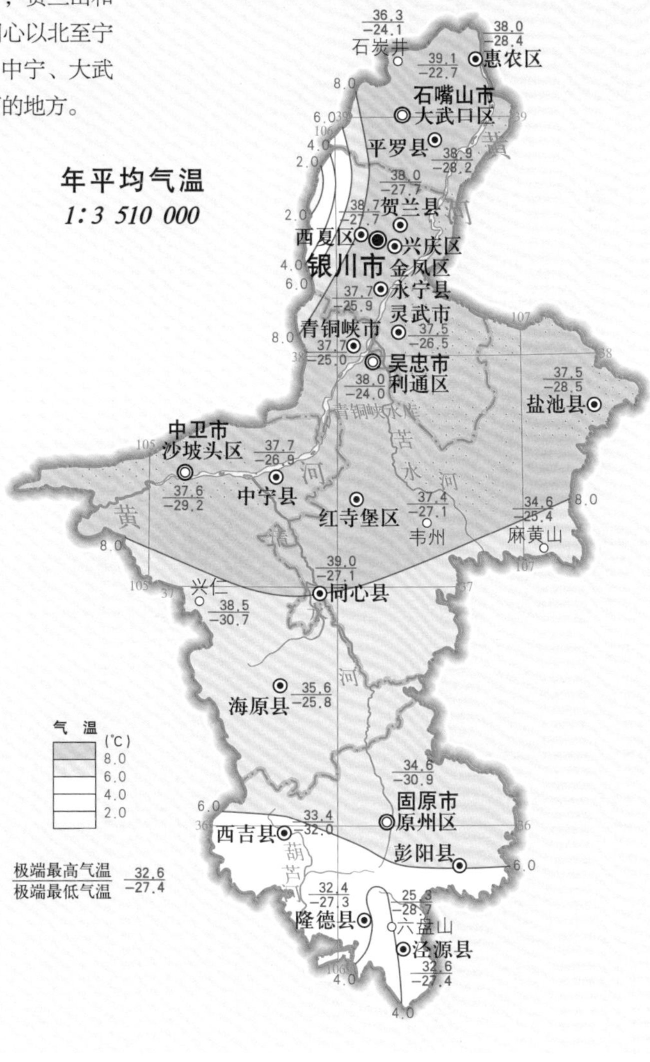

站以南自北向南年蒸发量逐渐减少；韦州以北分布情况为：以韦州为高中心向北逐渐减少，至石嘴市又呈增大趋势。

【无霜日数】以最低气温>0℃的最长日数为指标，全区各地多年平均无霜期在133-177天。其中，中北部平原大部分地区在170天左右，大武口、灵武、中宁无霜期为最长，均达177天。原州区和盐池等地在133-154天，隆德最短，仅有133天。

【日照时数】宁夏是全国日照资源最丰富的地区之一，其年日照时数在2203.2-3092.8小时。石嘴山市各地在3000小时以上，以大武口为最多达3170.6小时；银川市在2909.7-2998.5小时，以灵武市为最多，达3004.8小时；吴忠市以同心最多，达3011.2小时，盐池县麻黄山最少为2787.6小时；固原市在2318.7-2867.1小时，西吉最少为2318.7小时，泾源、隆德阴湿山区年日照时数分别为2336.8和2203.2小时。中卫市以沙坡头兴仁最多为2867.1小时。

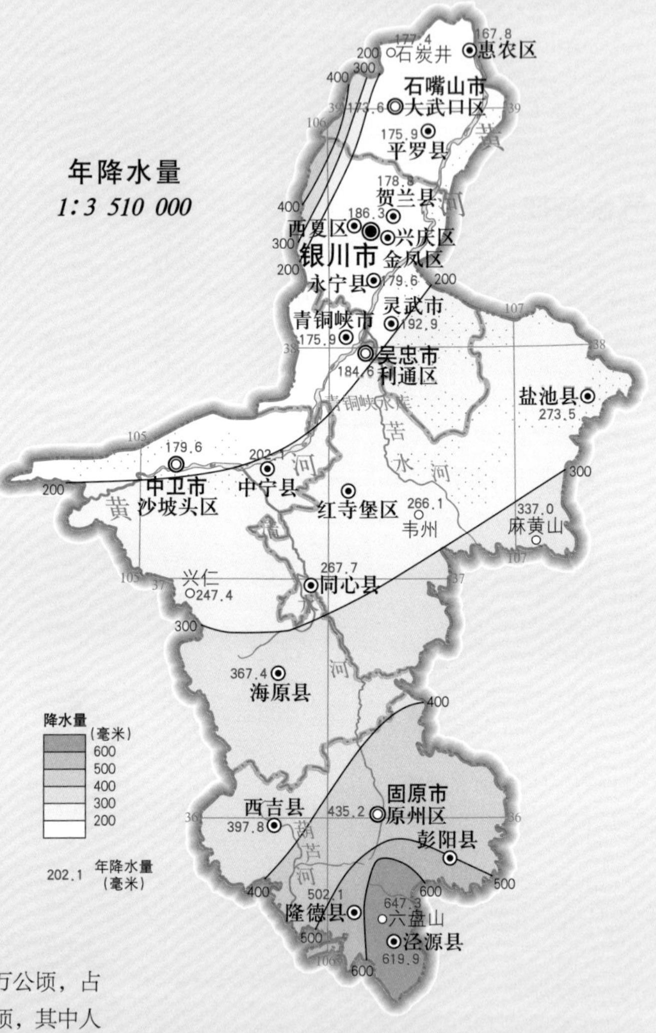

自然资源

【土地资源】宁夏有耕地面积126.9万公顷，占全国耕地面积的0.97%，人均耕地0.24公顷，其中人均灌溉耕地0.07公顷，均高于全国平均水平。耕地中旱地占70.5%，除引黄灌区外，受水资源限制，旱作农业很不稳定。宜农荒地60多万公顷，宜渔湿地10多万公顷，是西北地区重要的淡水鱼生产基地。

宁夏自然植被遭到严重破坏，森林减少，草原退化，植被次生性明显。宁夏栽培植被以大田粮油作物，尤其是粮食作物为主，人工林、果园、蔬菜、人工草地等面积少而分散，大致以黄土丘陵北缘或干草原与荒漠草原的界限为界，以南为旱作农业区，主要作物有小麦、糜子、马铃薯、胡麻等；以北为灌溉农业区，主要作物有水稻、小麦、玉米、向日葵等。

【水资源】宁夏是中国水资源最少的省区，大气降水、地表水和地下水都十分贫乏。且空间上下分布不均，时间上变化大是宁夏水资源的突出特点。宁夏水资源有黄河干流过境流量325亿立方米，可供宁夏利用40亿立方米。水能理论蕴量195.5万千瓦。水利资源在地区上的分布是不平衡的，绝大部分在北部引黄灌区，水能也绝大多数蕴藏于黄河干流。而中部干旱高原丘陵区最为缺水，不仅地表水量小，且水质含盐量高，多属苦水或因地下水埋藏较深，灌溉利用价值较低。南部半干旱半湿润山区，河系较为发育，主要河流有：清水河、苦水河、葫芦河、泾河、祖厉河等。

【森林资源】宁夏一直是中国少林区之一，仅有林地36.29万公顷，森林覆盖率为4.85%。大力发展林业，提高森林覆盖率应是宁夏自然环境改造中的一个重点。

序图

【草场资源】宁夏草场面积大，分布广，植物种类多(计1788种)，类型复杂(有11类)，是宁夏植被的主要组成部分。全区天然草场毛面积300万公顷，可利用的天然草原250多万公顷，分别占自治区总面积的45.4%和39.6%，均居全国第八位。是全国十大牧区之一。近些年宁夏草场退化严重。天然草场中，退化草场占97%，其中，重、中、轻度退化草场分别占16.4%、58.8%、21.7%。由于宁夏草场退化严重，放牧严重超载，自治区政府决定从2003年起，在宁夏中部干旱带以至全区对放牧畜只一律“退牧还草”采取圈养，恢复宁夏草场资源，再造宁夏秀美山川。

【矿产资源】全区矿产资源丰富，已发现各类矿产50余种，已探明储量的34种。其中，石膏蕴藏量居全国前列，同心县贺家口子大型石膏矿床为中国罕见的大型石膏矿床。宁夏煤炭具有分布广、品种全、煤质好、埋藏浅等特点，且构造简单，易于开采。主要有贺兰山煤田、香山煤田、宁南煤田和宁东煤田等四大煤田。汝箕沟矿区出产的太西煤是中国最好的无烟煤，也是世界上最优质的无烟煤之一，被誉为太西乌金。宁夏天然气潜在储量大，地跨本区的陕甘宁油气田是世界级大气田。

【野生动植物资源与保护】宁夏野生动植物资源较为丰富，大部分分布在贺兰山和六盘山。有野生脊椎动物415种，国家一、二级保护动物51种。一级保护动物有：黑鹳、中华秋沙鸭、金雕、白尾海雕、胡兀鹫、大鸨、小鸨、金钱豹8种。全区共有野生植物1610余种，其中四合木、胡桃、裸果属国家二级保护植物。随着生态环境的不断恶化，宁夏野生动物遭到严重破坏，有些动物数量日趋减少，金钱豹、盘羊、麝等珍稀动物濒于灭绝。为有效的保护自治区野生动物资源，自治区先后建立了贺兰山、六盘山、沙坡头、白芨滩、罗山、哈巴湖国家级自然保护区和青铜峡库区、沙湖、云雾山、石峡沟、火石寨、党家寨岔、南华山地方级自然保护区。

生态环境保护

宁夏地区地处我国西北地区的东部，黄河中上游，绝大部分属干旱、半干旱地区。西、北、东三面分别被腾格里沙漠、乌兰布和沙漠和毛乌素沙漠包围，是我国土地沙漠化较为严重的地区之一。本世纪以来，宁夏通过实施退耕还林、天然林保护、三北防护林、防沙治沙、野生动植物保护和自然保护区、森林生态效益补偿基金等一系列重大生态林业建设工程，加强了基础设施建设，促进了环境改善。

【生态林建设】

全区培育特色经济林、种苗花卉、生态旅游、林纸一体化特色产业。枸杞、葡萄、红枣等优势经济林初步形成区域化、规模化的发展态势。

【自然保护区建设】

自然保护区建设取得新的进展，全区共建立自然保护区13处，国家级自然保护区为贺兰山、六盘山、白芨滩、罗山、哈巴湖、沙坡头、罗山等；自治区级自然保护区7处。并在银川黄河、吴忠滨河、石嘴山星海湖、中卫沙漠、平罗天湖湾进行湿地保护与恢复工作。

【防沙治沙技术】

采取对沙漠综合治理，以防风固沙为重点，增加了植被、防止了土地进一步沙化、提高了生态抵抗能力。针对不同区域、不同立地类型，创造出了“五带一体”固沙技术，防风固沙林营造技术，飞播造林技术，小流域综合治理技术，盐渍化土地改良技术，封山、封沙育林育草技术，防沙治沙成效显著。

地震

宁夏是我国地震活动强度和频度较高的省区之一，历史上曾多次发生破坏性地震。1920年发生的“海原大地震”，震级为8.5级，烈度达12度，给西北和宁夏造成亘古未有的特大灾害。

1949年以来，宁夏共发生破坏性地震25次。1970年西吉县蒙宣发生5.5级地震，1988年灵武5.5级地震，1971年吴忠5.1级地震、1982年海原5.5级地震、1984年灵武5.3级地震、1987年灵武5.5级地震，对各类建筑物造成不同程度的破坏，使人畜遭受伤亡。宁夏地震台网每年记录到区内地震约200次，有感地震3～20次。自治区境内除盐池县和彭阳县东部地震较少外，其他地区均有地震活动。

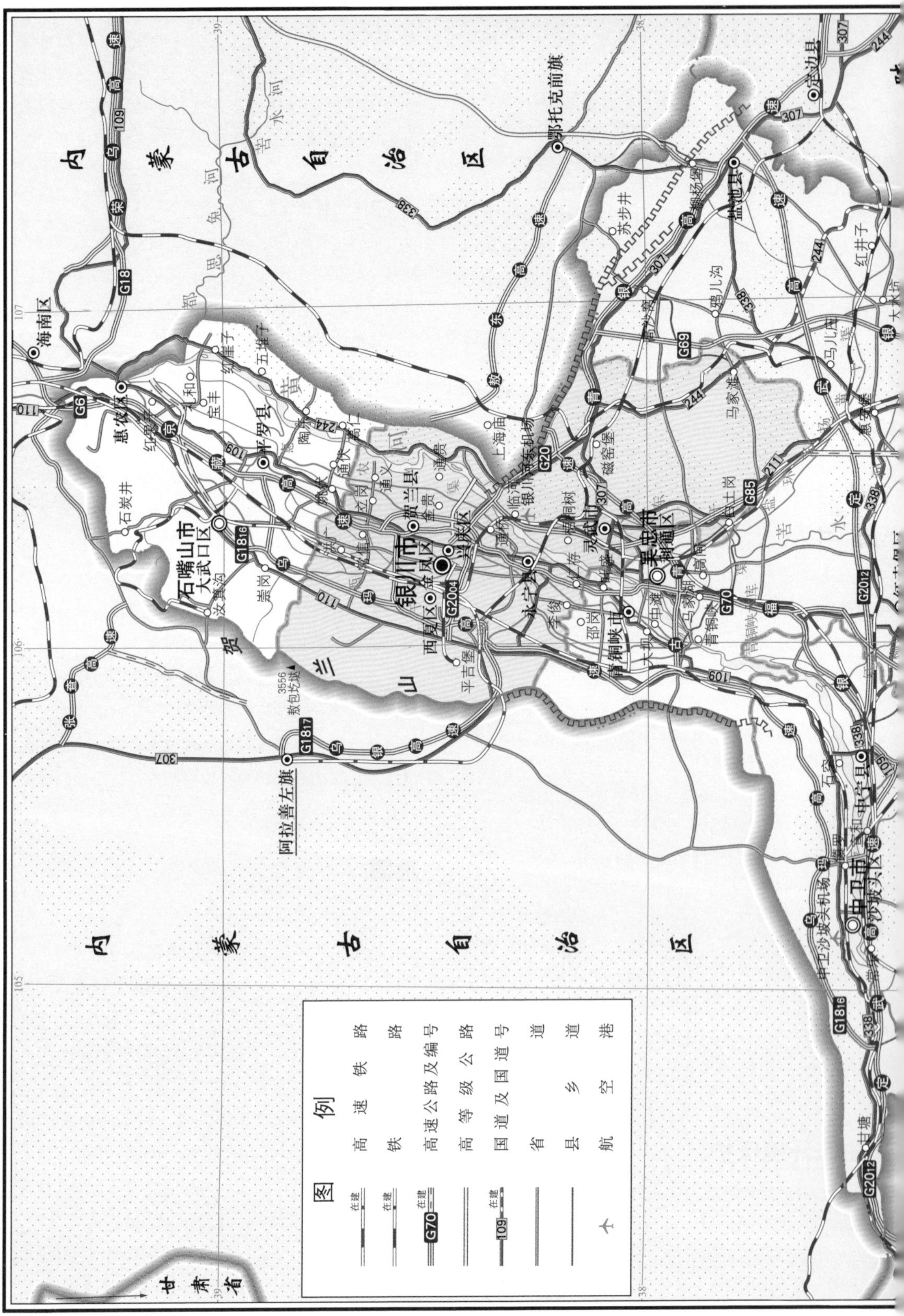
图例
高速铁路
铁路
高速公路及编号
高等级公路
国道及国道号
省道
县乡道
航空港
在建
内蒙古自治区
甘肃省
银川市
石嘴山市
大武口区
惠农区
平罗县
贺兰县
永宁县
西夏区
金凤区
兴庆区
灵武市
吴忠市
利通区
青铜峡市
中卫市
沙坡头区
中宁县
盐池县
定边县
鄂托克前旗
阿拉善左旗
海南区
贺兰山
敖包圪垯
3556
银川河东机场
中卫沙坡头机场
红果子
宝丰
五堆子
陶乐
高仁
通伏
通义
通贵
立岗
金贵
掌政
临河
上海庙
磁窑堡
马家滩
宁东
甘塘
平吉堡
邵岗
苏步井
高沙窝
鸡儿沟
马儿庄
红井子
惠安堡
石炭井
汝箕沟
崇岗
叶盛
李俊
大坝
瞿靖
峡口
胜金
石空
G6
G18
G20
G69
G70
G85
G1816
G1817
G2012
G20042
109
110
211
244
307
338

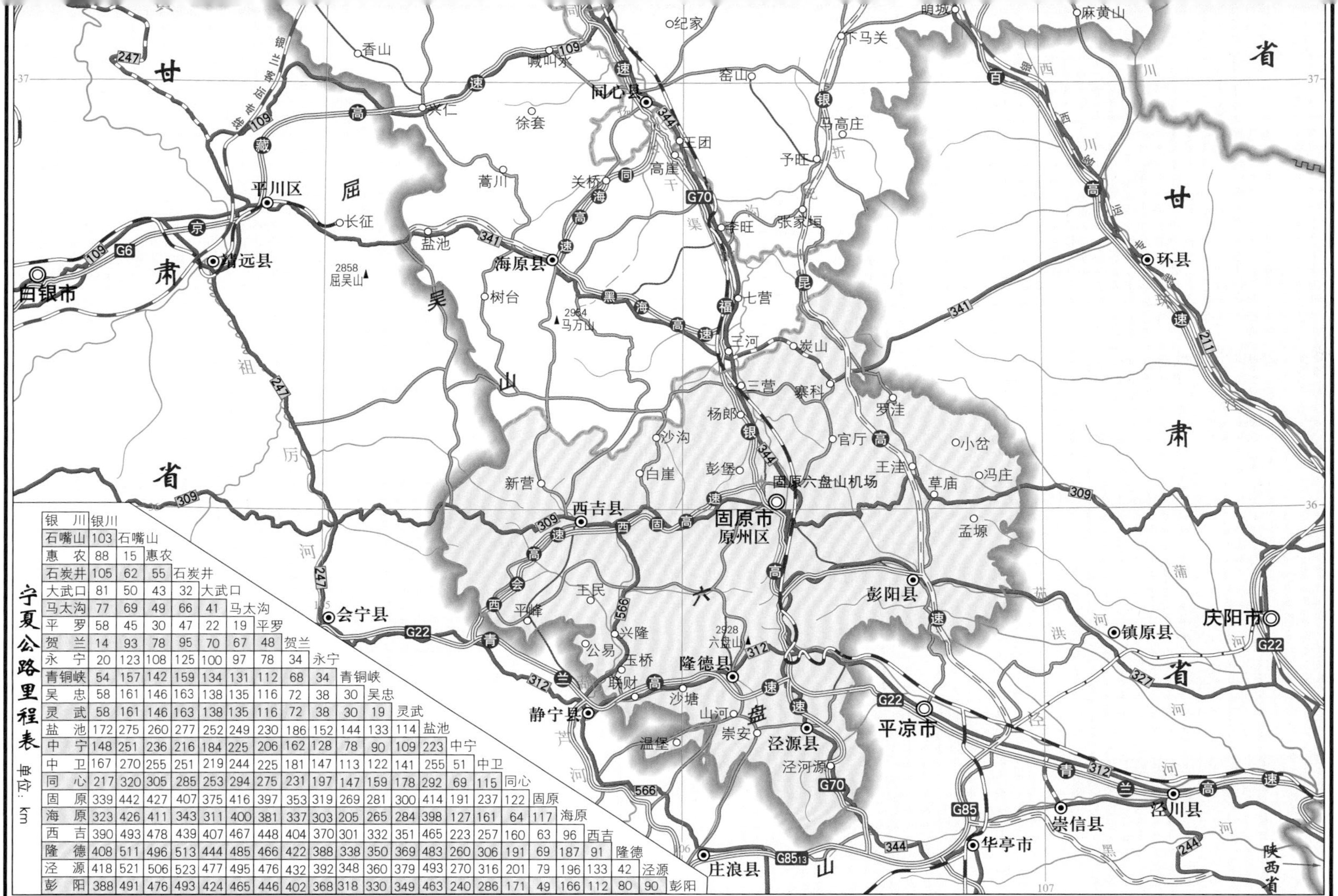

宁夏公路里程表

单位：km

	银川	石嘴山	惠农	石炭井	大武口	马太沟	平罗	贺兰	永宁	青铜峡	吴忠	灵武	盐池	中宁	中卫	同心	固原	海原	西吉	隆德	泾源
石嘴山	103																				
惠农	88	15																			
石炭井	105	62	55																		
大武口	81	50	43	32																	
马太沟	77	69	49	66	41																
平罗	58	45	30	47	22	19															
贺兰	14	93	78	95	70	67	48														
永宁	20	123	108	125	100	97	78	34													
青铜峡	54	157	142	159	134	131	112	68	34												
吴忠	58	161	146	163	138	135	116	72	38	30											
灵武	58	161	146	163	138	135	116	72	38	30	19										
盐池	172	275	260	277	252	249	230	186	152	144	133	114									
中宁	148	251	236	216	184	225	206	162	128	78	90	109	223								
中卫	167	270	255	251	219	244	225	181	147	113	122	141	255	51							
同心	217	320	305	285	253	294	275	231	197	147	159	178	292	69	115						
固原	339	442	427	407	375	416	397	353	319	269	281	300	414	191	237	122					
海原	323	426	411	343	311	400	381	337	303	205	265	284	398	127	161	64	117				
西吉	390	493	478	439	407	467	448	404	370	301	332	351	465	223	257	160	63	96			
隆德	408	511	496	513	444	485	466	422	388	338	350	369	483	260	306	191	69	187	91		
泾源	418	521	506	523	477	495	476	432	392	348	360	379	493	270	316	201	79	196	133	42	
彭阳	388	491	476	493	424	465	446	402	368	318	330	349	463	240	286	171	49	166	112	80	90

1:1 580 000

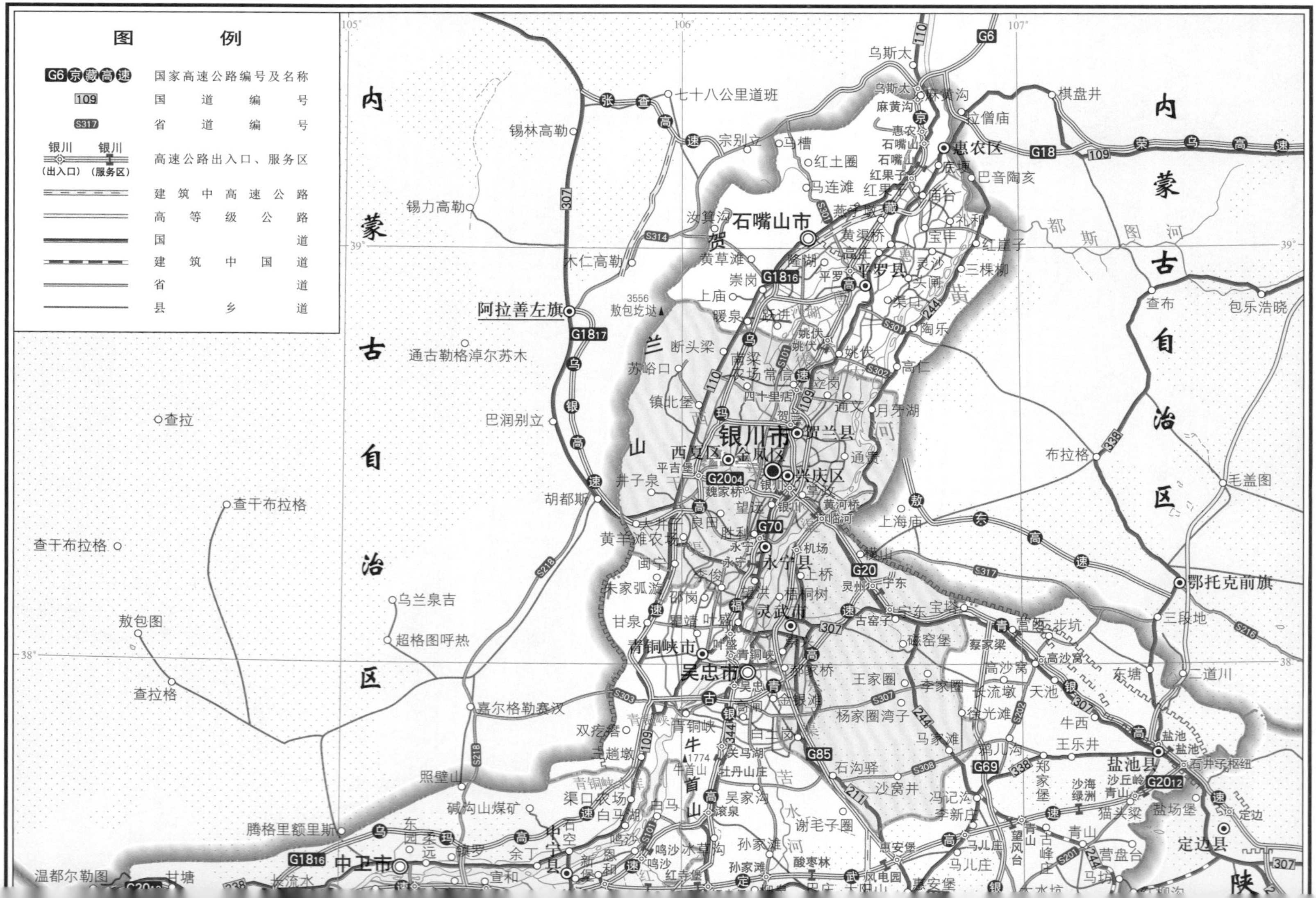
图例
G6 京藏高速 国家高速公路编号及名称
109 国道编号
S317 省道编号
银川 (出入口) 银川 (服务区) 高速公路出入口、服务区
建筑中高速公路
高等级公路
国道
建筑中国道
省道
县乡道
内蒙古自治区
银川市
石嘴山市
吴忠市
青铜峡市
中卫市
惠农区
平罗县
贺兰县
西夏区
金凤区
兴庆区
永宁县
灵武市
盐池县
定边县
阿拉善左旗
鄂托克前旗
贺兰山
牛首山
陕

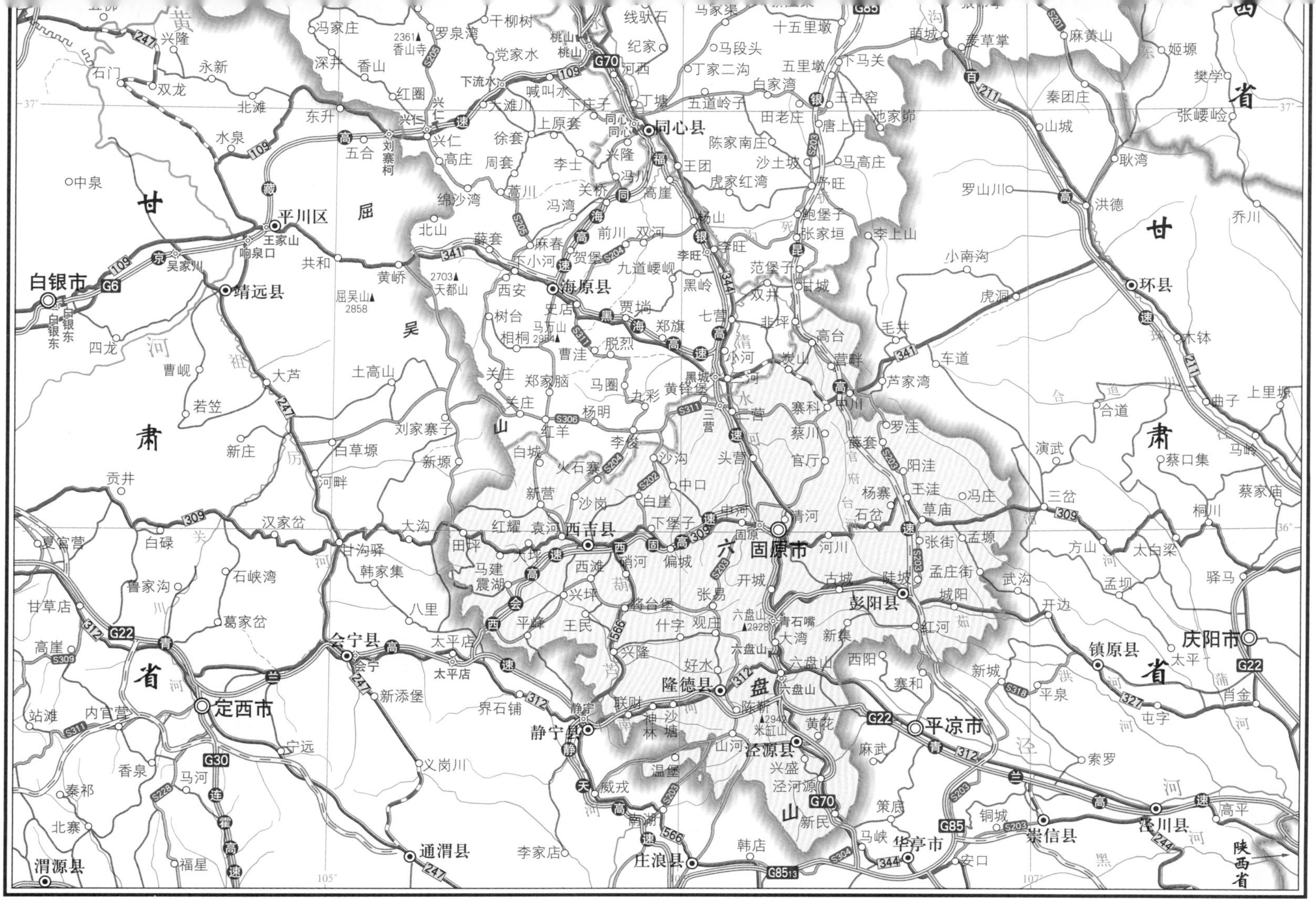
甘
肃
省
陕
西
省
六
盘
山
屈
吴
山
固原市
平凉市
庆阳市
定西市
白银市
平川区
华亭市
同心县
海原县
西吉县
隆德县
泾源县
彭阳县
静宁县
庄浪县
会宁县
靖远县
环县
镇原县
崇信县
泾川县
通渭县
渭源县
六盘山
2928
米缸山
2942
屈吴山
2858
天都山
2703
马万山
2984
香山寺
2361
G70
G22
G30
G6
G85
G85₁₃
109
211
247
309
312
327
341
344
566
244
S203
S311
S306
S204
S202
S205
S318
S309
S228
S201
兴隆
永新
双龙
石门
北滩
水泉
中泉
东升
五合
刘寨柯
王家山
响泉口
吴家川
共和
黄峤
曹岘
若笠
大芦
土高山
新庄
贡井
白草塬
河畔
刘家寨子
新塬
汉家岔
大沟
甘沟驿
韩家集
石峡湾
葛家岔
八里
太平店
新添堡
界石铺
义岗川
宁远
马河
香泉
秦祁
北寨
福星
李家店
韩店
马峡
安口
铜城
索罗
高平
屯字
肖金
太平
平泉
新城
寨和
西阳
麻武
策底
新民
兴盛
泾河源
黄花
山河
温堡
威戎
南湖
神林
沙塘
联财
陈靳
好水
观庄
什字
将台堡
兴坪
王民
平峰
西滩
硝河
偏城
张易
开城
青石嘴
大湾
新集
古城
红河
城阳
孟庄街
陡坡
张街
孟塬
河川
清河
头营
官厅
蔡川
寨科
三营
黑城
黄铎堡
九彩
马圈
杨明
郑家脑
关庄
红羊
白城
火石寨
沙沟
中口
白崖
下堡子
沙岗
新营
红耀
袁河
田坪
大坪
马建
震湖
三岔
演武
合道
曲子
上里塬
木钵
车道
毛井
芦家湾
罗洼
阳洼
王洼
草庙
冯庄
杨寨
石岔
蔡口集
马岭
蔡家庙
桐川
太白梁
孟坝
方山
骅马
开边
武沟
洪德
耿湾
乔川
罗山川
小南沟
虎洞
李上山
麻黄山
姬塬
樊学
张岘岭
秦团庄
山城
萌城
麦草掌
十五里墩
马段头
五里墩
下马关
王古窑
池家岼
唐上庄
马高庄
沙土坡
李旺
鲍堡子
张家垣
范堡子
甘城
双井
北坪
高台
营畔
炭山
七营
郑旗
贾埫
脱烈
曹洼
史店
贺堡
九道岘
黑岭
李旺
杨山
前川
双河
高崖
王团
虎家红湾
陈家南庄
田老庄
白家湾
五道岭子
丁家二沟
丁塘
河西
纪家
线驮石
桃山
干柳树
党家水
罗泉湾
冯家庄
深井
香山
红圈
兴仁
下流水
喊叫水
大滩川
下庄子
上原套
徐套
高庄
周套
李士
关桥
冯湾
蒿川
麻春
下小河
西安
树台
相桐
蒋套
北山
绵沙湾
高崖
内官营
站滩
甘草店
夏官营
白碌
訾家沟
王家山

1:1 580 000

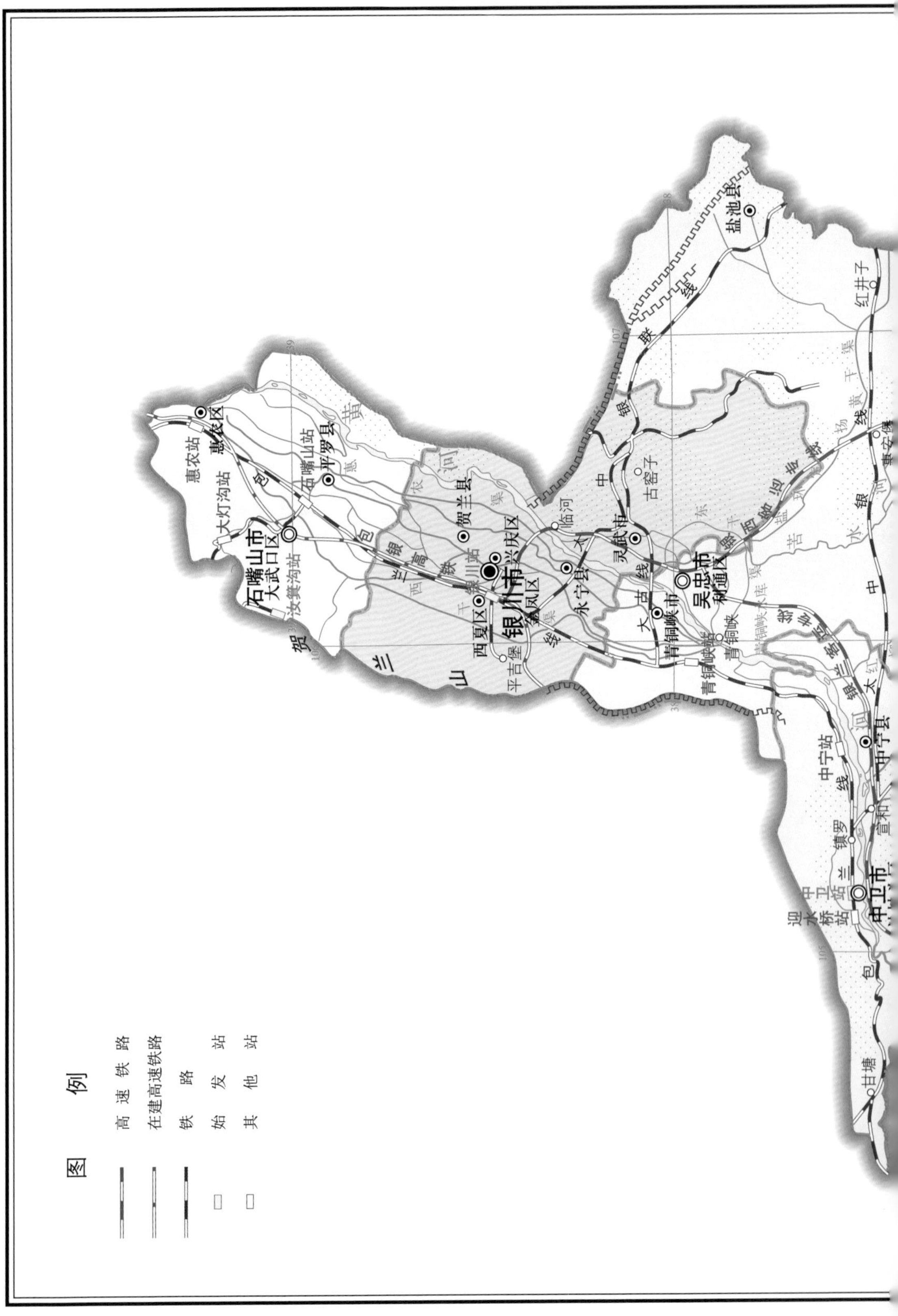

图例
高速铁路
在建高速铁路
铁路
始发站
其他站
石嘴山市
大武口区
惠农区
惠农站
大灯沟站
石嘴山站
平罗县
汝箕沟站
贺兰县
银川市
兴庆区
金凤区
西夏区
银川站
永宁县
平吉堡
临河
灵武市
古窑子
吴忠市
利通区
青铜峡市
青铜峡站
青铜峡
大古线
盐池县
红井子
中宁县
中宁站
宣和
镇罗
中卫市
中卫站
迎水桥站
甘塘
贺兰山
包兰线
银西高铁
太中银铁路

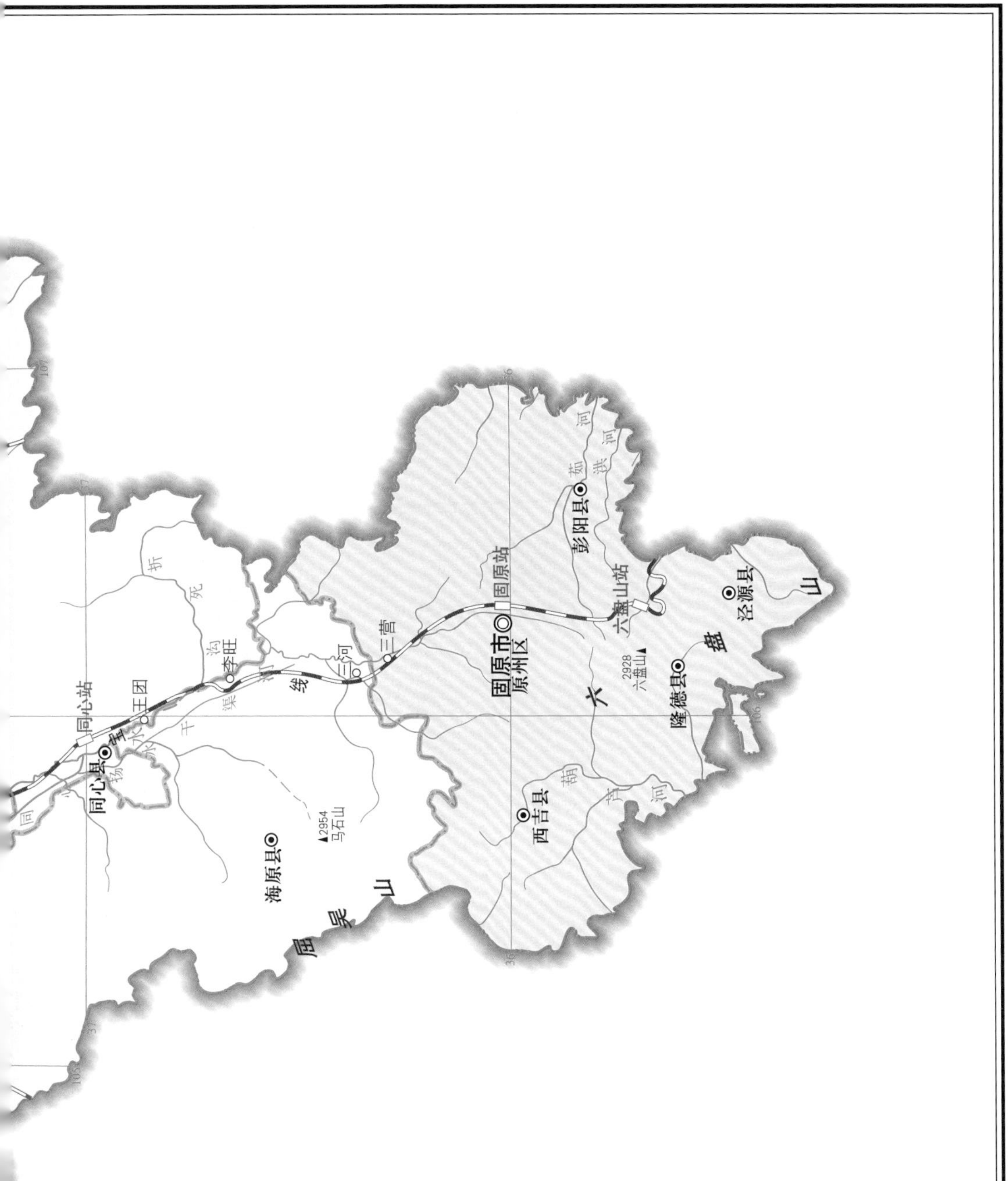
固原市
原州区
固原站
三营
三河
彭阳县
泾源县
六盘山站
隆德县
2928
六盘山
六 盘 山
西吉县
海原县
2954
马石山
屈 吴 山
同心县
同心站
王团
李旺
茹
洪
河
葫
芦
河
折
死
沟

1:1 750 000

18 宁夏回族自治区航空

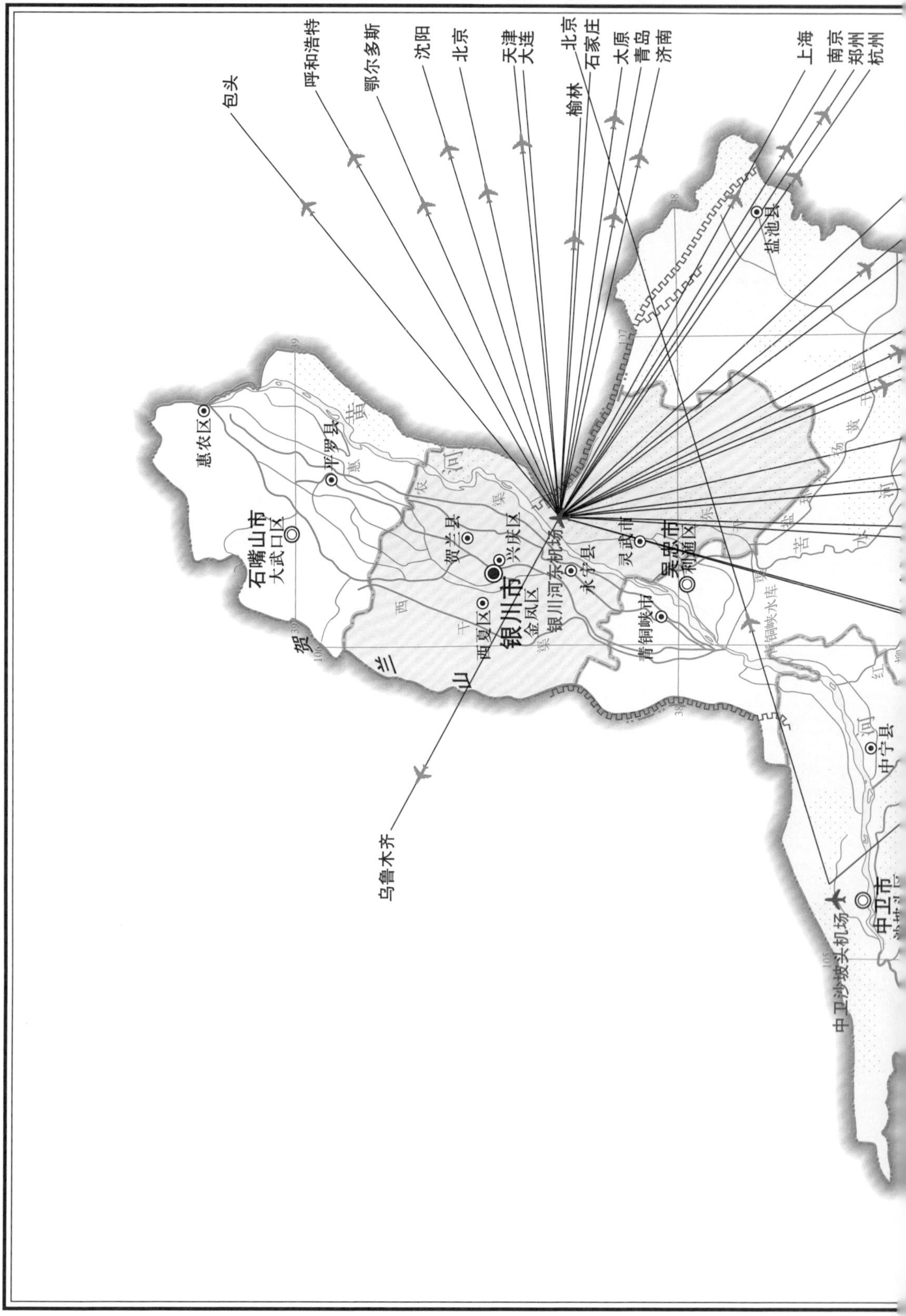

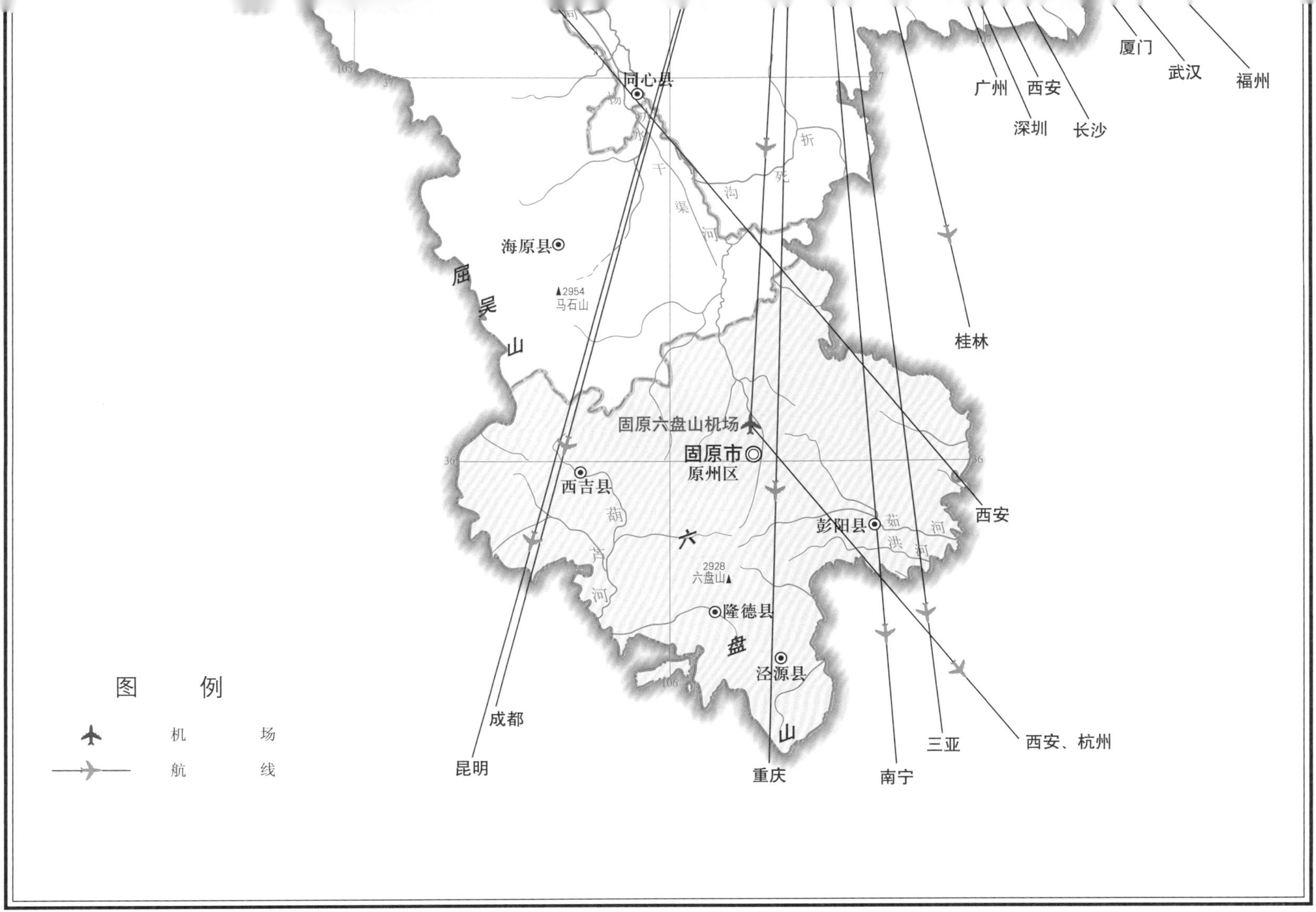
福州
武汉
厦门
长沙
西安
深圳
广州
桂林
西安
西安、杭州
三亚
南宁
重庆
昆明
成都
同心县
海原县
▲2954
马石山
屈吴山
固原六盘山机场
固原市
原州区
西吉县
彭阳县
六盘山
2928
六盘山▲
隆德县
泾源县
折死沟
干渠河
葫芦河
茹洪河
图例
机场
航线

1:1 750 000

宁夏回族自治区主要旅游景点速读

类型	符号	景点
国家级风景名胜区	☢	西夏王陵/须弥山石窟
国家级自然保护区	㊉	六盘山/贺兰山/沙坡头/灵武白芨滩/罗山/哈巴湖/云雾山/火石寨丹霞地貌/南华山
国家森林公园	❀	贺兰山/六盘山/花马寺/火石寨
国家地质公园		火石寨
国家历史文化名城		银川

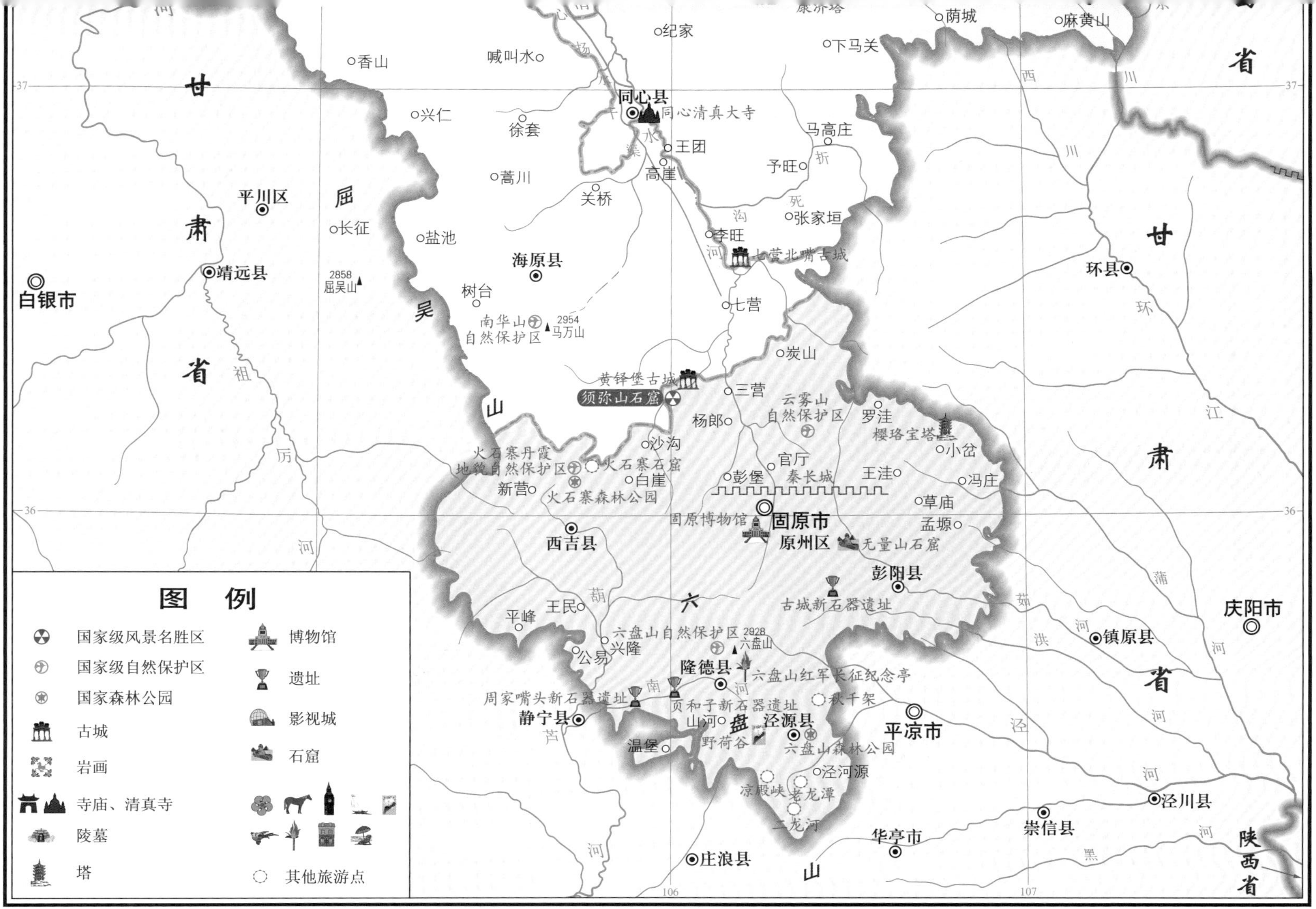

甘
肃
省
甘
肃
省
屈
吴
山
六
盘
山
陕西省
白银市
靖远县
平川区
同心县
同心清真大寺
纪家
下马关
喊叫水
香山
兴仁
徐套
蒿川
长征
盐池
海原县
树台
南华山自然保护区
2954 马万山
2858 屈吴山
王团
高崖
关桥
马高庄
予旺
张家垣
李旺
七营北嘴古城
七营
炭山
黄铎堡古城
须弥山石窟
三营
杨郎
沙沟
云雾山自然保护区
罗洼
樱珞宝塔
小岔
冯庄
火石寨丹霞地貌自然保护区
火石寨石窟
白崖
火石寨森林公园
新营
彭堡
官厅
秦长城
王洼
草庙
孟塬
固原市
固原博物馆
原州区
无量山石窟
彭阳县
古城新石器遗址
西吉县
王民
平峰
六盘山自然保护区
2928 六盘山
兴隆
公易
隆德县
六盘山红军长征纪念亭
周家嘴头新石器遗址
页和子新石器遗址
秋千架
静宁县
山河
泾源县
温堡
野荷谷
六盘山森林公园
泾河源
凉殿峡
老龙潭
二龙河
平凉市
华亭市
庄浪县
崇信县
泾川县
镇原县
庆阳市
环县
麻黄山
荫城
康济塔
37
36
106
107
图例
国家级风景名胜区
国家级自然保护区
国家森林公园
古城
岩画
寺庙、清真寺
陵墓
塔
博物馆
遗址
影视城
石窟
其他旅游点

1:1 580 000

西夏探秘

来到这里探寻一个王朝帝王背后到底隐藏了多少秘密。西夏王陵是西夏王朝的皇家陵园，是我国保存最为完整的陵园之一；拜寺口双塔是西夏佛祖寺院的所在地；青铜峡黄河大峡谷景区内的108塔是西夏时期藏传佛教塔群。

黄河金岸

置身黄河古渡，亲身体验黄河文化的博大精深。在黄河大峡谷乘船游览108塔、拦河大坝、十里长峡自然风光众多景点，登中华黄河坛，登楼望远，天下美景尽收眼底。

塞上江南

“天下黄河富宁夏”，这里引黄河水灌溉已有2000年的历史。黄河灌区渠道纵横，稻田遍布，盛产稻麦、瓜果、黄河鲤鱼。素有“鱼米之乡”之称。西夏王陵、贺兰山、黄河、沙湖、湿地，数不清的旅游景点都值得一行。

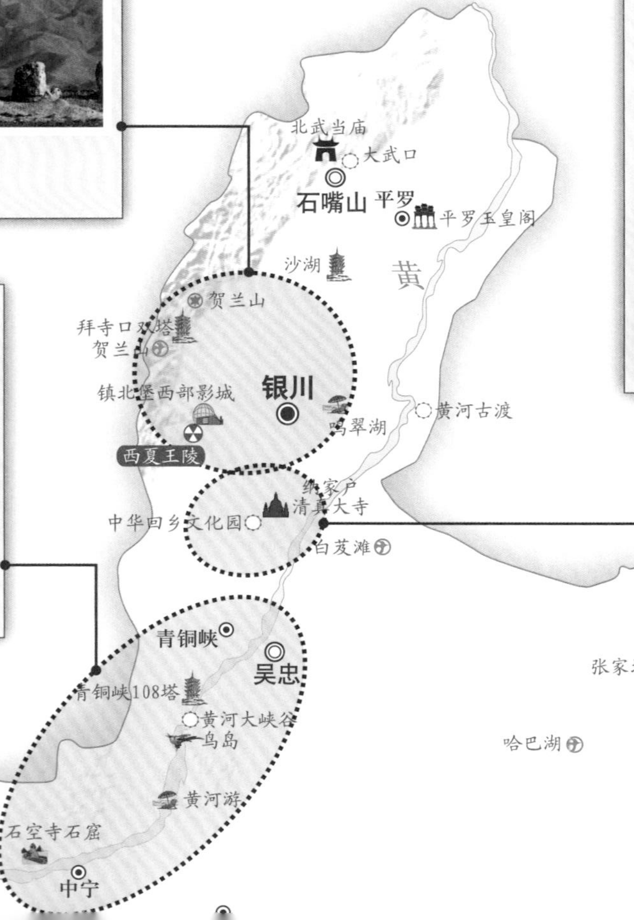

沙漠探险

这里，沙漠、草原和绿洲并存，历史文化与天然的景观同在。在这里，可以骑骆驼穿越腾格里沙漠，还可以尝试滑沙、漂流黄河等。可以感受一望无际的辽阔和壮美，欣赏长河落日将沙海染成金色。到过腾格里沙漠，还可以去沙坡头、黄河古渡、毛乌素沙漠……

回乡风情

宁夏是中国的回族之乡。欣赏这里不同一般的清真寺建筑风格，了解回族宗教活动，品尝回族特色美食，切身感受回乡风情。同心清真大寺、南关清真大寺、永宁纳家户、中华回乡文化园都值得一游。

丝绸之路

固原是古代丝绸之路上充溢浓郁伊斯兰风俗和中原文化风情的古城。固原博物馆藏有春秋战国时期北方系青铜器和北魏、北周、隋唐时期丝路文物。置身须弥山石窟叹服北周精美的造像，登长征圣山六盘山，领略风景秀丽的西北风光。

图例

- 国家级风景名胜区
- 国家级自然保护区
- 国家森林公园
- 古城
- 寺庙、清真寺
- 塔
- 影视城
- 石窟
- 其他旅游点

1:1 750 000

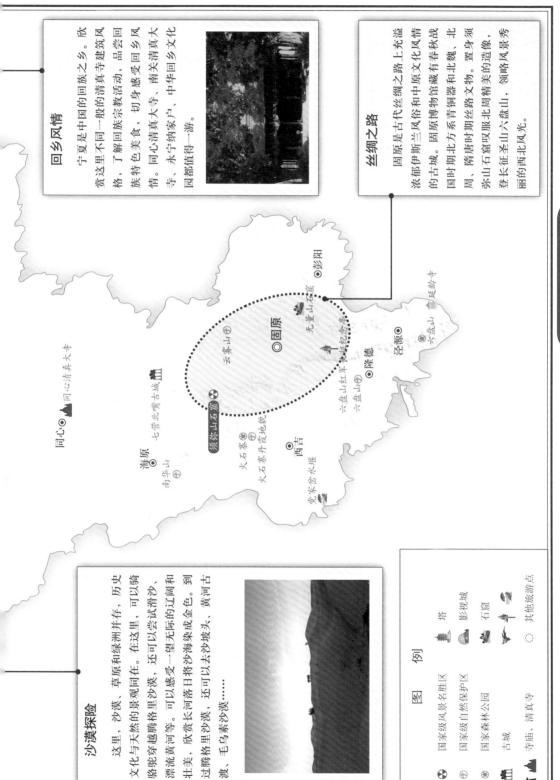

序
图

古迹文化——穿越时空，品味文明

【岩画文化】贺兰山自古就是中国北方少数民族繁衍生息、劳动创造的地方，从旧石器时代晚期到新石器时代，远古的先民们以杰出的才华、丰富的想象力，用简陋粗糙的工具，在坚硬的贺兰山巨石上刻下了人类历史上难以磨灭的文化艺术——岩画。岩画记录了先民在古代放牧、狩猎、祭祀、争战、娱舞等生活场景，以及羊、牛、马、驼、虎、豹等多种动物图案和抽象符号，揭示了原始氏族部落自然崇拜、生殖崇拜、图腾崇拜、祖先崇拜的文化内涵，是研究中国人类文化史、宗教史、原始艺术史的文化宝库，为中国乃至世界提供了人类早期丰富的历史文化信息和美轮美奂的岩石画卷。

●代表景点：黑山峁岩画、贺兰山岩画、广武岩画、照壁山岩画

【西夏文化】以党项族为主体创建的西夏文化，是中华民族的宝贵历史文化遗产，也是人类历史文化遗产的一部分。它扎根于西部黄土高原，受到以汉族为主体的儒家文化的深刻影响，以西夏文字为其最耀眼的明珠，反映出中国西部地区少数民族的创造力。

●代表景点：西夏王陵、承天寺塔、拜寺口双塔

【须弥山石窟群文化】须弥山石窟群分布在位于固原西北的须弥山5座山峰的崖壁上，绵延近2千米。大约开凿于北魏中晚期，石窟内造像众多、宏伟华丽，还有唐、宋、西夏等各个时代的题记多处，是研究当时社会历史的珍贵资料，也是中国古代文化遗产的瑰宝。

●代表景点：须弥山石窟

【宁夏长城文化】宁夏境内绵亘着一段段各个朝代的长城，中国自秦至明的历代长城在宁夏皆有遗址，故宁夏有“中国长城博物馆”之称。明代称长城为“边墙”，在宁夏境内的主要有西长城、北长城、东长城和固原内边墙，长度共有400多千米。明王朝为了加强长城的防务和指挥调遣长城沿线的兵力，经常修缮长城关隘工程。明代把长城沿线划分为九个防守区段，称之为“九边”，每边设总镇守（总兵官），谓之“九边重镇”。

【宁夏黄河文化】“天下黄河富宁夏”，自古以来，宁夏与黄河就有着不解的缘分。黄河自中卫入境，向东北斜贯于平原之上，黄河顺地势经石嘴山出境。宁夏平原上土层深厚，地势平坦，加上坡降相宜，引水方便，便于自流灌溉。所以，自秦汉以来，劳动人民就在这里修渠灌田，发展了灌溉农业。2000多年来经劳动人民的辛勤开发，这里早已是渠道纵横、阡陌相连的“塞上江南”。

●代表景点：中华黄河坛、黄河大峡谷、黄河古渡、沙湖

【伊斯兰文化】宁夏回族人民普遍信奉伊斯兰教，全区现有清真寺3300多处，拱北10余处，道堂3处。清真寺又称礼拜寺，既是伊斯兰教信徒聚众礼拜的地方，又兼有文化教育中心、社会活动中心的功用。清真寺的主体建筑为礼拜大殿，也叫上殿，建在寺院的中轴线上，坐西面东，朝着圣地麦加的方向。作为宗教建筑，清真寺的总体风格庄严肃穆、宏伟典雅，但在具体构造上又各有千秋，丰富多彩。银川的清真寺大多是攒尖圆顶的阿拉伯风格，高高的邦克楼与望月楼遥相对峙，具有鲜明的伊斯兰教特色。拱北是伊斯兰教地域杰出人物的陵园。道堂是伊斯兰教分支宗教领导人礼拜、诵经、讲学和居住的地方。宁夏清真寺的创建从元代开始，经明、清两代，其数量和规模得到了巨大的发展。宁夏伊斯兰建筑集中反映了伊斯兰文化与中国传统文化相结合的特点，形成了独具特色的民族文化景观。

●代表景点：永宁纳家户、纳家户清真寺、西关清真寺、南关清真寺、中华回乡文化园、同心清真大寺

回乡风情——民俗大观，美丽恒久

【回族的宗教信仰】回族普遍信仰伊斯兰教，教民们一般须修念礼、斋、课、朝功。清真寺是穆斯林举行宗教活动的场所。清真寺的主体建筑礼拜大殿，坐西面东，朝着圣地麦加的方向。作为宗教建筑，清真寺的总体风格庄严肃穆、宏伟典雅。旧有的清真寺，大多是中国传统风格的建筑：高台基、歇山顶，回廊立柱，飞檐斗拱。近年来的新型建筑，不少是攒尖圆顶的阿拉伯风格，高高的邦克楼与望月楼遥相对峙，具有鲜明的伊斯兰教特色。宁夏现存历史最久远的清真寺是建于明初的同心清真大寺，距今已有600余年的历史，虽历经沧桑，却高耸挺拔、气势雄伟、古朴典雅，其建筑风格更像

是一座中国古代的传统建筑。宁夏知名度最大的清真寺是南关清真大寺，其浓郁的伊斯兰建筑艺术风格，成为宁夏重点对外开放的宗教活动场所和旅游景观之一。

【回族服饰】回族服饰与汉族基本相同，其主要区别在于男子多戴白帽或黑帽，宗教人士和虔诚的信教者在礼拜或参加宗教活动时，则穿上长袍、长衫，妇女按教义要戴盖头，一般老年人为黑或白色，中年人多青色，姑娘多绿色。盖头颜色不同，但样式一致。

【饮食习俗】回族主食与汉族基本相同，但在肉食方面有严格讲究，只吃由阿訇、满拉或有经学知识的人宰的反刍、食草动物和鸡、鸭、鹅等禽类的肉，严禁食用其他肉类及一切动物的血。回族忌烟酒，但有饮茶的习惯，并以盖碗茶最受欢迎，较名贵的为“八宝茶”，一般为红糖砖茶，白糖青茶和冰糖窝窝茶。节日食品中，回族的面食最具特色，油茶、麻花、馓子、丸子、花花等样式精巧。此外还有传统食品油香。宁夏回民的涮羊肉、羊杂碎、小吃、酿皮、煎粉、粉汤饺子、炒糊饽等，也都是味道绝佳的风味小吃。宁夏的清真厨师还创造了许多特色清真菜，如：枸杞鱼肚、糖醋黄河鲤鱼、四方发菜、炸羊尾等。

【节日习俗】穆斯林有许多宗教性节日，其中以开斋节、古尔邦节和圣纪节三大节日最为著名。

●开斋节

是我国信仰伊斯兰教诸民族的传统节日。在回历每年9月，从见新月始到下月见新月终的一个月里，男子在12岁以上、女子9岁以上，都要把斋。即从日出后到日落前，不得进食，直到回历十月一日开始为开斋，届时要欢庆3天，家家宰牛、羊等招待亲友庆贺，并要做油香、馓子、油馃等多达二三十种节日食品。为了庆贺回族这一传统节日，政府规定开斋节回族民众放假1天。

●古尔邦节

又称宰牲节，每年回历太阴年十二月十日举行。这一天，有经济能力的人家都要宰羊、牛、骆驼等，家家户户准备节日食品招待客人，馈赠亲友。信教群众沐浴礼拜。

●圣纪节

伊斯兰教三大节日之一，每年伊斯兰教历三月十二日举行。相传这一天既是伊斯兰教创始人穆罕默德的诞辰日，也是逝世日，故又称“圣忌”。这一天，穆斯林群众在清真寺集会，集体诵经，赞圣，讲述穆罕默德生平事迹以纪念这位伟大的宗教先知。

【回族文化艺术】在宁夏和西北地区广为流传的“花儿”和口弦曲是颇具民族特色的回族民间文艺形式。此外还有回族剪纸、民族表演艺术等。

●回族口弦

宁夏山区的回族妇女喜欢口弦，这是一种衔在嘴边弹奏的小乐器，扯线弹奏。铁制的约一寸半长，以手拨勾簧，勾簧里外颤动，用口腔作共鸣箱并利用口腔的变化，来调节声的变化，形成音阶，姑娘们用这种简单小巧的乐器，传情达意，弹唱歌谣，丰富文化生活。

●宁夏花儿

“花儿”是回族人喜爱的一种民歌，它具有高亢、豪放、优美的特点，有着强烈的艺术魅力和浓郁的回族风格。“花儿”主要用来表达爱情、农事、时政、仪式、生活，大多以反映男女之间的爱情为主，直率、热烈，表达出他们追求爱情的热诚、相逢的甜蜜、相爱的快乐、思念的殷切和别离的忧伤，真实地反映了回族人民的生活。

●书画剪纸艺术

回族喜爱书画艺术，尤其喜欢阿拉伯语书法和花卉画，普通农民家里也大都要挂上一幅阿拉伯语中堂字画或花卉画。回族民间剪纸艺术，集中体现和反映了宁夏回族民俗民风、文化素养。它对丰富伊斯兰文化起了重要作用。主要有民间窗花、墙花、门花、灯花、喜花、门挂、刺绣的底样、鞋、衣和各种各样材料剪影等。

●民族表演艺术

宁夏现有专业艺术表演团体19个，还有数十个民间的群众性表演团体活跃在宁夏山川各地，民族表演艺术异彩纷呈。民族民间艺术表演堪称一枝独秀，各地文艺表演团体或民间艺术团体，无论在表演内容、表演形式和表现风格上，都散发出浓郁的乡土气息，深得国内外观众的好评。

宁夏的清真美食

清真食品和清真菜肴，是回族文化的结晶。宁夏有着正宗的清真食品和清真菜肴，同时还有许多独特回族风味小吃，其品种之多，味道之纯正，都充分显示出了回族人民的聪明才智。宁夏清真美食现已形成了一个庞大的饮食体系。

●手抓羊肉：手抓羊肉吃法有三种，即热吃、冷吃、煎吃。肉赤膘白，肥而不腻，油润肉酥，质嫩滑软，十分可口。

●宁夏羊杂碎：羊杂碎是由羊的心、肝、肺、胃、肠等原料混合烩制的，又称羊杂烩。羊肉营养丰富，具有补虚温中等作用，钙质、铁质较高。

●羊肉臊子面：宁夏臊子面以面白、汤红、色鲜、味香而闻名。洁白柔韧的细丝长面配上这样的臊子红汤，让人食欲大增，很受人们的青睐。

●中宁土鸡：选自人杰地灵的宁夏中宁地区的家养土鸡，鸡肉亮白鲜嫩，口感劲道不肥腻，鸡汤清淡滑爽，定会使人胃口大开。

●宁夏凉皮：凉皮为宁夏特色小吃之一，凉皮分为米面皮和面皮两大类，米面皮实为米皮。

●糖醋黄河鲤鱼：黄河鲤鱼是一种十分俊美的鱼类。这道菜呈琥珀色，艳丽夺目，甜中有酸，醇而不腻，具有独特的风味。

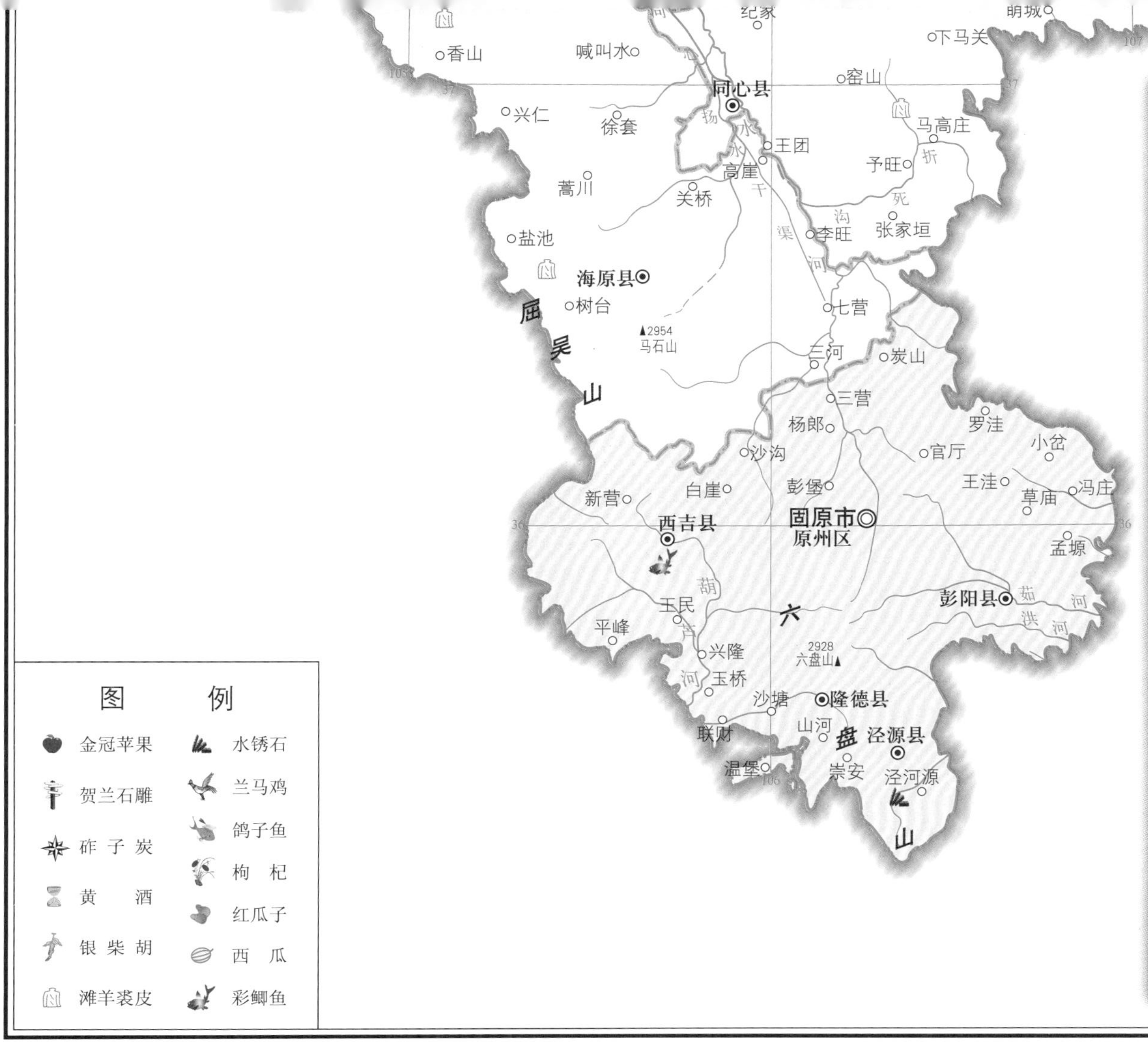

1:1 750 000

宁夏土特产

宁夏土特产种类繁多，独具特色，具有很好的实用价值或收藏价值。为世人所称道的土特产品有枸杞、甘草、贺兰石、滩羊二毛皮、发菜；因其颜色分别为红、黄、蓝、白、黑，而被称为五宝。

●**甘草**：甘草是一种用途广泛的中草药，既能调和诸药，又能补气和中、泻火解毒、强筋健骨。

●**贺兰石**：贺兰石质地细密，清雅莹润，坚而可雕，刚柔相宜，呈天然深紫色和豆绿两色，有的还有玉带、云纹、眉子、石眼等。

●**宁夏枸杞**：宁夏作为枸杞的原产地，栽培枸杞已有500多年的历史。枸杞果实硕大，肉质饱满，色泽鲜红，味道甜美。

●**滩羊皮**：二毛皮是由一个月左右的滩羊羔皮，运用化学制剂和先进工艺精制而成的。

●**发菜**：宁夏生产的发菜色泽乌黑、丝长柔韧、质地优良。用它制成的菜肴，风味独特，别具一格。（因环保的需要，政府已经明令禁止上市和限制滥挖发菜。）

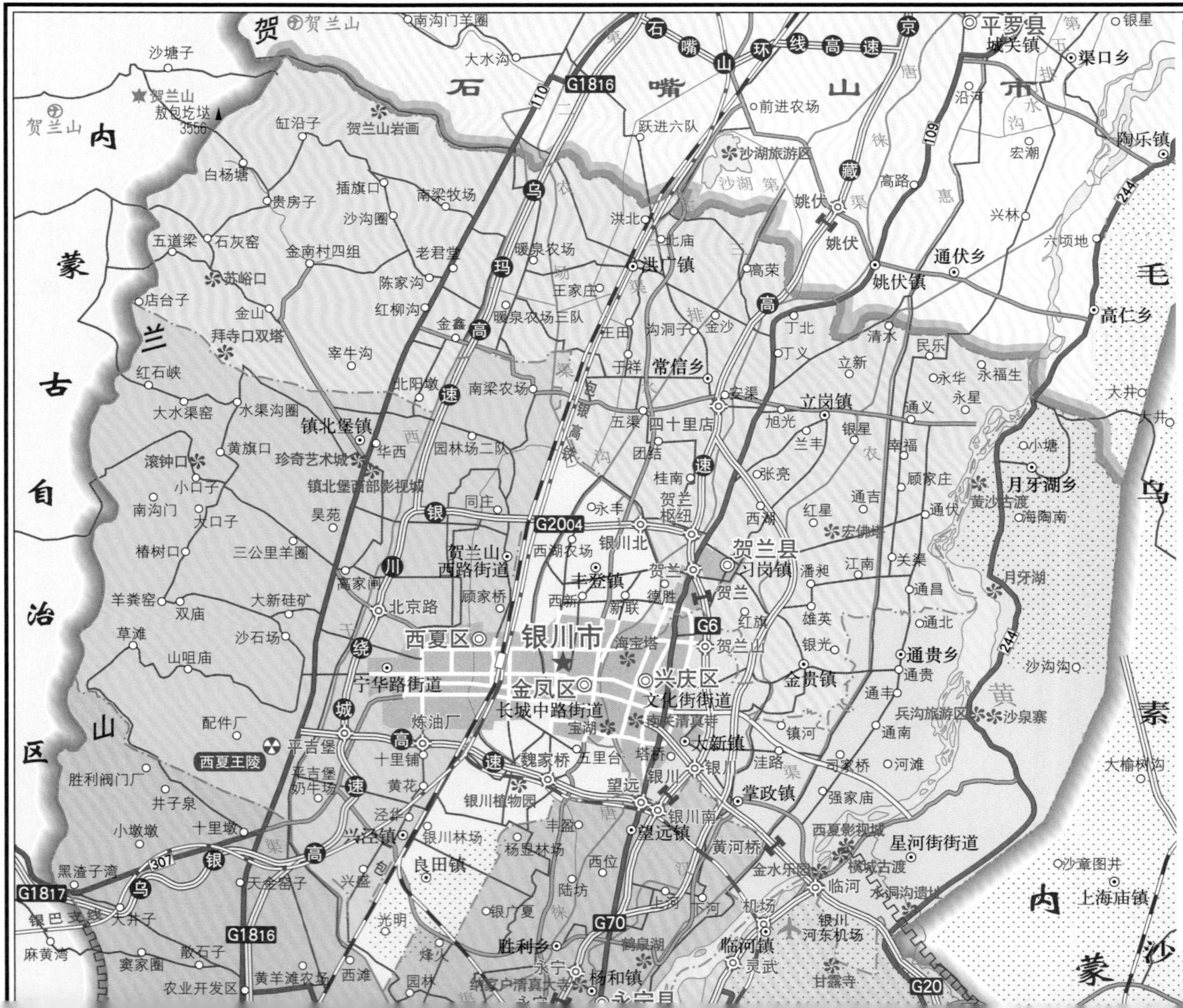

【交通】已形成铁路、公路、航空立体交通格局，是自治区的交通枢纽。银西客运专线已建成通车，包兰、银太铁路与全国铁路网相连。青银高速（G20）、京藏高速（G6）在银川汇聚贯通，福银高速（G70）、定武高速（G2012），以及机场高速、绕城高速等建成使用，109、110、211、224、307等国道和多条省道构成公路主干网。银川河东机场已开通至北京、西安、上海等40多条航线。

【资源经济】银川素有“塞上江南、鱼米之乡”的美誉，盛产小麦、水稻、玉米、果菜、枸杞、淡水鱼及牛羊肉等畜产品。矿产资源有煤炭、石灰岩、白云岩、硅石、磷矿、贺兰石等。其中宁东煤田探明储量约270亿吨，被确定为全国13个亿吨矿区之一和西电东送电源点。依托煤炭、电力和农产品等资源优势，形成了以化工、机电、食品、建材、生物制药为主导的工业体系。

【风景名胜】自然景观有苏峪口国家森林公园、滚钟口、金水乐园、西湖、鸣翠湖、鹤泉湖等。人文历史景观有西夏王陵、贺兰山岩画、拜寺口双塔、三关口明长城、水洞沟遗址、鼓楼、玉皇阁、海宝塔、承天寺塔、南关清真大寺、纳家户清真寺、甘露寺、镇北堡西部影视城、中华回乡文化园等。

银川市

【地理位置】简称“银”，是宁夏回族自治区的首府，位于自治区北部。地理坐标为东经105° 49′ ~106° 53′，北纬37° 30′ ~38° 53′之间，东、西与内蒙古自治区接壤，北与石嘴山市为邻，南与吴忠市毗连。

【行政区划】辖兴庆区、金凤区、西夏区3个市辖区，灵武市1个县级市，永宁县、贺兰县2个县。

【人口面积】2020年末全市常住人口285.91万，面积8874平方千米。

【历史沿革】春秋战国时银川是匈奴等民族的游牧地区。公元前221年，秦始皇统一中国，银川属北地郡，并派大将蒙恬屯垦宁夏。建城于汉武帝元鼎五年（公元前112年），是古丝绸之路向西延伸的重要门户。公元前24年前后，汉成帝建北典农城（又称吕城、饮汗城），此为银川建城之始。1001年党项族占领怀远镇，先后改置为兴州、兴庆府，1038年，李元昊在兴庆府(今银川)建国称帝，史称“西夏”，银川作为都城历经了189年。明朝银川为九边重镇之一。清代今银川为宁夏府城。1912年称朔方道，今银川为朔方道郡城。1944年正式定名银川市。

【地形】银川市地形分为山地和平原两大部分，西部、南部较高，北部、东部较低，略呈西南一东北方向倾斜，平均在海拔1010～1150米之间，西部的贺兰山地，主峰敖包圪垯海拔3556米，是宁夏最高点。宁夏平原由黄河冲积平原和贺兰山东麓洪积平原组成。

【河流湖泊】黄河穿境而过，市域内无支流汇入，有唐徕渠、西干渠等沟渠纵横。冲积平原上有近万顷湖泊散布。

【气候】属中温带干旱气候，年平均气温8.5℃，1月平均气温为-7.9℃，7月平均气温为23.5℃；年降水量180～200毫米。年平均日照时数2800-3000小时，是中国太阳辐射和日照时数最多的地区之一，无霜期185天左右。

1∶490 000

【西夏王陵】 *神秘王朝的千年秘陵*

地址：银川市贺兰山东麓

西夏王朝历代帝王的陵墓，由9座帝陵和250余座陪葬墓组成，有“东方金字塔”的美誉。每个陵园都自成体系。以贺兰山为背景，金字塔形的土色陵台在大漠上显得格外雄伟。王陵的东侧有西夏博物馆，展出历史文物700余件，可以全面了解西夏历史。

- 全国重点文物保护单位
- 国家级风景名胜区
- 国家4A级景区

【贺兰山岩画】 *刻在石头上的天书图腾*

地址：银川市贺兰山东麓贺兰口

贺兰山岩画景区景色优美，奇峰叠嶂，潺潺泉水从沟内流出，约有6000余幅神秘悠远的古代岩画分布在沟谷两侧，记录了3000年-10000年前远古人类放牧、狩猎、祭祀、征战、娱舞、交媾等生产生活场景。此外，银川世界岩画馆是中国唯一、世界最大的岩画专题博物馆。置身其间，可领略贺兰山的雄伟，大自然的秀美，古岩画的神秘。

- 全国重点文物保护单位
- 贺兰山国家级风景名胜区核心景点
- 国家4A级景区

【南关清真寺】

地址：银川市玉皇阁南路和长城东路的交界处

南关清真寺是中国最著名的清真寺之一，西北地区的伊斯兰教圣地之一。最早创建于元朝（1206-1269年）末年，现存的清真寺建筑是1979年时重修的，具有阿拉伯建筑风格，规模居市区七寺之首，是银川穆斯林宗教活动的中心，为宁夏独具特色的一处旅游景点，在国内外有较大影响。

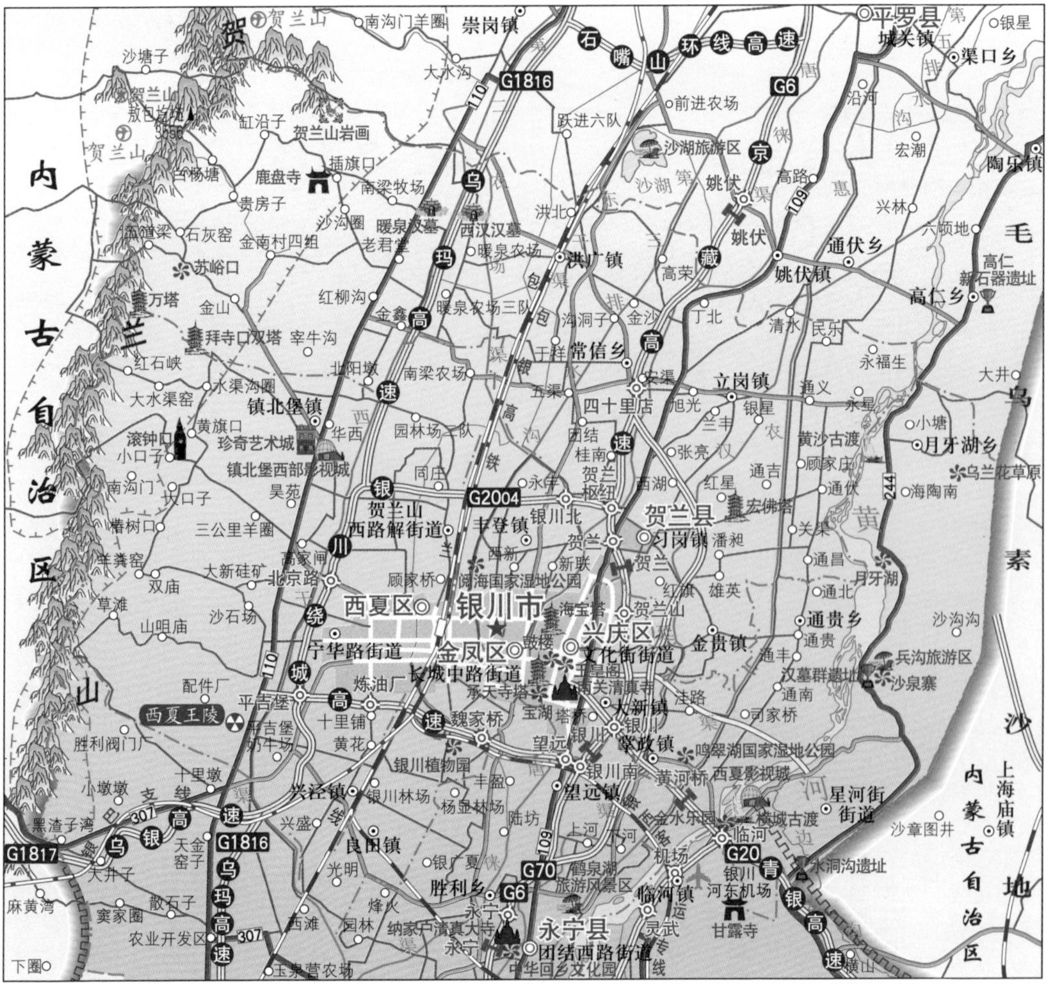

银川市

【镇北堡西部影视城】

地址：银川市西夏区镇北堡西部影视城

镇北堡曾是明代军事要塞，现为集影视拍摄与旅游观光为一体的景点，镇北堡西部影视城自1993年成立，《牧马人》《红高粱》《大话西游》等多部影片曾在此拍摄。

- 国家5A级景区

【黄沙古渡】

地址：银川市月牙湖乡

这里是康熙大帝渡黄河的古渡口、昭君出塞和亲留在大漠的月牙湖。景区内大漠风光、黄河古韵、自然湿地、塞外奇景，均保留着原生态。惊险的沙漠欢乐谷、古老的羊皮筏子、现代的黄河飞索、舒适的古渡人家、中国原生藏獒展示基地、宁夏民俗文化博物馆、宁夏黄河古渡奇石馆、宁夏沙漠野生动物救助中心皆落户于此。

- 国家级湿地公园
- 国家4A级景区

【贺兰山国家森林公园】

地址：银川市贺兰山东麓苏峪口

地处贺兰山深处。西夏时期，皇家贵族把贺兰山视为神山、圣山，修建了大量离宫别苑、皇家园林。苏峪口山体巍峨，林海连绵、树种繁多。一线天、飞来石、蘑菇石等景点体现了大自然鬼斧神工的魅力。

- 国家4A级景区

【水洞沟遗址】

地址：银川市灵武市临河镇

是中国最早发掘的旧石器时期文化遗址，也是中国唯一保存最为完整的长城立体军事防御体系。在景区内可实景体验3万年远古时代，也可探秘明代古长城、烽燧、城堡、沟堑、墩台等军事防御建筑。从3万年到500年前，从史前文化到边塞文化，从土林景观到高峡平湖，从大漠边关到江南秀色，仿佛置身于万年的时光隧道之中。

- 国家4A级景区

【鸣翠湖】

地址：银川市兴庆区掌政镇

集生态保护、旅游观光、休闲娱乐于一体的景区。这里的水透亮无边，带着塞北的浩渺磅礴与江南水乡的氤氲之气，湖光潋滟，芦苇丛密，百鸟翔集，鱼跃其间，坐小船进入人造“迷宫”，听鸟鸣，十分惬意。

- 国家4A级景区

【拜寺口双塔】

地址：银川市贺兰山东麓苏峪口

始建于西夏时期，是八角形密檐式砖塔，两塔东西对峙，其高度和外形近似。双塔建筑既有中原砖塔的特点，又有西夏藏传佛教的传统风格，是绘画、雕刻艺术和佛塔建筑艺术的巧妙结合。

- 国家2A级景区

【纳家户清真大寺】

地址：银川市永宁县杨和乡纳家户村

纳家户清真大寺是一座传统的中古式建筑寺院，始建于明代嘉靖年间。寺院呈长方形，以门楼、礼拜大殿、厢房、沐浴堂组成院落，是典型的中国传统四合院式的建筑群。大殿可容纳千人礼拜。

【沙湖旅游区】

地址：石嘴山市平罗县沙湖旅游区

融江南水乡与大漠风光为一体，有130公顷芦苇荡、300多公顷沙丘、670公顷水面。“沙、水、苇、鸟、山、荷”六大景源有机结合，构成了北疆大漠中清纯秀美的“江南水乡”奇景，所出产的“沙湖大鱼头”，被称为天然“脑黄金”，成为国宴佳品。

- 国家级水利风景区
- 国家5A级景区

银川市

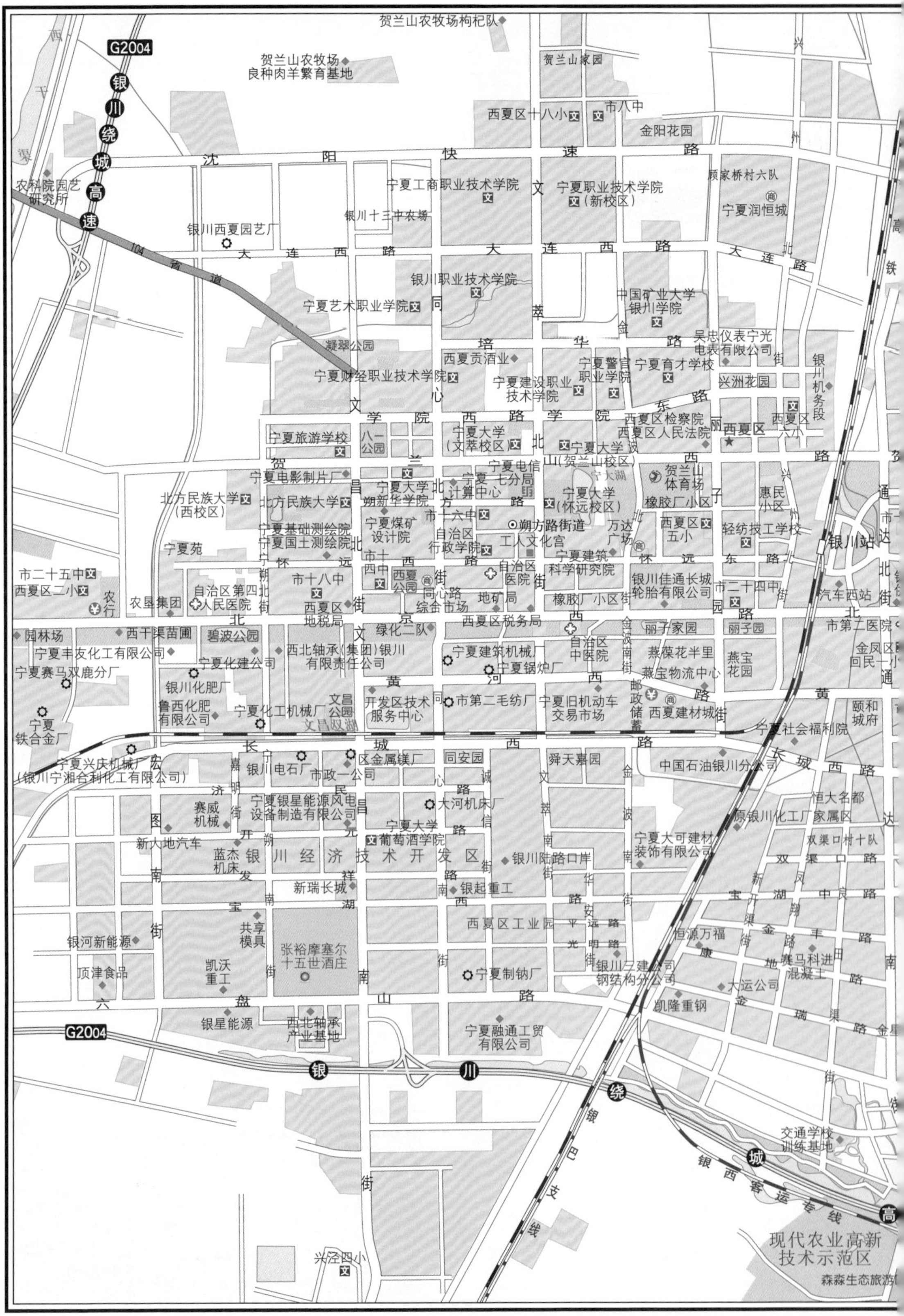
G2004
银川绕城高速
贺兰山农牧场枸杞队
贺兰山农牧场
良种肉羊繁育基地
贺兰山家园
西夏区十八小
市八中
金阳花园
沈阳快速路
农科院园艺研究所
宁夏工商职业技术学院
宁夏职业技术学院（新校区）
顾家桥村六队
宁夏润恒城
银川十三中农场
银川西夏园艺厂
104国道
大连西路
大连路
银川职业技术学院
宁夏艺术职业学院
中国矿业大学银川学院
同心路
萃华路
金波
凝翠公园
吴忠仪表宁光电表有限公司
宁夏财经职业技术学院
西夏贡酒业
宁夏建设职业技术学院
宁夏警官职业学院
宁夏育才学校
兴洲花园
银川机务段
文昌
学院西路
学院东路
西夏区检察院
西夏区人民法院
西夏区
西夏区六小
宁夏旅游学校
八一公园
宁夏大学（文萃校区）
宁夏大学（贺兰山校区）
北京
丽子
贺兰山体育场
宁夏电影制片厂
宁夏电信
宁夏大学北
宁夏七分局
计算中心
北方民族大学（西校区）
北方民族大学
朔新华学院
宁夏大学（怀远校区）
橡胶厂小区
惠民小区
宁夏基础测绘院
宁夏国土测绘院
宁夏煤矿设计院
市十六中
朔方路街道
万达广场
西夏区五小
轻纺技工学校
银川站
宁夏苑
自治区行政学院
工人文化宫
宁夏建筑科学研究院
怀远东路
市二十五中
西夏区二小
市十八中
市十四中
西夏公园
自治区医院
银川佳通长城轮胎有限公司
市二十四中
汽车西站
农行
农垦集团
自治区第四人民医院
同心路综合市场
地矿局
橡胶厂小区
西夏区地税局
西夏区税务局
北京西路
丽子家园
丽子园
市第二医院
园林场
西干渠苗圃
碧波公园
绿化二队
宁夏丰友化工有限公司
西北轴承（集团）银川有限责任公司
宁夏建筑机械厂
自治区中医院
燕篠花半里
燕宝花园
金凤区回民一小
宁夏赛马双鹿分厂
宁夏化建公司
宁夏锅炉厂
燕宝物流中心
银川化肥厂
鲁西化肥有限公司
宁夏化工机械厂
文昌公园
开发区技术服务中心
市第二毛纺厂
宁夏旧机动车交易市场
邮政储蓄
西夏建材城
黄河西路
颐和城府
宁夏铁合金厂
文昌双湖
宁夏社会福利院
宁夏兴庆机械厂
（银川宁湘合利化工有限公司）
长城西路
银川电石厂
区金属镁厂
同安园
舜天嘉园
中国石油银川分公司
市政一公司
恒大名都
赛威机械
宁夏银星能源风电设备制造有限公司
大河机床厂
原银川化工厂家属区
宁夏大学葡萄酒学院
宁夏大可建材装饰有限公司
双渠口村十队
新大地汽车
蓝杰机床
银川经济技术开发区
银川陆路口岸
双渠口路
新瑞长城
银起重工
西夏区工业园
银河新能源
共享模具
平安运路
光明路
恒源万福
赛马科进混凝土
张裕摩塞尔十五世酒庄
顶津食品
凯沃重工
宁夏制钠厂
银川三建公司钢结构分公司
大运公司
凯隆重钢
六盘山路
银星能源
西北轴承产业基地
宁夏融通工贸有限公司
瑞渠路
银川绕城
银巴支线
银西客运专线
交通学校训练基地
现代农业高新技术示范区
森淼生态旅游
兴泾四小

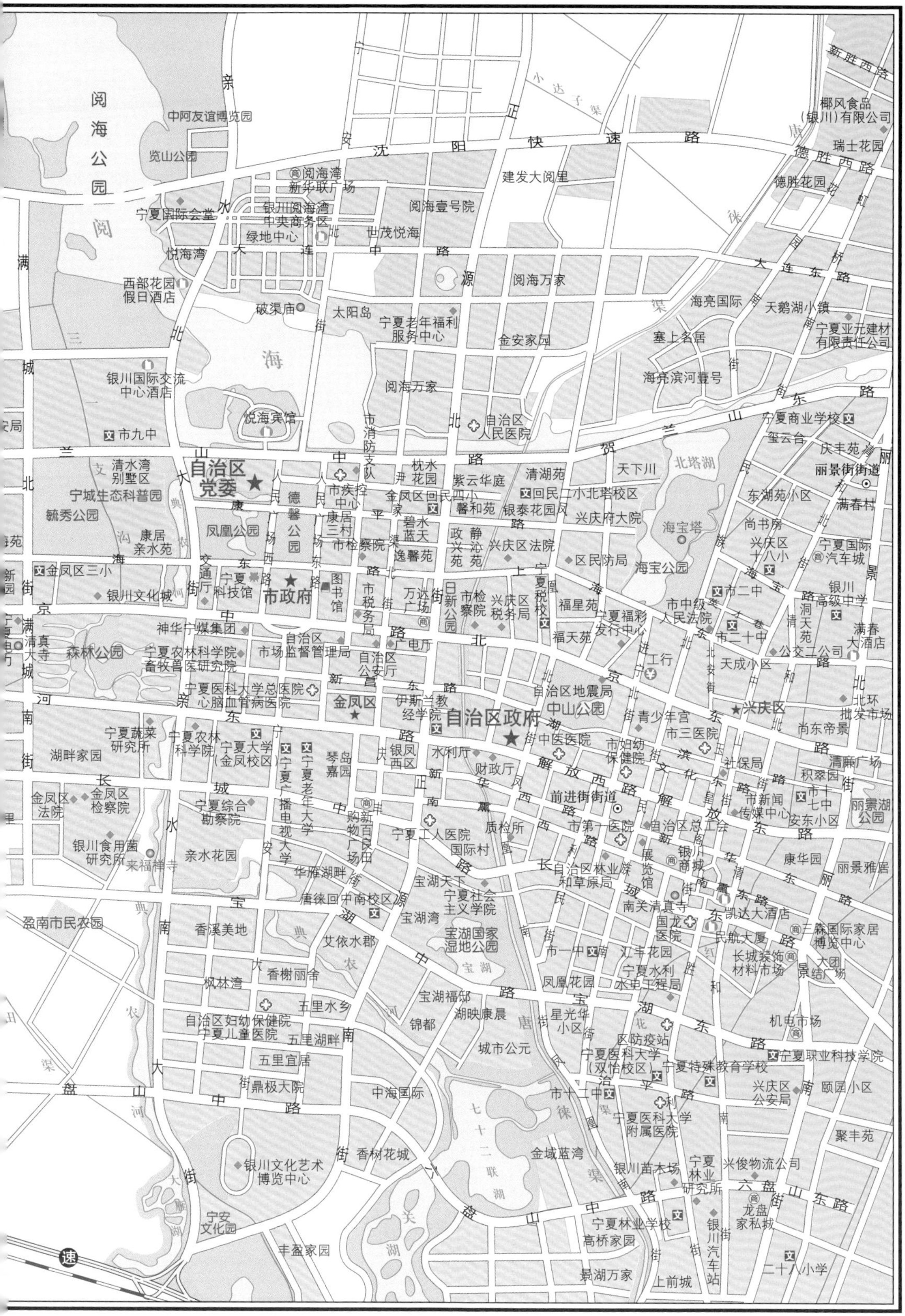
阅海公园
中阿友谊博览园
览山公园
宁夏国际会堂
悦海湾
西部花园假日酒店
破渠庙
阅海湾新华联广场
银川阅海湾中央商务区
绿地中心
世茂悦海
阅海壹号院
建发大阅里
沈阳快速路
大连中路
大连东路
阅海万家
太阳岛
宁夏老年福利服务中心
金安家园
海亮国际
天鹅湖小镇
塞上名居
海亮滨河壹号
宁夏亚元建材有限责任公司
椰风食品(银川)有限公司
瑞士花园
德胜西路
德胜花园
银川国际交流中心酒店
悦海宾馆
市九中
自治区人民医院
市消防支队
清水湾别墅区
宁城生态科普园
毓秀公园
自治区党委
康居亲水苑
凤凰公园
德馨公园
市疾控中心
康居三村
枕水花园
紫云华庭
清湖苑
天下川
北塔湖
宁夏商业学校
玺云台
庆丰苑
丽景街街道
满春村
金凤区回民四小
回民二小北塔校区
馨和苑
银泰花园
兴庆府大院
海宝塔
东湖苑小区
尚书房
市检察院
碧水蓝天
逸馨苑
政兴苑
静沁苑
兴庆区法院
区民防局
海宝公园
兴庆区十八小
宁夏国际汽车城
金凤区三小
银川文化城
交通厅
宁夏科技馆
市政府
图书馆
市税务局
万达广场
日新公园
市检察院
兴庆区税务局
宁夏税校
福星苑
宁夏福彩发行中心
市中级人民法院
市二中
银川高级中学
洞天苑
满春大酒店
神华宁煤集团
自治区市场监督管理局
广电厅
自治区公安厅
福天苑
市二十中
工行
天成小区
公交二公司
清真大寺
森林公园
宁夏农林科学院畜牧兽医研究所
宁夏医科大学总医院心脑血管病医院
金凤区
伊斯兰教经学院
自治区政府
自治区地震局
中山公园
青少年宫
市三医院
兴庆区
北环批发市场
尚东帝景
宁夏蔬菜研究所
宁夏农林科学院
宁夏大学(金凤校区)
宁夏广播电视大学
宁夏老年大学
琴岛嘉园
银凤西区
水利厅
中医医院
市妇幼保健院
社保局
清麟广场
积翠园
湖畔家园
财政厅
前进街街道
市新闻传媒中心
市十七中
安东小区
丽景湖公园
金凤区法院
金凤区检察院
宁夏综合勘察院
购物广场
新百
宁夏工人医院
质检所
市第一医院
自治区总工会
银川食用菌研究所
来福禅寺
亲水花园
国际村
自治区林业和草原局
展览馆
银川商城
康华园
丽景雅居
华雁湖畔
宝湖天下
宁夏社会主义学院
南关清真寺
凯达大酒店
唐徕回中南校区
宝湖湾
国龙医院
民航大厦
三森国际家居博览中心
盈南市民农园
香溪美地
艾依水郡
宝湖国家湿地公园
市一中
汇丰花园
长城装饰材料市场
大团结广场
香榭丽舍
枫林湾
宁夏水利水电工程局
凤凰花园
宝湖福邸
湖映康晨
星光华小区
五里水乡
锦都
自治区妇幼保健院
宁夏儿童医院
五里湖畔
城市公元
区防疫站
机电市场
五里宜居
宁夏医科大学(双怡校区)
宁夏特殊教育学校
宁夏职业科技学院
鼎极大院
中海国际
市十二中
兴庆区公安局
颐园小区
七十二联湖
宁夏医科大学附属医院
聚丰苑
香榭花城
金域蓝湾
银川苗木场
宁夏林业研究所
兴俊物流公司
银川文化艺术博览中心
六盘山中路
六盘山东路
龙盘家私城
宁安文化园
宁夏林业学校
高桥家园
银川汽车站
丰盈家园
景湖万家
上前城
二十八小学

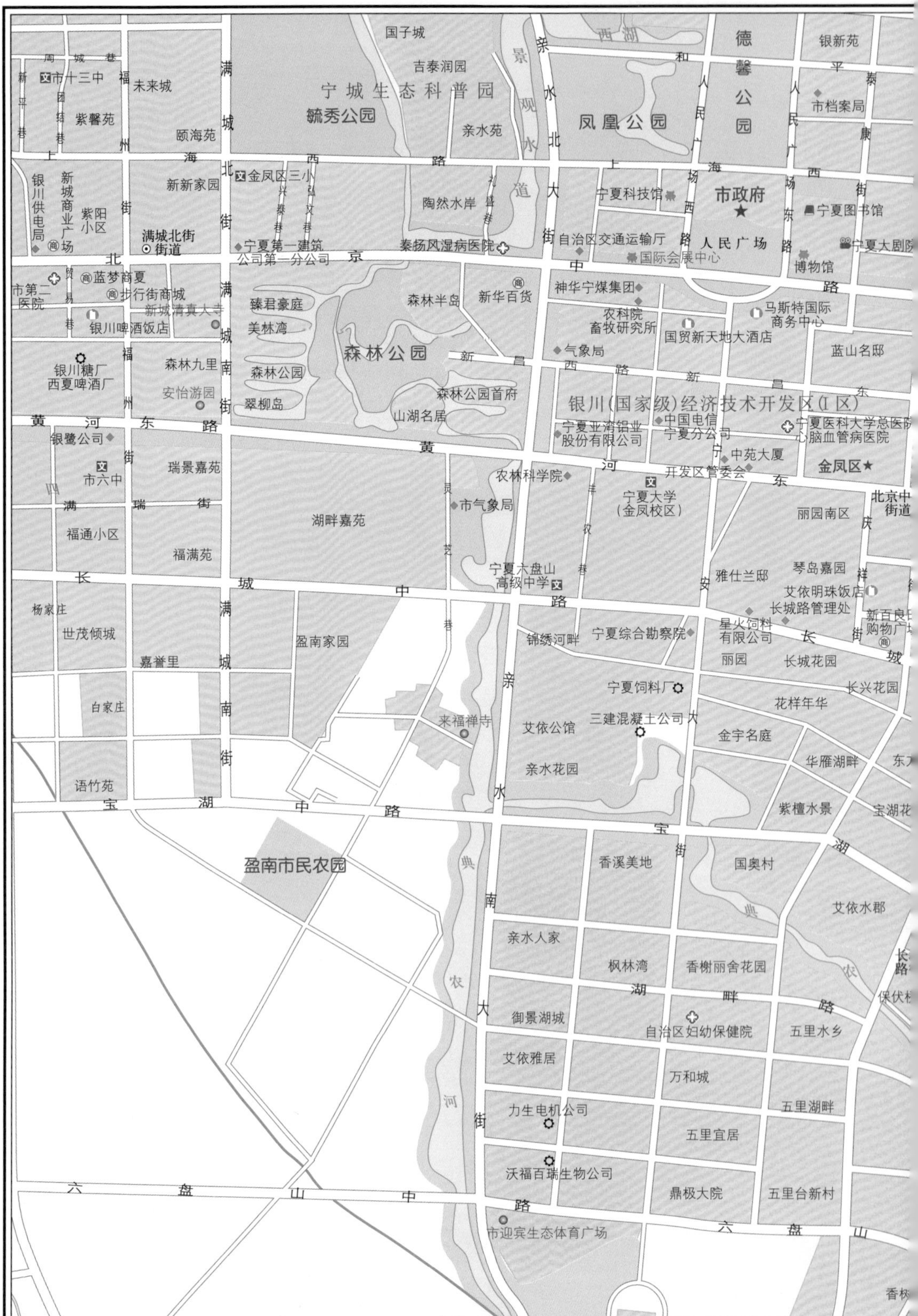

国子城
吉泰润园
宁城生态科普园
毓秀公园
亲水苑
凤凰公园
德馨公园
银新苑
市档案局
市十三中
未来城
紫馨苑
颐海苑
新新家园
金凤区三小
陶然水岸
宁夏科技馆
市政府
宁夏图书馆
银川供电局
新城商业广场
紫阳小区
满城北街街道
宁夏第一建筑公司第一分公司
秦扬风湿病医院
自治区交通运输厅
人民广场
国际会展中心
博物馆
宁夏大剧院
市第二医院
蓝梦商厦
步行街商城
新城清真大寺
银川啤酒饭店
臻君豪庭
美林湾
森林半岛
新华百货
神华宁煤集团
农科院畜牧研究所
马斯特国际商务中心
国贸新天地大酒店
森林公园
气象局
蓝山名邸
银川糖厂
西夏啤酒厂
森林九里
安怡游园
翠柳岛
森林公园首府
山湖名居
银川(国家级)经济技术开发区(I区)
中国电信宁夏分公司
宁夏亚滨铝业股份有限公司
宁夏医科大学总医院心脑血管病医院
银鹭公司
市六中
瑞景嘉苑
中苑大厦
金凤区
农林科学院
开发区管委会
宁夏大学(金凤校区)
北京中路街道
市气象局
湖畔嘉苑
丽园南区
福通小区
福满苑
琴岛嘉园
宁夏六盘山高级中学
雅仕兰邸
艾依明珠饭店
长城路管理处
新百良田购物广场
杨家庄
世茂倾城
嘉誉里
盈南家园
锦绣河畔
宁夏综合勘察院
星火饲料有限公司
丽园
长城花园
宁夏饲料厂
长兴花园
白家庄
来福禅寺
艾依公馆
三建混凝土公司
花样年华
金宇名庭
亲水花园
华雁湖畔
语竹苑
紫檀水景
宝湖花
盈南市民农园
香溪美地
国奥村
艾依水郡
亲水人家
枫林湾
香榭丽舍花园
御景湖城
自治区妇幼保健院
五里水乡
保伏桥
艾依雅居
万和城
五里湖畔
力生电机公司
五里宜居
沃福百瑞生物公司
鼎极大院
五里台新村
市迎宾生态体育广场
周城巷
新平巷
团结巷
福州街
上海西路
满城北街
兴庆春
弘文巷
北京中路
贸易巷
满城南街
黄河东路
新昌西路
新昌东路
灵芝巷
四满瑞街
长城中路
长城东路
亲水大街
亲水北大街
宁安大街
同仁巷
宝湖中路
宝湖路
景观水道
典农河
亲水南大街
湖畔路
六盘山中路
六盘山路
西湖
和平路
人民广场西街
人民广场东路
泰康街

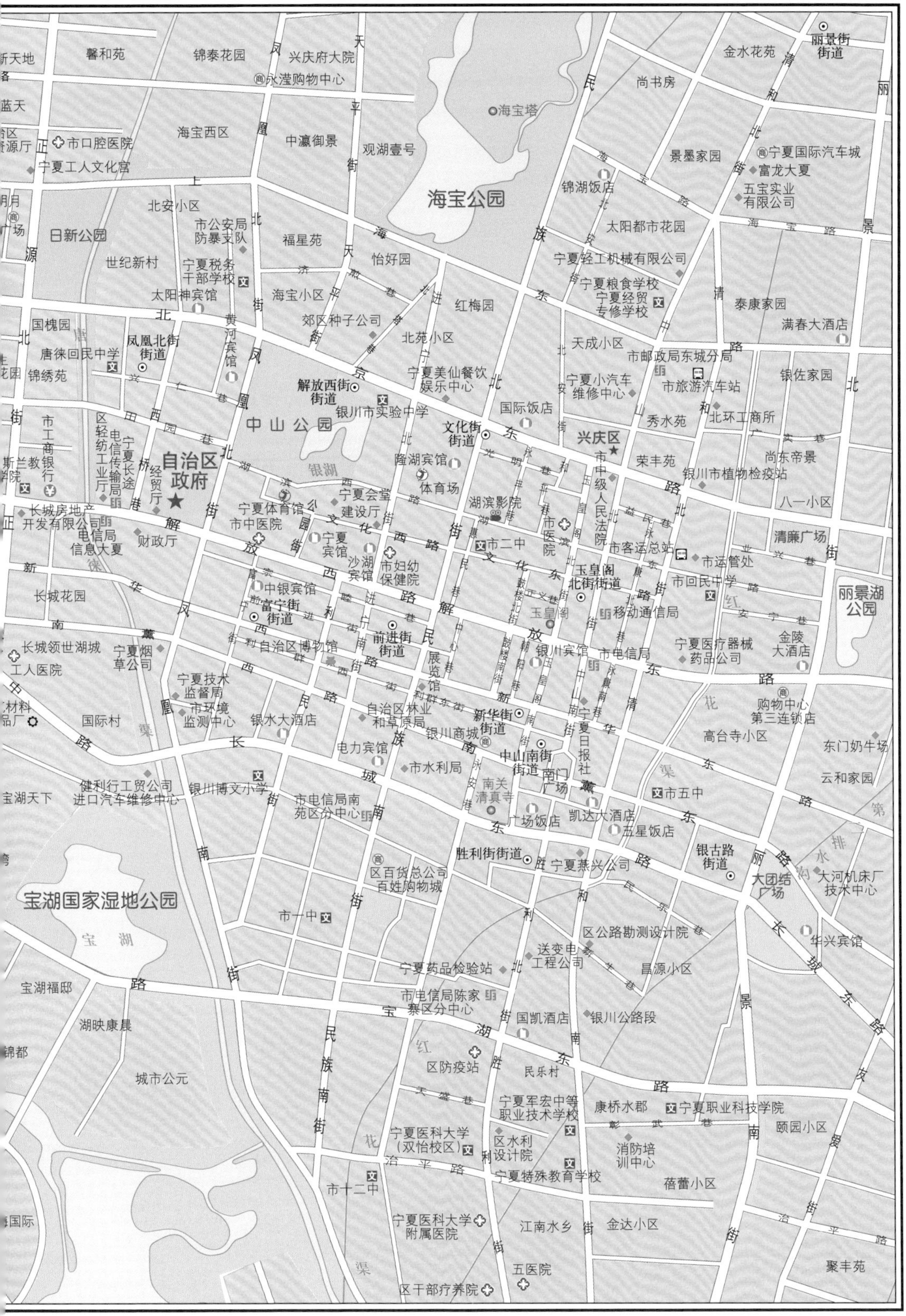

馨和苑
锦泰花园
兴庆府大院
永滢购物中心
海宝塔
尚书房
金水花苑
丽景街街道
海宝西区
中瀛御景
观湖壹号
市口腔医院
宁夏工人文化宫
景墨家园
宁夏国际汽车城
富龙大夏
五宝实业有限公司
锦湖饭店
海宝公园
北安小区
日新公园
市公安局防暴支队
福星苑
怡好园
太阳都市花园
世纪新村
宁夏税务干部学校
宁夏轻工机械有限公司
宁夏粮食学校
宁夏经贸专修学校
太阳神宾馆
海宝小区
郊区种子公司
红梅园
泰康家园
国槐园
满春大酒店
凤凰北街街道
唐徕回民中学
锦绣苑
北苑小区
天成小区
市邮政局东城分局
宁夏美仙餐饮娱乐中心
宁夏小汽车维修中心
市旅游汽车站
银佐家园
解放西街街道
中山公园
银川市实验中学
国际饭店
秀水苑
北环工商所
文化街街道
兴庆区
自治区政府
市工商银行
区轻纺工业厅
电传输局
宁夏长途
经贸厅
隆湖宾馆
体育场
荣丰苑
尚东帝景
银川市植物检疫站
银湖
宁夏会堂
建设厅
湖滨影院
市中级人民法院
八一小区
长城房地产开发有限公司
宁夏体育馆
市中医院
市二中
市医院
清廉广场
电信局信息大夏
财政厅
宁夏宾馆
沙湖宾馆
市妇幼保健院
市客运总站
市运管处
玉皇阁北街街道
市回民中学
丽景湖公园
长城花园
中银宾馆
富宁街街道
玉皇阁
移动通信局
前进街街道
宁夏医疗器械药品公司
金晚大酒店
长城领世湖城
宁夏烟草公司
自治区博物馆
展览馆
银川宾馆
市电信局
工人医院
宁夏技术监督局
市环境监测中心
自治区林业和草原局
新华街街道
购物中心第三连锁店
国际村
银水大酒店
银川商城
高台寺小区
东门奶牛场
电力宾馆
中山南街街道
宁夏日报社
南门广场
健利行工贸公司进口汽车维修中心
银川博文小学
市水利局
南关清真寺
市五中
云和家园
宝湖天下
市电信局南苑区分中心
广场饭店
凯达大酒店
五星饭店
胜利街街道
宁夏燕兴公司
银古路街道
大团结广场
大河机床厂技术中心
宝湖国家湿地公园
区百货总公司百姓购物城
宝湖
市一中
区公路勘测设计院
送变电工程公司
华兴宾馆
宁夏药品检验站
昌源小区
宝湖福邸
市电信局陈家寨区分中心
湖映康晨
国凯酒店
银川公路段
锦都
区防疫站
民乐村
城市公元
宁夏军宏中等职业技术学校
康桥水郡
宁夏职业科技学院
颐园小区
宁夏医科大学(双怡校区)
区水利设计院
消防培训中心
市十二中
宁夏特殊教育学校
蓓蕾小区
宁夏医科大学附属医院
江南水乡
金达小区
国际
五医院
聚丰苑
区干部疗养院
凤凰北街
天平街
民族北街
清和北街
丽景北街
上海西路
上海东路
北京中路
北京东路
北京西路
解放西路
解放东路
文化西路
文化东路
新华西路
新华东路
长城中路
长城东路
南薰西路
南薰东路
宝湖东路
胜利街
民族南街
凤凰南街
银湖巷
治平路
清河南街
景南街
友爱街
红花渠
唐徕渠

宁夏艺术职业学院
银川职业技术学
凝翠公园
地矿局职工学校
宁夏财经职业技术学院
汇融常春藤
贺兰山西路街道
尚美雅居
核工业活性炭研究所
八一公园
西夏区回民小学
安民巷
宁夏旅游学校
宁夏新技术应用研究所
宁夏大学新华学院
贺兰山西路
宁夏电影制片厂
宁夏大学新华学院（南校区）
信息中心
物研所
北方民族大学（西校区）
青年公园
北方民族大学
涤纶厂
宁夏伊斯兰地质工程公司
梧桐花园
社会科学院
广武巷
农垦建材公司热压门厂
宁夏基础测绘院
常柴银川柴油机有限公司
同心苑
恩和巷
区建五公司
怀远西路
怡安小区
岳麓高级中学
大泉巷
西夏公园
金润雅园
瞿靖巷
兴夏苑
市十八中
文昌路街道
市十四中
区图书馆
东塔巷
幸福巷
同心路区分中心
宁华路街道
西干渠管理处
农垦建设实业总公司
自治区第四人民医院
西夏区国税局
西夏区十小
西轴工业设计院
长城商场
区建三公司
百货大楼
北京西路街道
北京西路
西干渠苗圃
碧波公园
长城机器（集团）有限公司
银川拖拉机厂
宁夏化建公司
宁夏大元炼油化工有限公司化肥分厂
嘉宝花园
江南小区
西北轴承（集团）有限责任公司
建筑机械厂
峡口巷
安丰家园
银川化肥厂
八一学校
黄河西路
中铝研发基地
文昌公园
荷花湖畔
第二毛纺厂
汇川西服
宁夏化工机修厂
文昌双湖
长城西路
区金属镁厂
区五金进出口公司冶炼厂
宁建一公司建材厂四分
黄河水泥厂
同安园
宏汽车零部件产业基地
宏图南街
济民西路
济民东路
嘉明街
南梁街
景平街
振兴街
南街
银川经济技术开发区
农场科研所
农垦磷肥厂
开元西路
开元东路
宁夏大学葡萄酒学院
建筑材料研究所
新干线
宁朔北街
宁朔南街
同心北街
同心南街
文昌北街
文昌南街
学院西路
宁安西巷
心朔巷
朔方北街

西夏食品有限责任公司
甜菜研究所
东方驾校
中国矿业大学银川学院
华 路
文 萃 北 街
宁夏建设职业技术学院
宁夏警官职业学院
慧德大厦
宁夏育才学校
绿地国际花都
学 院 东 路
盈北家园
盈 北 路
兴洲花园
文博锦苑
学 院 东 路
宁光电表有限公司
西夏区六小
盈北苑
盈北家园
政 通 路
兴洲雅居
兴 洲 北 街
安
包银高铁
包兰线
通
宁夏大学（贺兰山校区）
宁夏体育运动学校
西夏区人民法院
西夏区
西郊法院
富润园
贺 兰 山 西 路
贺 兰 山 中 路
银川市体育馆
宁大湖
贺兰山体育场
金 波 北 街
西 园 北 街
金冠华庭
西 花 园 北 巷
兴业家园
兴 州
市电信局新市区分中心
宁夏大学（朔方校区）
红 井 巷
淳 风 巷
银川橡胶厂
前进
福 利 巷
惠民小区
宁夏大学（怀远校区）
新城烟草公司
宁大附中
宁夏建筑科学研究院
万达广场
橡民A区
盛世金像A区
华运商厦
连锁丽华商场第三
宁夏第三人民医院
银川站
惠 北 巷
达
工人文化宫
怀 远 东 路
铁路体育馆
宁夏铁道国际旅行社
上海西路
亚麻厂
消防队
区建二公司
宁夏建工集团培训教育学院
花园宾馆
颐恒宾馆
萌 城 西 巷
萌 城 东 巷
中策（长城）橡胶有限公司
叠翠园
星 光 巷
建 设 街
棉纺厂
西夏商场
红雷俱乐部
西花园街道
西 花 园 南 巷
四季园
宁夏煤田地质局
银川汽车西站
桃园宾馆
内蒙古阿拉善饭店
北 京 西 路
北 京 中 路
市二十四中
市绿化二处
宁夏广播电台
中医研究院
流芳园
解放公园
丽子园
丽子家园
四季园
兴 州 南 街
黄河东路街道
长庆石油银川办事处
凯悦饭店
丽 兰 芝 巷
运 材 巷
市二十四中
花半里
燕宝花园
良
市六中
林园
西萃芳庭
文 萃 南 路
西 路
西夏建材城
丽 子 园 南 街
宁夏垦原物资供销公司
荣锦苑
企业基地
黄 河 东 路
燕宝钢材市场
双悦新村
颐和金凤花园
锦润秀府
长 城 西 路
银西客运专线
南
颐和城府
颐和四季公馆
宁夏石油总公司储备运输公司
四季青冷链物流
舜天嘉园
同安园
金 波 南 街
二 干 沟
田 渠 街
恒大名都
生物药品厂
康园雅居
工业学校
开元东路

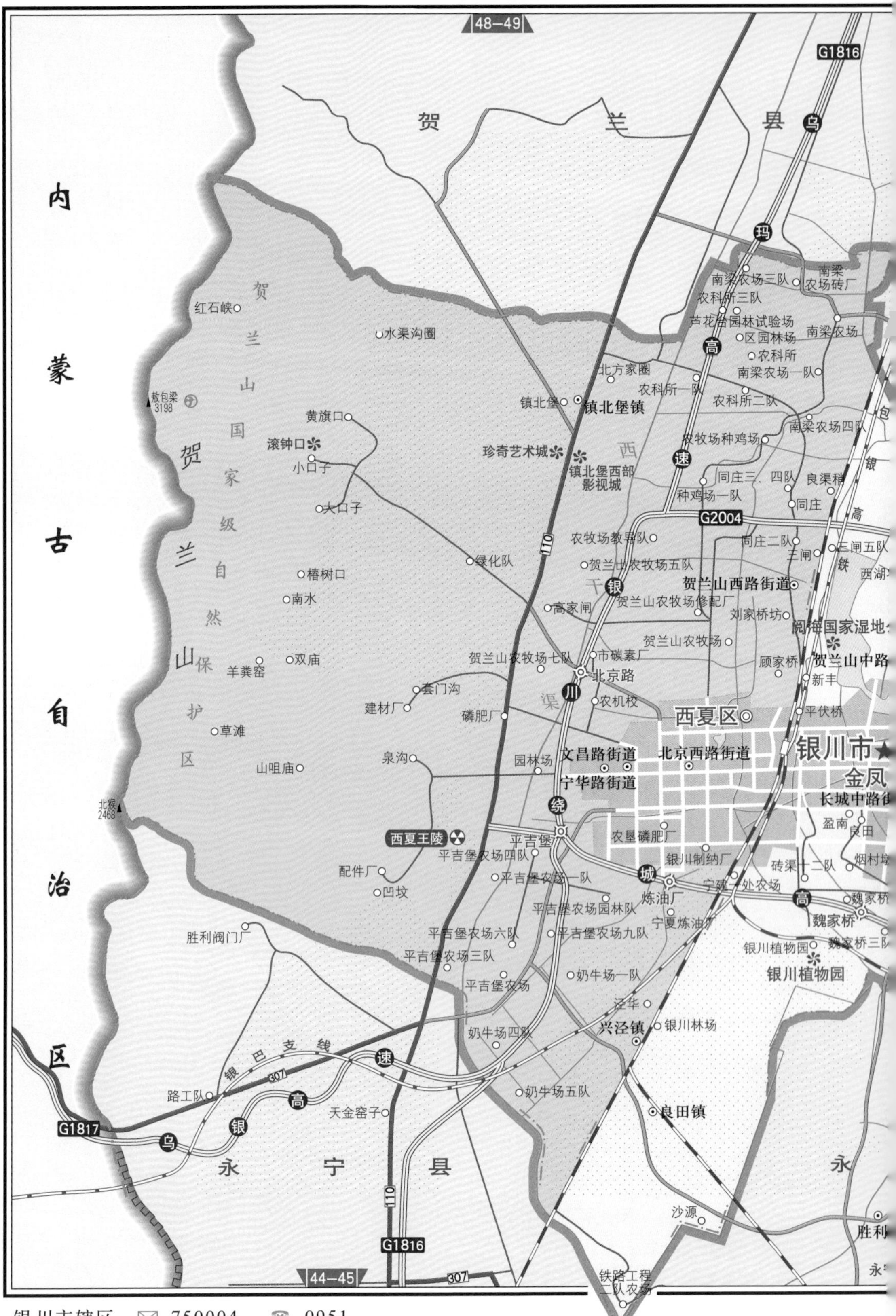
48–49
贺 兰 县
G1816
内蒙古自治区
贺兰山国家级自然保护区
贺兰山
红石峡
水渠沟圈
敖包梁 3198
黄旗口
滚钟口
小口子
大口子
椿树口
南水
双庙
羊粪窑
套门沟
建材厂
草滩
泉沟
山咀庙
北猴 2468
西夏王陵
配件厂
凹坟
胜利阀门厂
路工队
天金窑子
G1817
永 宁 县
G1816
44–45
307
银巴支线
绿化队
磷肥厂
园林场
珍奇艺术城
镇北堡西部影视城
镇北堡
镇北堡镇
北方家圈
农科所一队
农科所二队
农科所三队
南梁农场三队
南梁农场砖厂
芦花台园林试验场
区园林场
农科所
南梁农场
南梁农场一队
南梁农场四队
农牧场种鸡场
同庄三、四队
良渠稍
种鸡场一队
同庄
G2004
农牧场教导队
同庄二队
三闸
三闸五队
贺兰山农牧场五队
贺兰山西路街道
西湖
高家闸
贺兰山农牧场修配厂
刘家桥坊
阅海国家湿地公园
贺兰山农牧场
贺兰山农牧场七队
市碳素厂
顾家桥
贺兰山中路
北京路
新丰
农机校
平伏桥
西夏区
西干渠
文昌路街道
北京西路街道
银川市
金凤
宁华路街道
长城中路街
盈南
良田
平吉堡
农垦磷肥厂
平吉堡农场四队
银川制纳厂
砖渠十二队
烟村场
平吉堡农场一队
炼油厂
宁建一处农场
魏家桥
平吉堡农场园林队
宁夏炼油厂
平吉堡农场六队
平吉堡农场九队
银川植物园
魏家桥三队
平吉堡农场三队
平吉堡农场
奶牛场一队
泾华
兴泾镇
银川林场
奶牛场四队
奶牛场五队
良田镇
沙源
铁路工程二队农场
胜利
永
110
307

银川市辖区

【地理位置】位于银川市北部，包括金凤区、兴庆区、西夏区个市辖区，市政府驻金凤区。银川是全区政治、经济、文化中。本区域东临内蒙古自治区，西依贺兰山，南接灵武市、永宁，北连贺兰县、平罗县。

【人口面积】市辖区总人口190万，面积2303平方千米；其中金区：人口64万，面积345平方千米；兴庆区：人口81万，面积8平方千米；西夏区：人口45万，面积1130平方千米。

【地形】地处宁夏平原引黄灌区中部，地势由西南向东北逐渐倾。西部为贺兰山山地，东部为山前洪积平原和黄河冲积平原，平以东为陶乐台地。

【河流湖泊】黄河及汉延、惠农、唐徕、西干四大干渠。

【交通】已形成铁路、公路、航空立体交通格局，是自治区的交区纽。银西客运专线、包兰铁路、银太铁路与全国铁路网相连。银高速（G20）、京藏高速（G6）在境内汇聚贯通，乌银高速（G1817）、银川绕城高速及机场高速等建成使用，109、110、244国道和多条省道构成公路主干网。银川河东机场已开通至北京、西安、上海等40多条航线。

【资源经济】围绕都市型现代农业目标，发展蔬菜、瓜果、畜牧养殖、水产品养殖等设施农业。有石灰岩、白云岩、贺兰石等。工业有石油加工、化工、医药、食品、机械等；主要产品有化肥、石油、轮胎、焦炭、羊绒等。

【风景名胜】西夏王陵国家级风景名胜区、贺兰山国家级自然保护区、海宝塔、南关清真大寺、镇北堡西部影视城、滚钟口、河滨公园、月牙湖等。

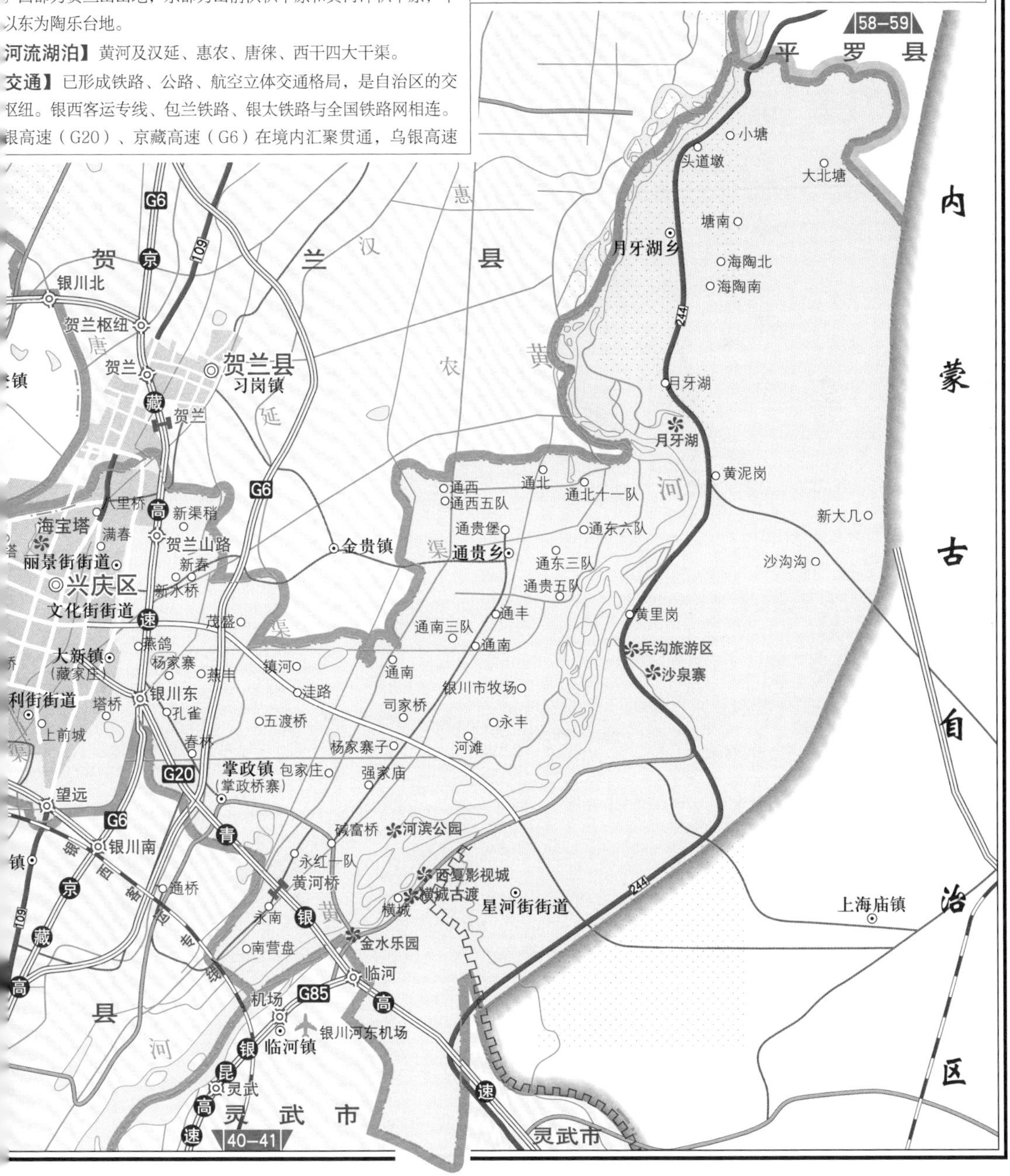

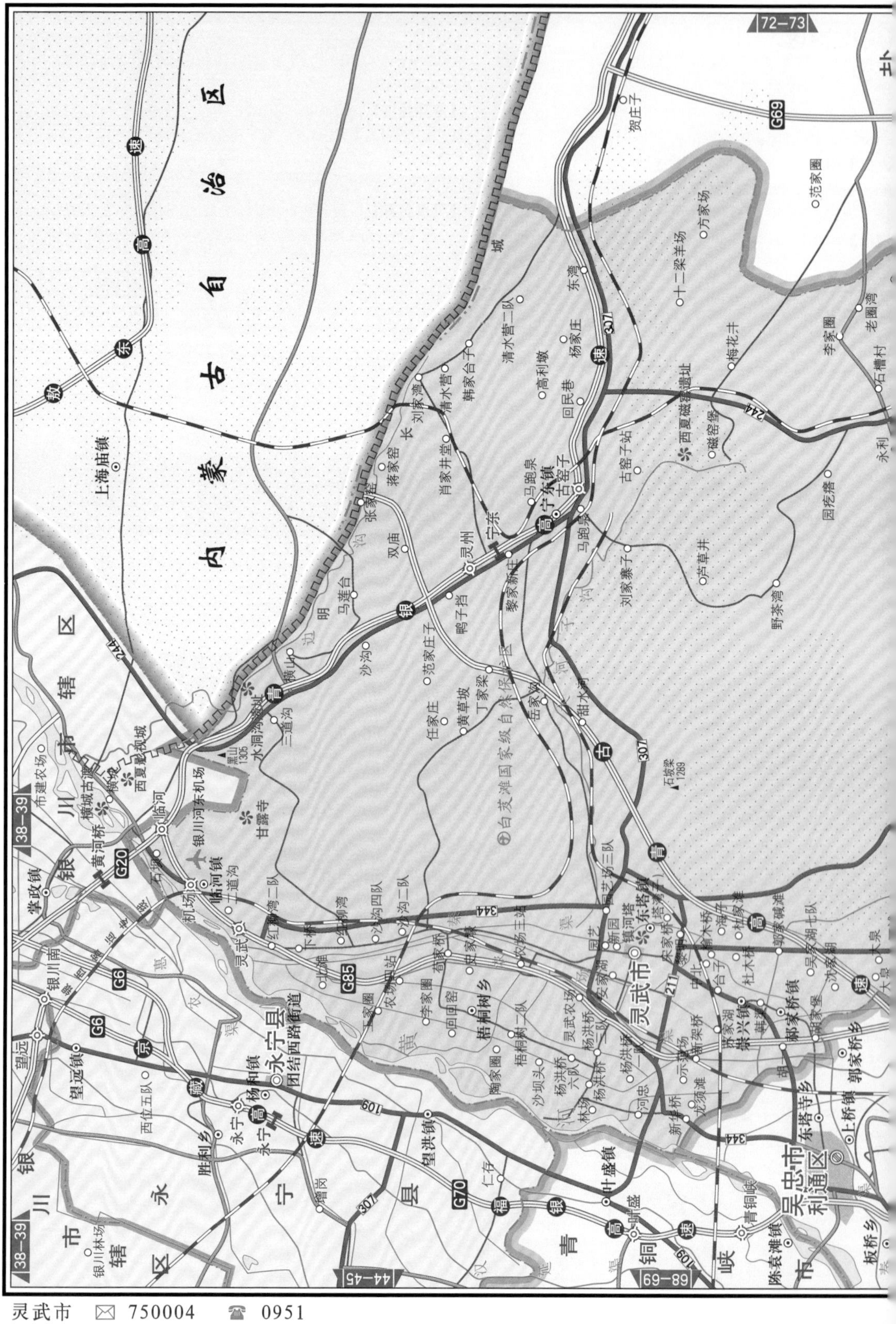
内蒙古自治区
银川市辖区
永宁县
青铜峡
吴忠市
利通区
灵武市
宁东镇
临河镇
梧桐树乡
东塔镇
郝家桥镇
崇兴镇
马家滩镇
上海庙镇
望远镇
杨和镇
胜利乡
望洪镇
叶盛镇
东塔寺乡
上桥镇
陈袁滩镇
板桥乡
郭家桥乡
银川河东机场
白芨滩国家级自然保护区
西夏磁窑遗址
水洞沟遗址
甘露寺
横城古渡
古窑子
马跑泉
磁窑堡
清水营
长城
明长城
黄河
G20
G6
G85
G70
G69
307
109
344
244
211
38-39
44-45
68-69
72-73

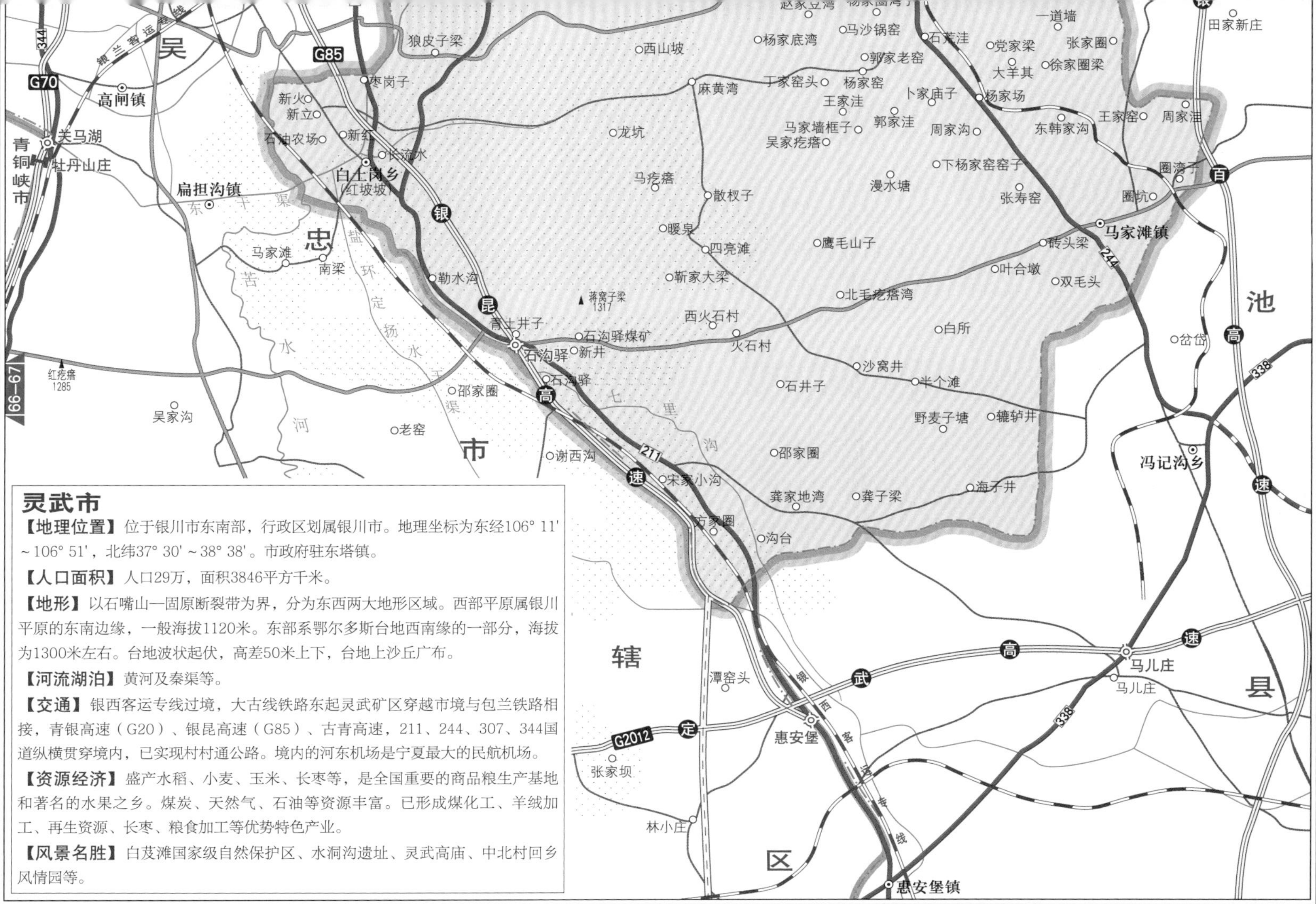

66-67

灵武市

【地理位置】位于银川市东南部，行政区划属银川市。地理坐标为东经106° 11' ~106° 51'，北纬37° 30' ~38° 38'。市政府驻东塔镇。

【人口面积】人口29万，面积3846平方千米。

【地形】以石嘴山—固原断裂带为界，分为东西两大地形区域。西部平原属银川平原的东南边缘，一般海拔1120米。东部系鄂尔多斯台地西南缘的一部分，海拔为1300米左右。台地波状起伏，高差50米上下，台地上沙丘广布。

【河流湖泊】黄河及秦渠等。

【交通】银西客运专线过境，大古线铁路东起灵武矿区穿越市境与包兰铁路相接，青银高速（G20）、银昆高速（G85）、古青高速，211、244、307、344国道纵横贯穿境内，已实现村村通公路。境内的河东机场是宁夏最大的民航机场。

【资源经济】盛产水稻、小麦、玉米、长枣等，是全国重要的商品粮生产基地和著名的水果之乡。煤炭、天然气、石油等资源丰富。已形成煤化工、羊绒加工、再生资源、长枣、粮食加工等优势特色产业。

【风景名胜】白芨滩国家级自然保护区、水洞沟遗址、灵武高庙、中北村回乡风情园等。

1:350 000

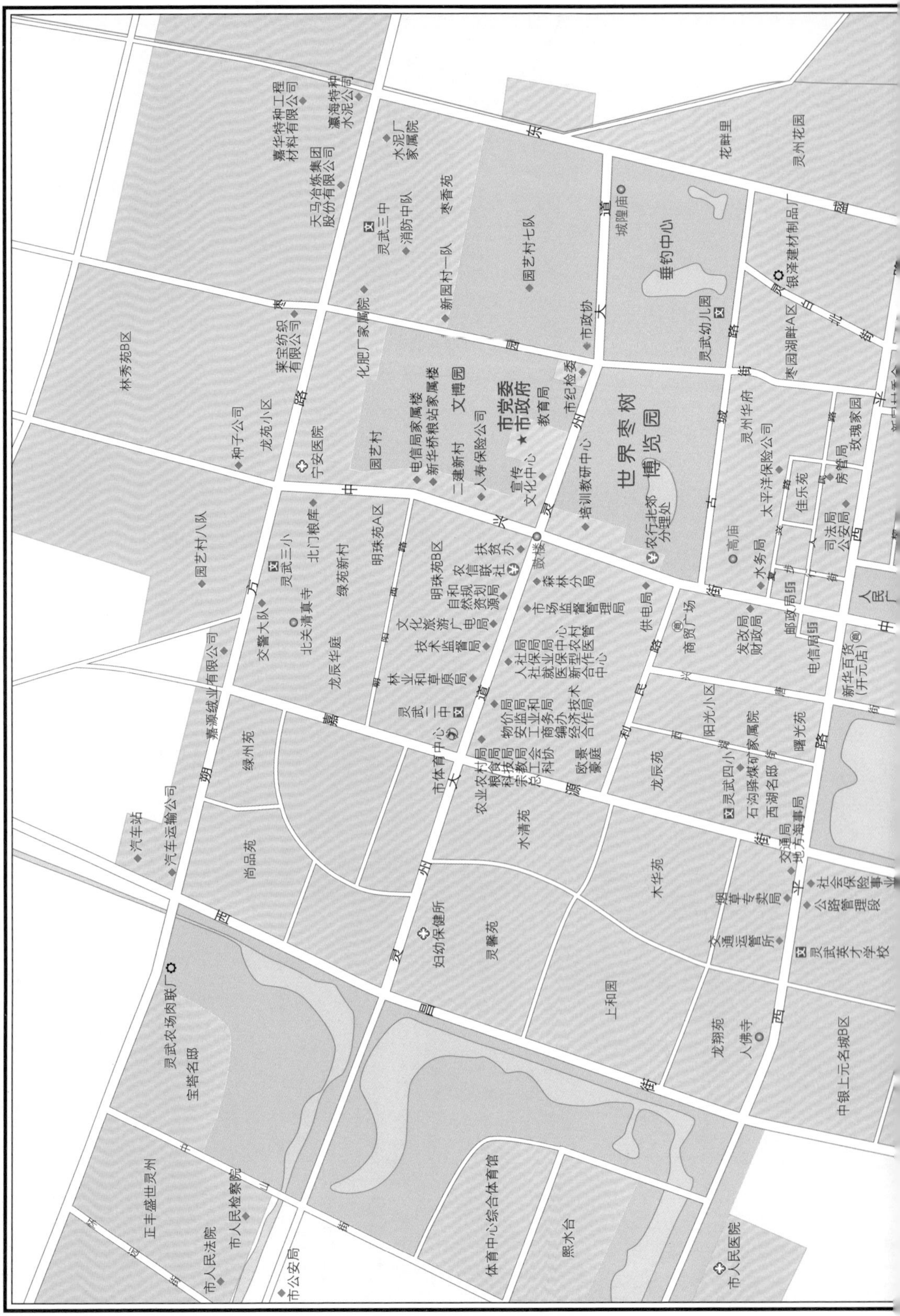
嘉华特种工程材料有限公司
瀛海特种水泥公司
天马冶炼集团股份有限公司
水泥厂家属院
灵武三中
消防中队
枣香苑
新园村一队
园艺村七队
城隍庙
垂钓中心
花畔里
灵州花园
银泽建材制品厂
灵武幼儿园
枣园湖畔A区
市政协
市纪检委
林秀苑B区
莱宝纺织有限公司
化肥厂家属院
电信局家属楼
新华桥粮站家属楼
文博园
市党委
市政府
教育局
世界枣树博览园
种子公司
龙苑小区
宁安医院
园艺村
二建新村
人寿保险公司
宣传文化中心
培训教研中心
灵州华府
太平洋保险公司
佳乐苑
房管局
玫瑰家园
园艺村八队
北门粮库
绿苑新村
明珠苑A区
灵武二小
北关清真寺
交警大队
龙辰华庭
明珠苑B区
扶贫办
农信联社
鼓楼
森林分局
农行北郊分理处
高庙
水务局
司法局
公安局
人民广场
邮政局
电信局
自然资源局
文化旅游广电局
技术监督局
林业和草原局
市场监督管理局
供电局
商贸广场
发改局
财政局
新华百货(开元店)
嘉源绒业有限公司
人社局
社保局
就业局
医保中心
灵武一中
物价局
安监局
工业和商务局
编办
经济技术合作局
阳光小区
石沟驿煤矿家属院
曙光苑
绿州苑
市体育中心
农业农村局
粮食局
科技局
宗教局
总工会
科协
欧景豪庭
龙辰苑
灵武四小
西湖名邸
地方海事局
交通局
汽车站
汽车运输公司
尚品苑
水清苑
木华苑
公路管理段
烟草专卖局
交通运管所
灵武英才学校
妇幼保健所
灵馨苑
上和园
龙翔苑
大佛寺
中银上元名城B区
灵武农场肉联厂
宝塔名邸
正丰盛世灵州
市人民检察院
市人民法院
市公安局
体育中心综合体育馆
熙水台
市人民医院
朔方路
灵州大道
古城路
利民路

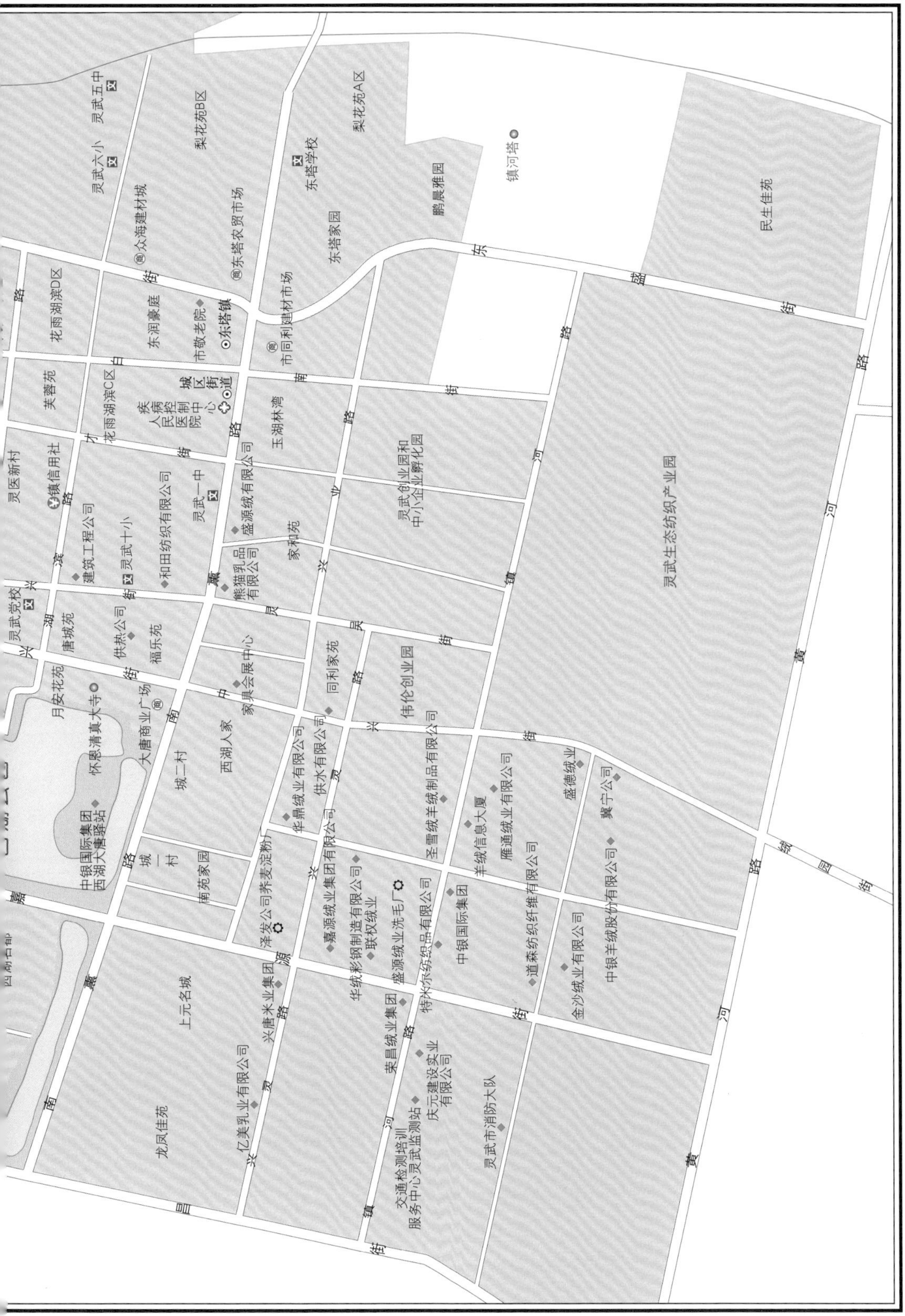
灵武五中
灵武六小
梨花苑B区
梨花苑A区
众海建材城
东塔农贸市场
东塔学校
镇河塔
鹏晨雅园
东塔家园
民生佳苑
花雨湖滨D区
东润豪庭
市敬老院
东塔镇
市同利建材市场
芙蓉苑
花雨湖滨C区
城区街道
王湖林湾
灵武创业园和中小企业孵化园
灵医新村
镇信用社
建筑工程公司
灵武十小
和田纺织有限公司
灵武一中
盛源绒有限公司
家和苑
熊猫乳品有限公司
灵武生态纺织产业园
灵武党校
唐城苑
供热公司
福乐苑
家具会展中心
同利家苑
伟伦创业园
月安花苑
怀恩清真大寺
大唐商业广场
西湖人家
城二村
华鼎绒业有限公司
供水有限公司
圣雪绒羊绒制品有限公司
羊绒信息大厦
雁通绒业有限公司
盛德绒业
冀宁公司
中银国际集团西湖大唐路站
城一村
南苑家园
泽发公司荞麦淀粉厂
嘉源绒业集团有限公司
华绒彩钢制造有限公司
联权绒业
盛源绒业洗毛厂
特米尔纺织品有限公司
中银国际集团
道森纺织纤维有限公司
金沙绒业有限公司
中银羊绒股份有限公司
兴唐米业集团
上元名城
荣昌绒业集团
庆元建设实业有限公司
灵武市消防大队
交通检测培训服务中心灵武监测站
亿美乳业有限公司
龙凤佳苑

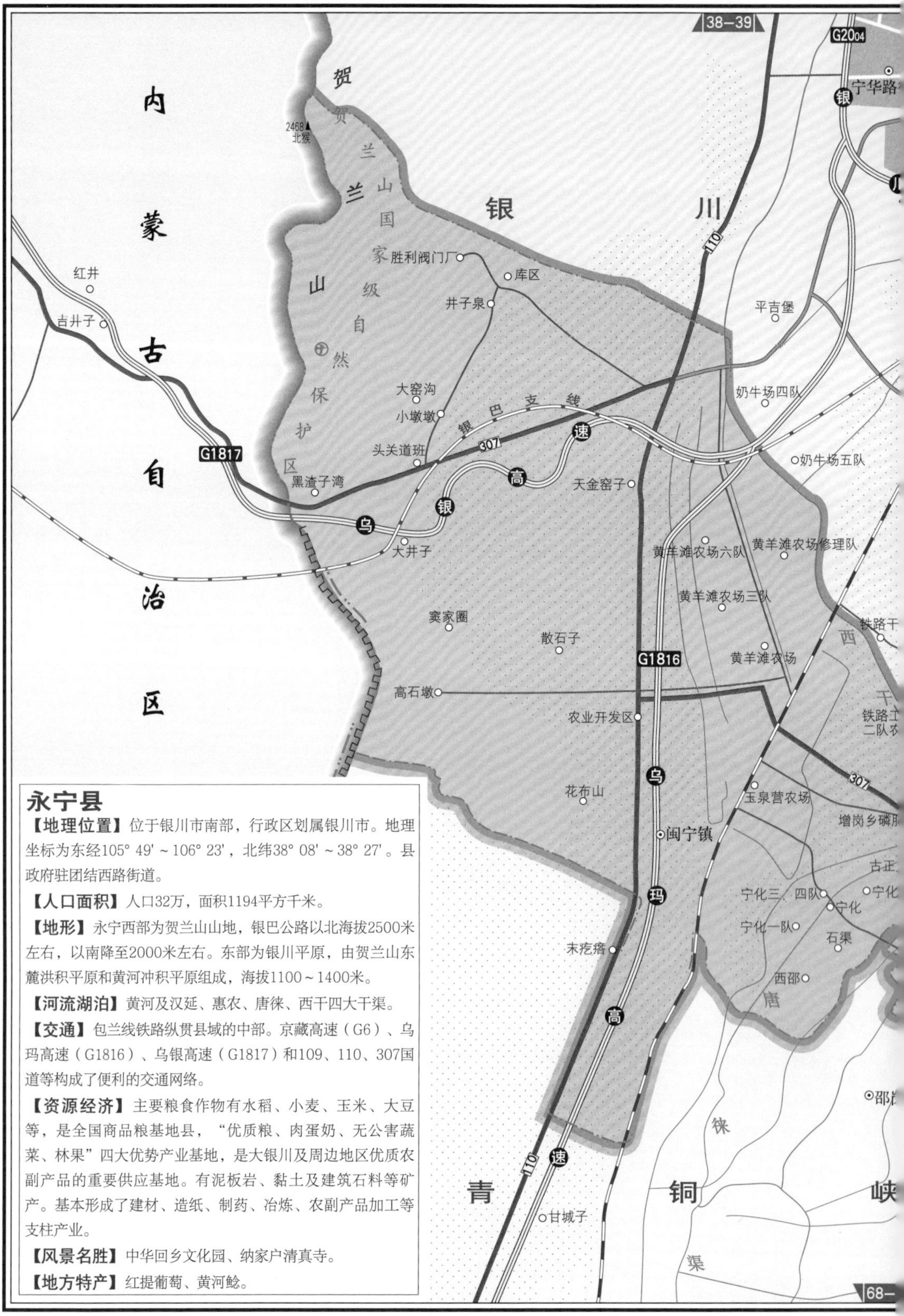

永宁县

【地理位置】位于银川市南部，行政区划属银川市。地理坐标为东经105° 49' ~ 106° 23'，北纬38° 08' ~ 38° 27'。县政府驻团结西路街道。

【人口面积】人口32万，面积1194平方千米。

【地形】永宁西部为贺兰山山地，银巴公路以北海拔2500米左右，以南降至2000米左右。东部为银川平原，由贺兰山东麓洪积平原和黄河冲积平原组成，海拔1100~1400米。

【河流湖泊】黄河及汉延、惠农、唐徕、西干四大干渠。

【交通】包兰线铁路纵贯县域的中部。京藏高速（G6）、乌玛高速（G1816）、乌银高速（G1817）和109、110、307国道等构成了便利的交通网络。

【资源经济】主要粮食作物有水稻、小麦、玉米、大豆等，是全国商品粮基地县，“优质粮、肉蛋奶、无公害蔬菜、林果”四大优势产业基地，是大银川及周边地区优质农副产品的重要供应基地。有泥板岩、黏土及建筑石料等矿产。基本形成了建材、造纸、制药、冶炼、农副产品加工等支柱产业。

【风景名胜】中华回乡文化园、纳家户清真寺。

【地方特产】红提葡萄、黄河鲶。

永宁县 ✉ 750100 ☎ 0951

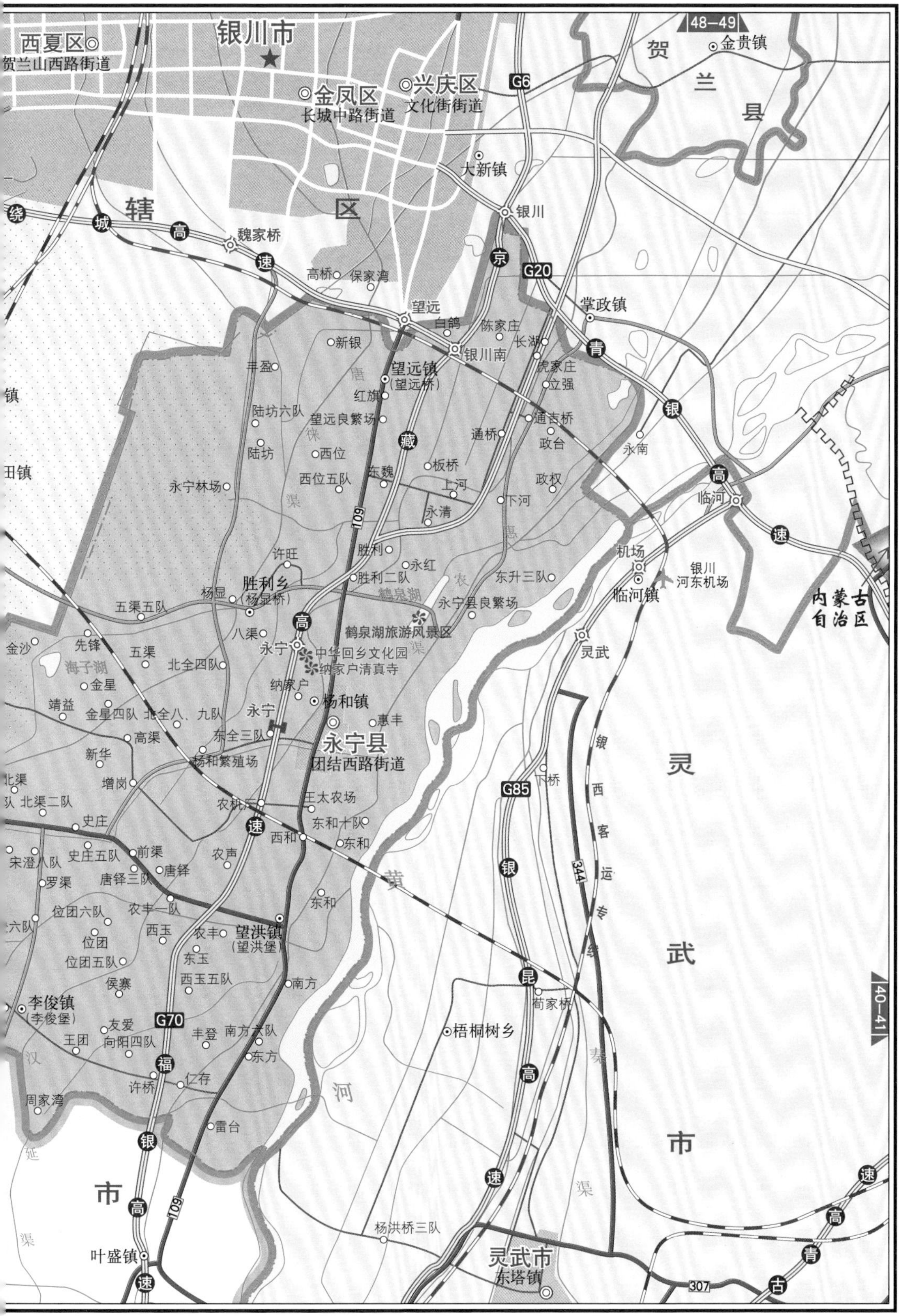
48–49
40–41
西夏区
贺兰山西路街道
银川市
金凤区
长城中路街道
兴庆区
文化街街道
贺
兰
县
金贵镇
大新镇
辖
区
银川
魏家桥
高桥
保家湾
望远
白鸽
陈家庄
长湖
掌政镇
新银
银川南
虎家庄
丰盈
望远镇
(望远桥)
立强
红旗
陆坊六队
望远良繁场
通吉桥
通桥
政台
永南
陆坊
西位
板桥
东魏
西位五队
上河
政权
永宁林场
临河
下河
永清
胜利
许旺
永红
机场
胜利二队
东升三队
银川
河东机场
临河镇
杨显
胜利乡
(杨显桥)
鹤泉湖
永宁县良繁场
内蒙古
自治区
五渠五队
八渠
鹤泉湖旅游风景区
先锋
永宁
中华回乡文化园
灵武
金沙
五渠
纳家户清真寺
海子湖
北全四队
金星
纳家户
靖益
杨和镇
金星四队
北全八、九队
永宁
惠丰
高渠
东全三队
永宁县
团结西路街道
新华
杨和繁殖场
灵
北渠
增岗
王太农场
北渠二队
农机厂
东和十队
史庄
西和
东和
宋澄八队
史庄五队
前渠
农声
罗渠
唐铎三队
唐铎
黄
位团六队
农丰一队
东和
西玉
农丰
望洪镇
(望洪堡)
武
位团
东玉
位团五队
西玉五队
侯寨
南方
李俊镇
(李俊堡)
荀家桥
友爱
丰登
南方六队
梧桐树乡
王团
向阳四队
东方
许桥
仁存
周家湾
河
雷台
市
市
叶盛镇
杨洪桥三队
灵武市
东塔镇
汉
延
渠
唐
徕
渠
惠
农
渠
秦
渠
银
西
客
运
专
线
绕
城
高
速
京
藏
高
速
青
银
高
速
银
昆
高
速
福
银
高
速
高
青
古
速
高
速
G6
G20
G85
G70
109
344
307
镇
田镇

1:220 000

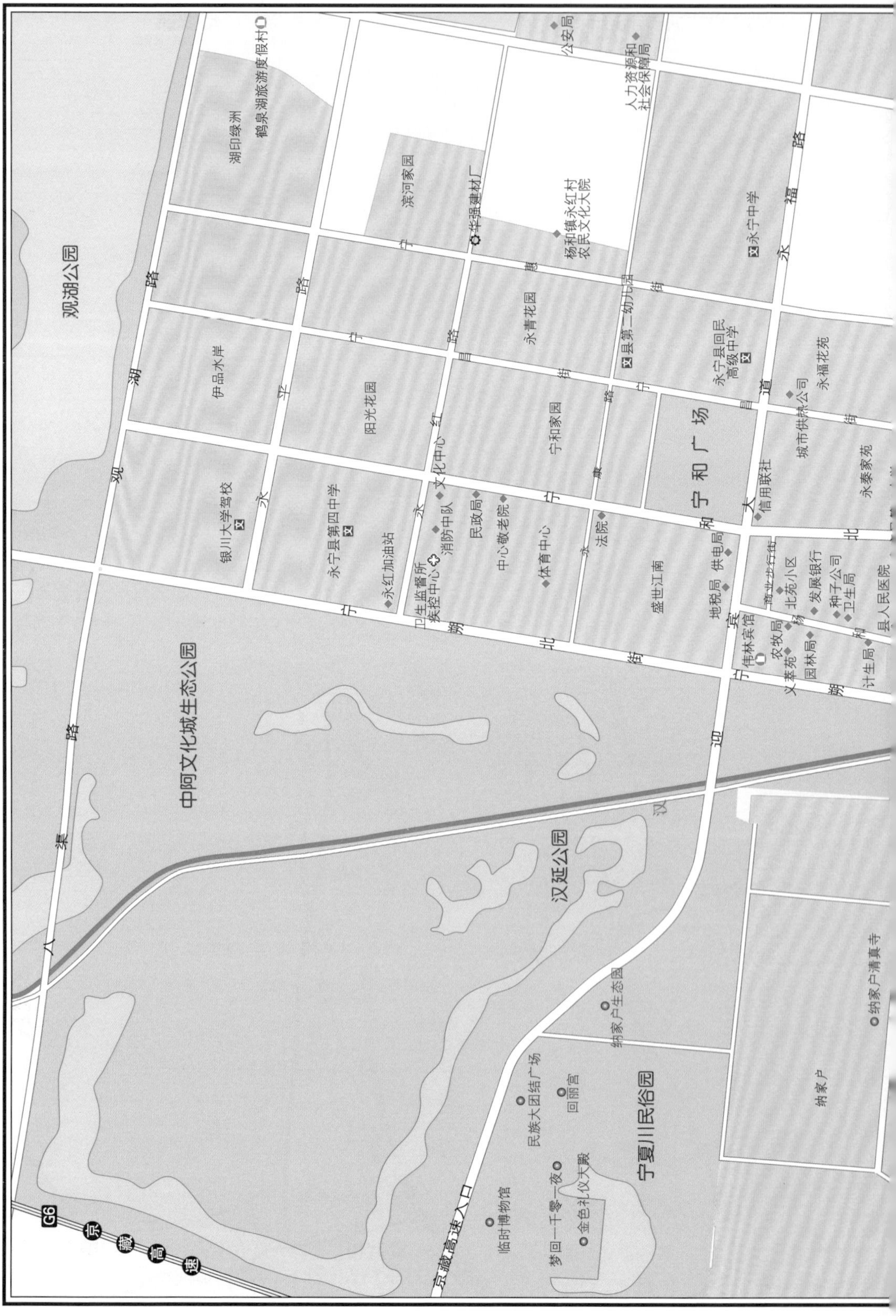

观湖公园
湖印绿洲
鹤泉湖旅游度假村
滨河家园
华强建材厂
公安局
人力资源和社会保障局
杨和镇永红村农民文化大院
永宁中学
永宁路
伊品水岸
阳光花园
永青花园
县第二幼儿园
永宁县回民高级中学
永福花苑
城市供热公司
宁和广场
宁和家园
银川大学驾校
永宁县第四中学
永红加油站
卫生监督所
疾控中心
消防中队
文化中心
民政局
中心敬老院
体育中心
法院
盛世江南
地税局
供电局
信用联社
永泰家苑
商业步行街
北苑小区
发展银行
种子公司
卫生局
县人民医院
伟林宾馆
农牧局
园林局
义祥苑
计生局
宁朔北街
宁和街
宁平路
观湖路
宾迎大道
中阿文化城生态公园
汉延公园
八渠路
纳家户生态园
纳家户清真寺
纳家户
民族大团结广场
回丽宫
宁夏川民俗园
临时博物馆
梦回一千零一夜
金色礼仪大殿
京藏高速入口
G6 京藏高速

人民公园
惠丰雅苑
县第一幼儿园
县第二小学
杨和新村三期
农业技术推广服务中心
永宁调查队
统计局
科技局
科协
文化旅游和广播电视局
幸福小镇
残联
经济技术合作局
财政局
人社局
城关派出所
烟草专卖局、公司
人保财险公司
运管所
社保局
党校
质监局
新农合医管中心
离退休干部医保办
劳动就业局、劳务产业办公室
锦绣城
县中医院
百货东桥电器(永宁店)
人民银行
工行家属楼
祥和名邸一期
祥和名邸二期
宁夏紫金花纸业有限公司红星料场
水务局
扶贫办
城建局
欣秀苑小区
图书馆
食品药品监督管理局
司法局
建行
检察院
县党委
县政府
移动公司
邮政局
新华书店
永宁商贸城
银川新华
联建住宅小区
宁和花园
市场监督管理局
交通局
永通小区
邮局家属楼
实成小区
启元药业公司
宁夏制药厂
公安局
粮食局
农行
工行
电信局
发改局
招投标中心
永宁县第三中学
团结西路街道
银桥宾馆
禧隆宾馆
玻璃厂
医药公司
团结家园
永宁县商业广场
县第一小学
上海百联超市
永宁县南桥便民综合市场
紫荆花小区
农村信用社
金丰源实业有限公司
宁夏紫金花纸业有限公司
杨和镇
永宁县文昌中学
电信局家属院
畜牧局家属院
杨和回民公墓
回民中学
纳家户新村
宁夏伊品食品集团有限公司
宝丰厨房设备有限公司
杨和清真大寺
青春苑
人寿保险
杨和康城
宁夏银海镁业有限公司
文昌高级中学
红星清真大寺
宁夏紫金花纸业有限公司
团结路
南环路
南桥路
宁和街
宁和南街
惠宁街
红星街
宁朔南街
利胜路
丰结路
杨致路
永宁公路

贺兰县

【地理位置】 位于银川市北部，行政区划属银川市。地理坐标为东经105° 53′～106° 36′，北纬38° 26′～38° 53′。县政府驻地习岗镇。

【人口面积】 人口34万，面积1531平方千米。

【地形】 境内地形总趋势由西南向东北倾斜，海拔1102～1400米，由西向东依次为贺兰山地、山前洪积扇地、黄河近代冲积平原、冲积湖沼平原、河谷平原、河漫滩6个地貌单位。

【河流湖泊】 黄河及惠农渠、汉延渠、唐徕渠、第二农场渠、西干渠五大干渠。

【交通】 包兰线铁路纵贯县域的中部。京藏高速（G6）、乌玛高速（G1816）和109、110国道及省县乡道构成了便利的交通网络。

【资源经济】 主要粮食作物有水稻、小麦、玉米等，是全国有机水稻示范县和商品粮基地县，“优质粮、瓜菜、肉蛋奶、水产品”产业基地。主要有煤、磷矿、白云岩、石灰岩、贺兰石、芒硝等矿产。已形成清真食品、机电电器、新型材料、精细化工四大主导产业集群等20多个门类的工业体系。主要产品有化肥、燃料、机制纸、电焊条、钢材、硅铁、食品、机电、仪表、水泥、轴承、医疗器械等。

【风景名胜】 贺兰山国家级自然保护区、苏峪口景区、拜寺口双塔、宏佛塔、贺兰山岩画、暖泉汉墓、黄河沙枣林生态度假景区等。

贺兰县 ✉ 750200 ☎ 0951

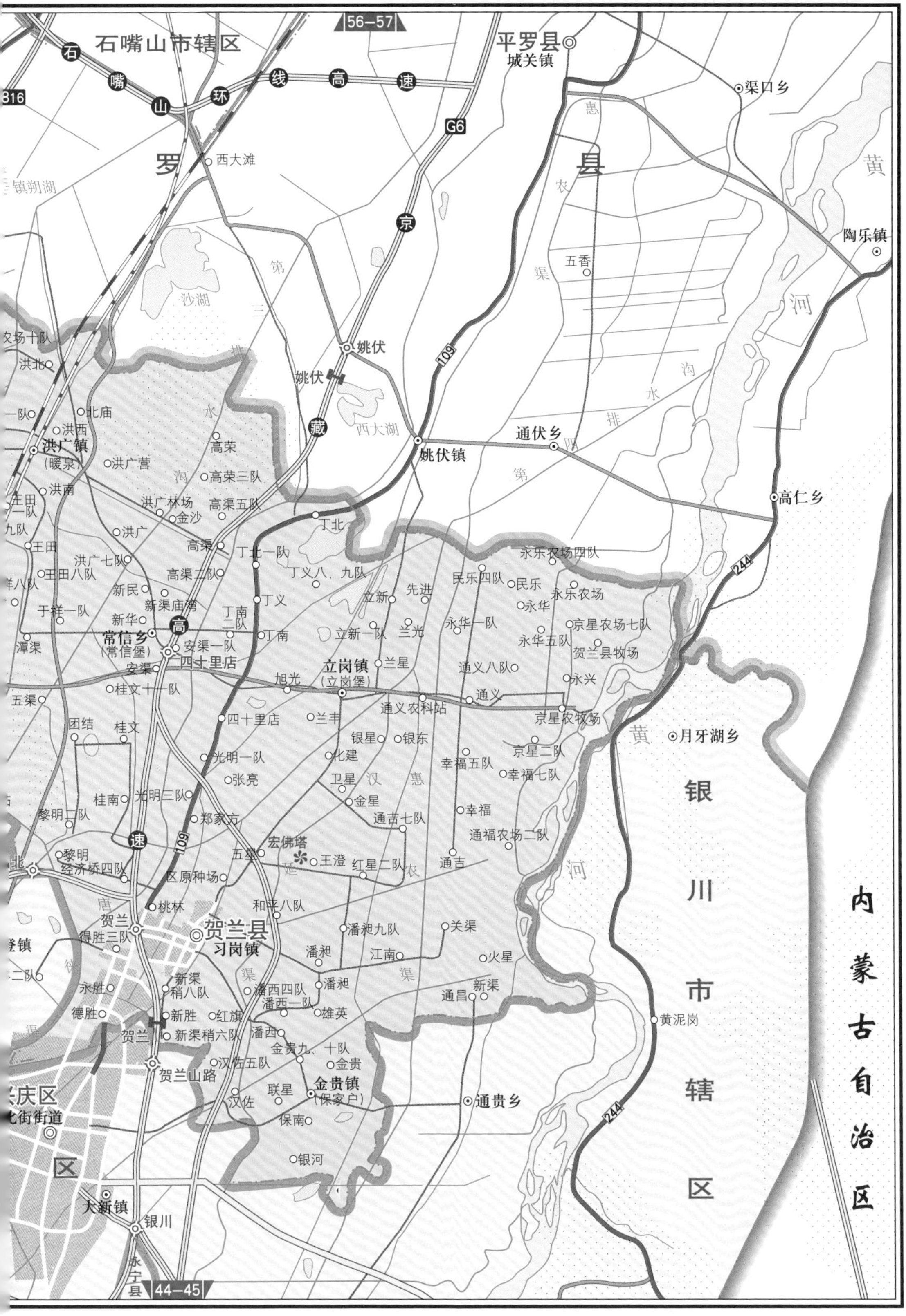
56–57
石嘴山市辖区
石嘴山环线高速
816
平罗县
城关镇
G6
渠口乡
罗
县
西大滩
惠农渠
黄河
陶乐镇
五香
沙湖
第三排水沟
京藏
姚伏
姚伏镇
109
西大湖
通伏乡
第四排水沟
高仁乡
农场十队
洪北
北庙
一队
洪西
洪广镇
（暖泉）
洪广营
高荣
高荣三队
洪南
洪广林场
高渠五队
金沙
丁北
丁北一队
洪广
王田
高渠
洪广七队
王田八队
高渠二队
丁义八、九队
永乐农场四队
244
新民
新渠庙湾
丁义
立新
先进
民乐四队
民乐
永乐农场
于祥一队
新华
丁南
二队
兰光
永华一队
永华
京星农场七队
常信乡
（常信堡）
高
安渠一队
丁南
立新一队
永华五队
贺兰县牧场
潭渠
安渠
四十里店
立岗镇
（立岗堡）
兰星
通义八队
永兴
旭光
桂文十一队
五渠
通义农科站
通义
京星农牧场
团结
桂文
四十里店
兰丰
银星
银东
黄
月牙湖乡
光明一队
化建
京星二队
幸福五队
张亮
汉惠渠
卫星
幸福七队
银
桂南
光明三队
金星
幸福
黎明二队
郑家方
通吉七队
通福农场二队
川
速
宏佛塔
黎明
经济桥四队
五星
王澄
红星二队
通吉
北
区原种场
唐徕渠
河
内蒙古自治区
桃林
和平八队
贺兰
得胜三队
贺兰县
习岗镇
潘昶九队
关渠
登镇
潘昶
江南
火星
市
二队
新渠稍八队
潘西四队
永胜
潘昶
新渠
德胜
新胜
红旗
潘西一队
雄英
通昌
黄泥岗
贺兰
新渠稍六队
潘西
金贵九、十队
汉佐五队
金贵
辖
贺兰山路
兴庆区
北街街道
联星
金贵镇
（保家户）
通贵乡
汉佐
保南
银河
区
大新镇
银川
永宁县
44–45
1:260 000

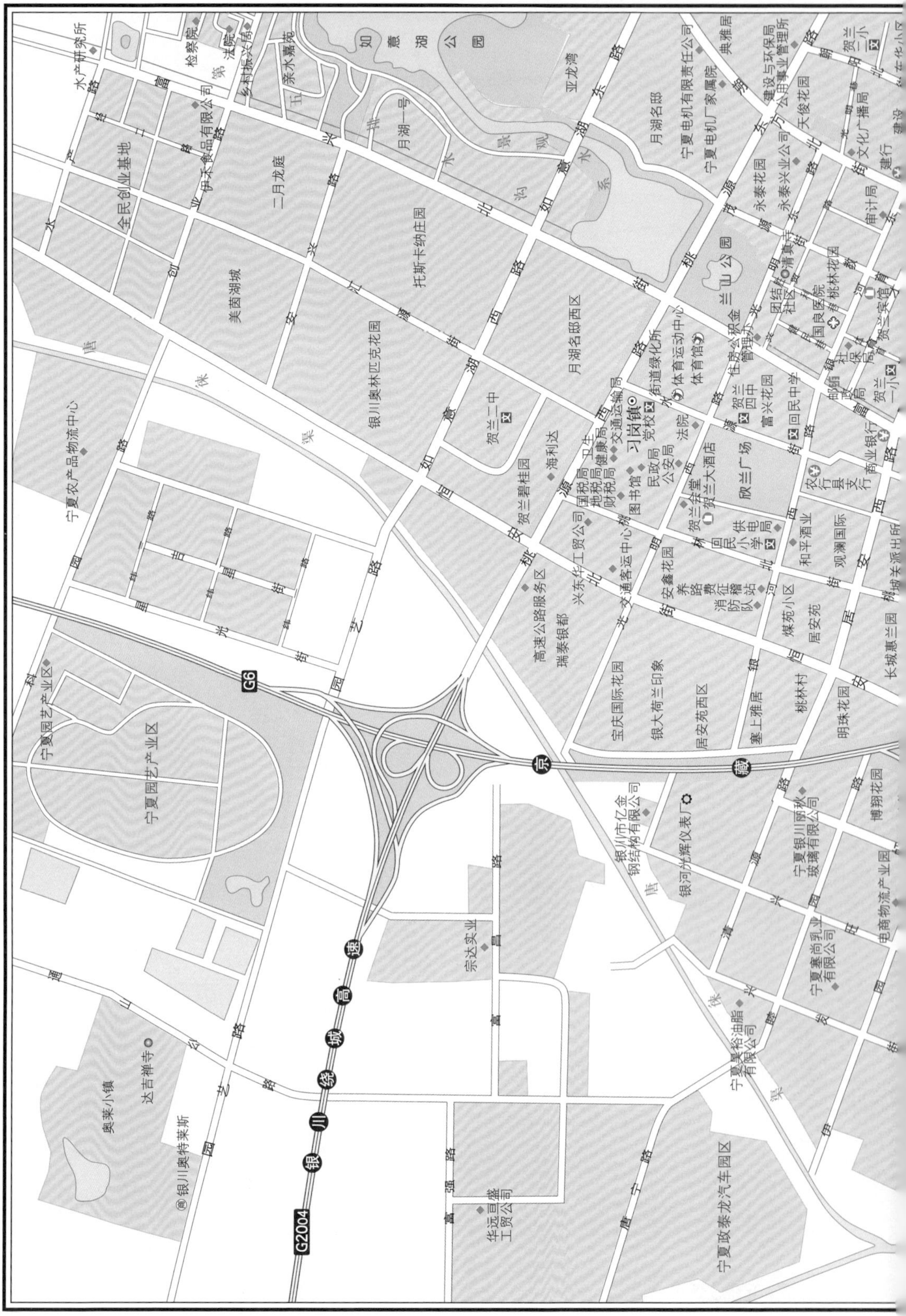
如意湖公园
亚龙湾
月湖名邸
宁夏电机有限责任公司
宁夏电机厂家属院
典雅居
建设与环保局
公用事业管理所
天俊花园
文化广播局
建行
审计局
永泰花园
永泰兴业公司
清真寺
桃林花园
团结社区
回医院
贺兰宾馆
兰山公园
住房公积金管理办
体育运动中心
体育馆
街道绿化所
月湖名邸西区
贺兰二中
贺兰四中
富兴花园
回民中学
习岗镇
交通运输局
党校
法院
卫生健康局
民政局
公安局
国税局
地税局
财税局
图书馆
贺兰大酒店
欣兰广场
农行
县支行
商业银行
贺兰县委
供电局
回民小学
和平酒业
观澜国际
贺兰碧桂园
海利达
托斯卡纳庄园
银川奥林匹克花园
美茵湖城
二月龙庭
月湖一号
全民创业基地
伊禾食品有限公司
水产研究所
检察院
法院
乡村振兴局
亲水嘉苑
宁夏农产品物流中心
兴东华工贸公司
交通客运中心
高速公路服务区
瑞泰银都
安鑫花园
消防征稽队
煤苑小区
居安苑
长城惠兰园
宝庆国际花园
银大荷兰印象
居安苑西区
塞上雅居
桃林村
明珠花园
银川市亿金钢结构有限公司
银河光辉仪表厂
宁夏银川丽秋玻璃有限公司
博翔花园
电商物流产业园
宁夏塞尚乳业有限公司
宁夏昊裕油脂有限公司
宗达实业
宁夏园艺产业区
宁夏园艺产业区
达吉禅寺
奥莱小镇
银川奥特莱斯
华远昌盛工贸公司
宁夏政泰龙汽车园区
G6
G2004
银川绕城高速
京藏

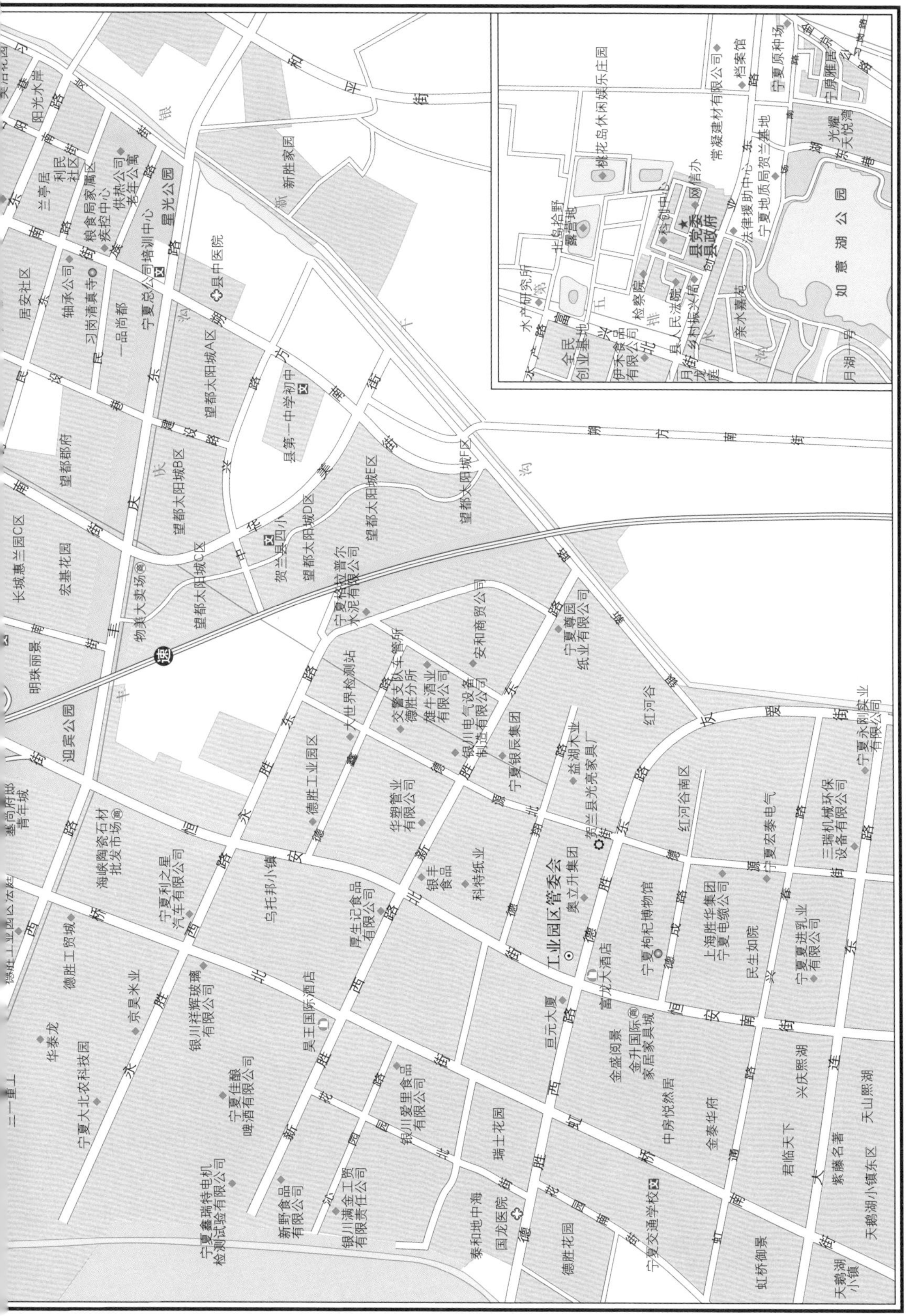

桃花岛休闲娱乐庄园
北岛拾野露营地
水产研究所
全民创业基地
伊禾食品有限公司
检察院
县人民法院
乡村振兴局
县委
县政府
网信办
科创中心
亲水嘉苑
法律援助中心
宁夏地质局贺兰基地
如意湖公园
常凝建材有限公司
档案馆
宁夏原种场
宁康雅居
光耀天悦湾
月湖一号
阳光水岸
兰亭居
利民社区
粮食局家属区
疾控中心
供热公司
孝年公寓
培训中心
星光公园
县中医院
新胜家园
居安社区
轴承公司
习岗清真寺
一品尚都
望都太阳城A区
县第一中学初中
望都郡府
望都太阳城B区
望都太阳城C区
望都太阳城D区
望都太阳城E区
望都太阳城F区
贺兰县四小
宁夏格拉普尔水泥有限公司
长城惠兰园C区
宏基花园
物美大卖场
明珠丽景
迎宾公园
安和商贸公司
宁夏尊园纸业有限公司
红河谷
交警支队车管所德胜分所
雄牛酒业有限公司
大世界检测站
银川电气设备制造有限公司
宁夏银辰集团
益湖木业
贺兰县光亮家具厂
德胜工业园区
华塑管业有限公司
红河谷南区
宁夏永刚实业有限公司
宁夏宏泰电气
三瑞机械环保设备有限公司
海峡陶瓷石材批发市场
宁夏利之星汽车有限公司
乌托邦小镇
银丰食品
科特纸业
厚生记食品有限公司
工业园区管委会
奥立升集团
宁夏枸杞博物馆
上海胜华集团宁夏电缆公司
民生如院
宁夏夏进乳业有限公司
富力大酒店
德胜工贸城
京昊米业
华泰龙
银川祥辉玻璃有限公司
昊王国际酒店
巨元大厦
金盛阅景
金升国际家居建材城
中房悦然居
金泰华府
兴庆熙湖
君临天下
天山熙湖
紫藤名著
宁夏大北农科技园
宁夏佳酿啤酒有限公司
银川爱里食品有限公司
瑞士花园
宁夏鑫瑞特电机检测试验有限公司
新野食品有限公司
银川满金工贸有限责任公司
秦和地中海
国龙医院
德胜花园
宁夏交通学校
虹桥御景
天鹅湖小镇东区
天鹅湖小镇
二一重工
基尚府邸青年城

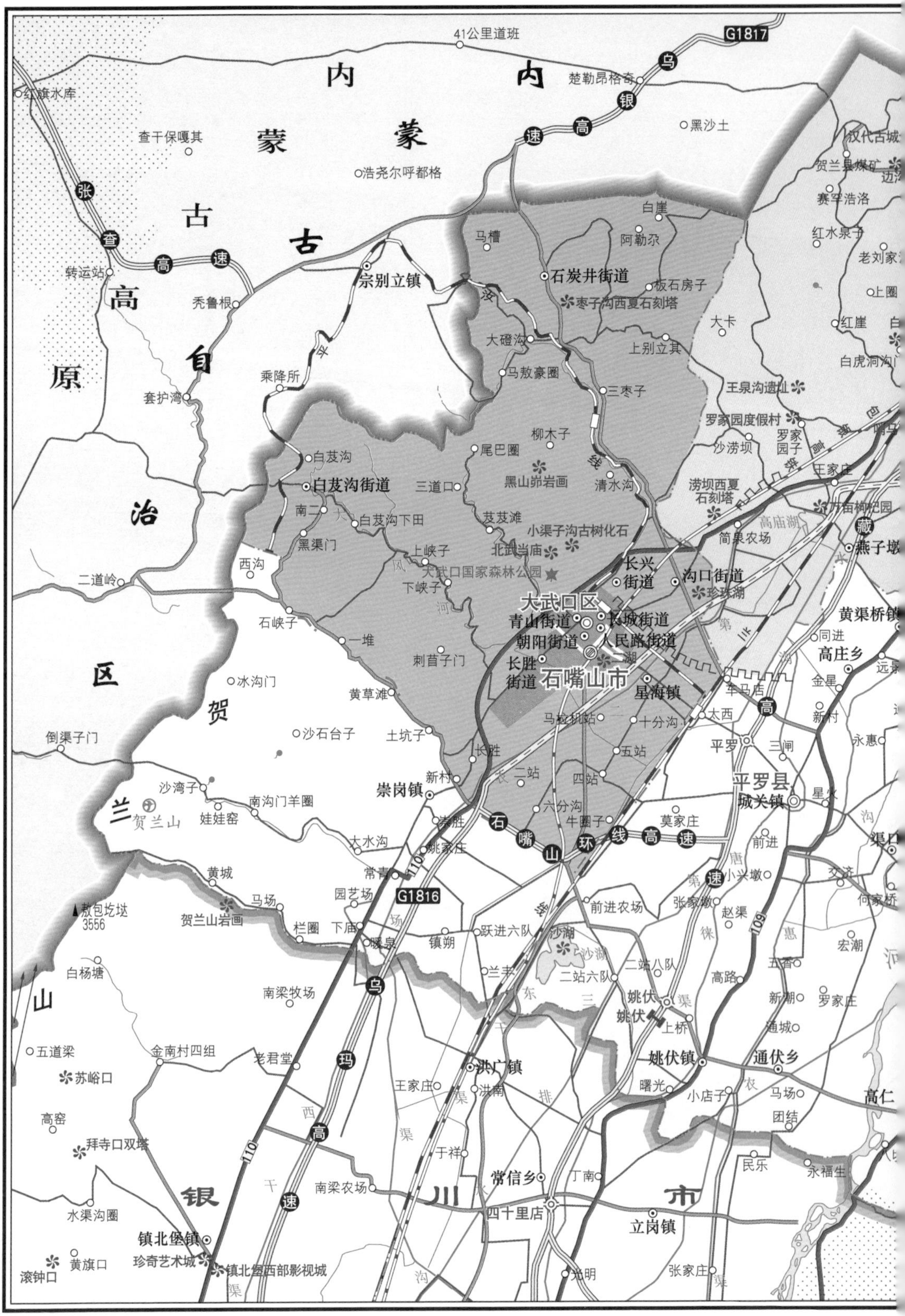
内蒙古自治区
石嘴山市
大武口区
平罗县
城关镇
银川市
贺兰山
乌银高速
石嘴山环线高速
乌玛高速
G1817
G1816
110
109
长兴街道
沟口街道
青山街道
长城街道
朝阳街道
人民路街道
长胜街道
星海镇
石炭井街道
白芨沟街道
崇岗镇
宗别立镇
黄渠桥镇
高庄乡
洪广镇
姚伏镇
通伏乡
常信乡
立岗镇
镇北堡镇
大武口国家森林公园
枣子沟西夏石刻塔
黑山峁岩画
小渠子沟古树化石
北武当庙
涝坝西夏石刻塔
贺兰山岩画
苏峪口
拜寺口双塔
滚钟口
镇北堡西部影视城
敖包圪垯
3556

石嘴山市

石嘴山市

【地理位置】位于自治区北端。地理坐标为东经105° 58′～106° 59′，北纬38° 22′～39° 23′之间，东、北、西三面与内蒙古自治区接壤，南与银川市毗连。

【行政区划】辖大武口区、惠农区2个市辖区，平罗县 1个县。市人民政府驻大武口区。

【人口面积】2020年末全市常住人口75万，面积5208平方千米。

【历史沿革】西汉时设置第一个行政建制——廉县。西夏、元代属定州，清时期属平罗县。1956年石嘴山被国家列为“一五”的10个新建矿区之一，1960年撤惠农县，设石嘴山市（县级），1972年设银北地区。1975年撤银北地区，建立地级石嘴山市。2003年12月撤销石嘴市惠农县、陶乐县和石嘴山区，设立石嘴山市惠农区。

【地形】总体走向为西高东低，海拔1275~3746米。东临鄂尔多斯台地，西踞银川平原北部。地貌大体分为西部为山地（贺兰山山地）、中部为平原（银川平原），东部为台地（鄂尔多斯高原西缘）。境内贺兰山最高峰海拔3475.9米，

【河流湖泊】黄河、唐徕渠、惠农渠、农场渠等；较大的湖泊有沙湖、高庙湖等。

【气候】属中温带干旱气候，四季分明，日照充足，昼夜温差大。年平均气温5.7℃～9.5℃，年降水量200毫米。年平均日照时数3100小时，无霜期170天左右。

【交通】交通便利。距银川河东机场100千米，包兰铁路纵贯市境。京藏高速（G6）、乌玛高速（G1816）和109、110、244国道等交通干道贯穿全境，形成了纵横交错的交通网。

【资源经济】地处宁夏黄河灌区，生产小麦、玉米、水稻及多种经济作物，成为宁夏商品粮基地重要部分，已形成清真牛羊肉、蔬菜、枸杞、水产、制种、番茄六大优势现代农业体系。矿产资源有煤炭、石灰岩、白云岩、硅石、磷矿、贺兰石等。其中宁东煤田探明储量约270亿吨，已探明煤、硅石、黏土、白云岩、石灰石、铁矿石等十余种，尤以煤、硅石、黏土等非金属矿产蕴藏量大，境内的“太西煤”是世界煤炭珍品，具有低灰、低硫、低磷和高发热量等特点，形成了机械、新材料、能源三大优势产业。

【风景名胜】沙湖、大武口国家森林公园、贺兰山国家级自然保护区、北武当庙、玉皇阁、古长城遗址、陶乐兵沟汉墓等。

【风味小吃】蒙古族馅饼、全羊汤、荞麦面系列食品、手扒羊肉、熏兔等。

1:450 000

大武口火车站
大武口货运站
基建公司活性炭厂
太西洗煤厂
民乐小区
民生小区
人民路街道
贺兰山邮电所
宁夏大隆房地产开发公司
埃肯碳素（中国）有限公司
长生花园
市十七中
文安小区
沁春园
兴隆小区
电厂小区
市夏阳工贸有限公司
嘉禾园
市九中
荣华园
荣景花园
青少年活动中心
禹新花园
华欣百货
宝山宾馆
长城街道
市妇幼保健院
市六小
帝景家园
中心广场
青山公园
市十二小
明惠小区
市实验幼儿园
市第二人民医院
恒产商务酒店
大武口区政务大厅
石嘴山银行
市工行
蓬莱宾馆
市环保局
体育场
市广播电视局
市建设局
青山宾馆
市报社
大武口区
市城市管理所
新世纪花园
市福利院
供电局职工中心
市国土资源局大武口区分局
大武口区十一小
青山街道
市法院
市工会
五环广场
市市场监督管理局大武口区分局
市三中
恒源水岸
春晖园
商建花园
金山名苑
恒产·新格瑞拉
公安小区
市供电局
市疾控中心
朝阳小区
宁夏第五人民医院
市烟草专卖局
锦绣园
绿园
雅园
市职业教育中心
市劳动就业局
市检察院
裕民小区
市矿业集团
市地税局
市政广场
市国税局
市财政局
市农发行
市文化旅游局
富仁大酒店
市教育局
市实验中学
市二十小
市老干部局
市中心血站
新月家园
永乐园
永欣园
煤气总公司
千汇山水人家
区民政局
祥和家园
汉唐庭院
思源小区
众安家园
市特殊教育学校
红旗村
宁夏银北煤矿监察局
大武口区园林管理中心
市星瀚市政产业（集团）有限公司
大武口森林公园
北武当生态旅游区

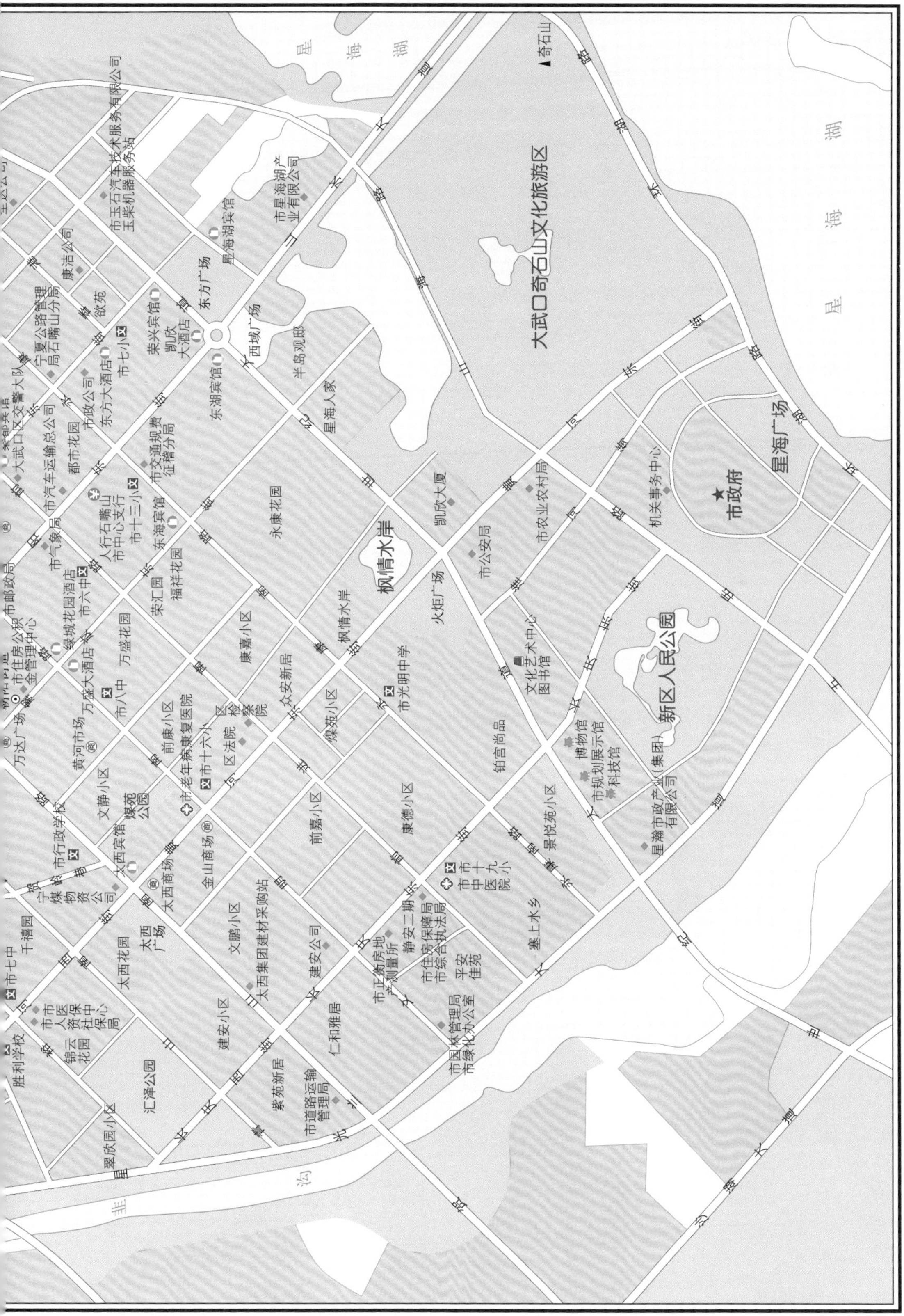

星海湖
奇石山
大武口奇石山文化旅游区
星海广场
市政府
机关事务中心
新区人民公园
市农业农村局
市公安局
凯欣大厦
枫情水岸
火炬广场
文化艺术中心
图书馆
博物馆
市规划展示馆
科技馆
星瀚市政产业(集团)有限公司
铂宫尚品
景悦苑小区
塞上水乡
市十九小
市中医院
康德小区
市光明中学
煤苑小区
众安新居
康嘉小区
永康花园
星海人家
半岛观邸
西域广场
东方广场
星海湖宾馆
市星海湖产业有限公司
市玉石汽车技术服务有限公司玉柴机器服务站
康洁公司
怡欣苑
宁夏公路管理局石嘴山分局
凯欣大酒店
荣兴宾馆
东湖宾馆
市七小
东方大酒店
市政公司
市交通规费征稽分局
都市花园
市汽车运输总公司
大武口区交警大队
人行石嘴山市中心支行
市十三小
东海宾馆
市气象局
绿城花园酒店
市六中
荣汇园
福祥花园
万盛花园
万盛大酒店
市八中
市住房公积金管理中心
市邮政局
万达广场
黄河市场
文静小区
前康小区
市老年病康复医院
市十六小
区法院
区检察院
煤苑公园
市行政学校
太西宾馆
金山商场
太西商场
宁煤物资公司
前嘉小区
文鹏小区
太西广场
太西花园
千禧园
市七中
市人保
市医保中心
市社保局
锦云花园
胜利学校
汇泽公园
建安小区
太西集团建材采购站
建安公司
静安二期
市住房保障局
市综合执法局
平安佳苑
市正衡房地产测量所
仁和雅居
市园林管理局
市绿化办公室
紫苑新居
市道路运输管理局
翠欣园小区

石嘴山市辖区

【地理位置】位于石嘴山市北部，包括大武口区、惠农区2个市辖区，北与内蒙古自治区、南与平罗县接壤，市政府驻大武口区。

【人口面积】市辖区总人口48万，面积2574平方千米；其中大武口区：人口30万，面积1213平方千米；惠农区：人口18万，面积1361平方千米。

【地形】西部为山地，中部为银川平原，东部为台地。黄河从东部过境，经此地流出宁夏。

【交通】包兰铁路、京藏高速（G6）、109国道、110国道及301省道贯穿境内。平汝铁路支线由平罗至汝箕沟，把主要煤矿区连接起来。

【资源经济】初步形成了脱水蔬菜、畜牧养殖、枸杞种植等支柱产业。有丰富的矿产资源。已探明的有煤、硅石、白云岩、石灰石、铁矿石等10余种，尤其以煤、硅石、黏土等非金属矿产蕴藏量大，煤储量达23.61亿吨，有“塞上煤城”之称。境内的太西煤是世界煤炭珍品，具有低灰、低硫、低磷和高发热量等特点。工业已形成煤炭、电力、冶金、化工、农副产品加工等支柱产业。

【风景名胜】大武口国家森林公园、星海湖、黑石峁岩画、北武当庙，罗家园度假区等。

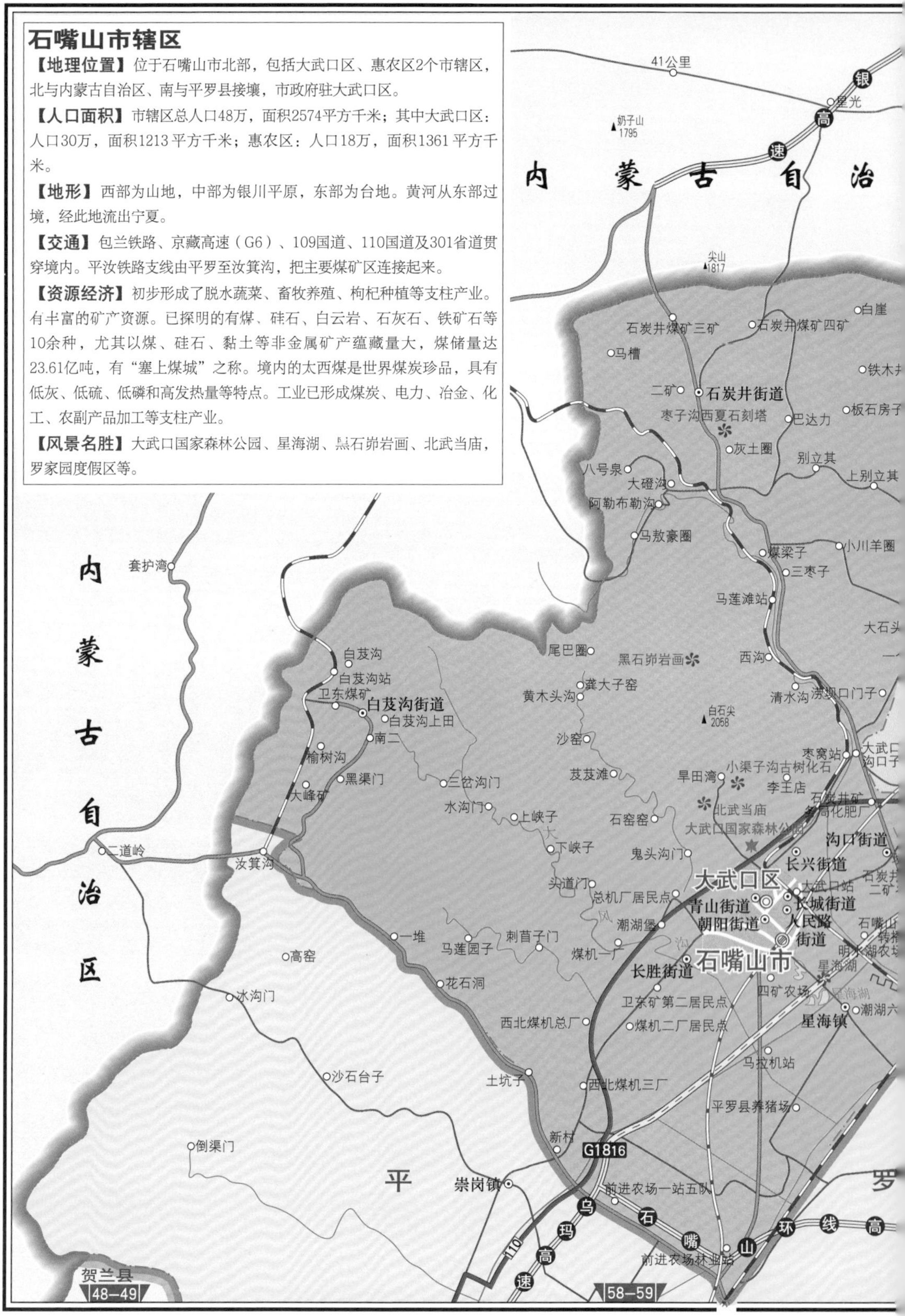

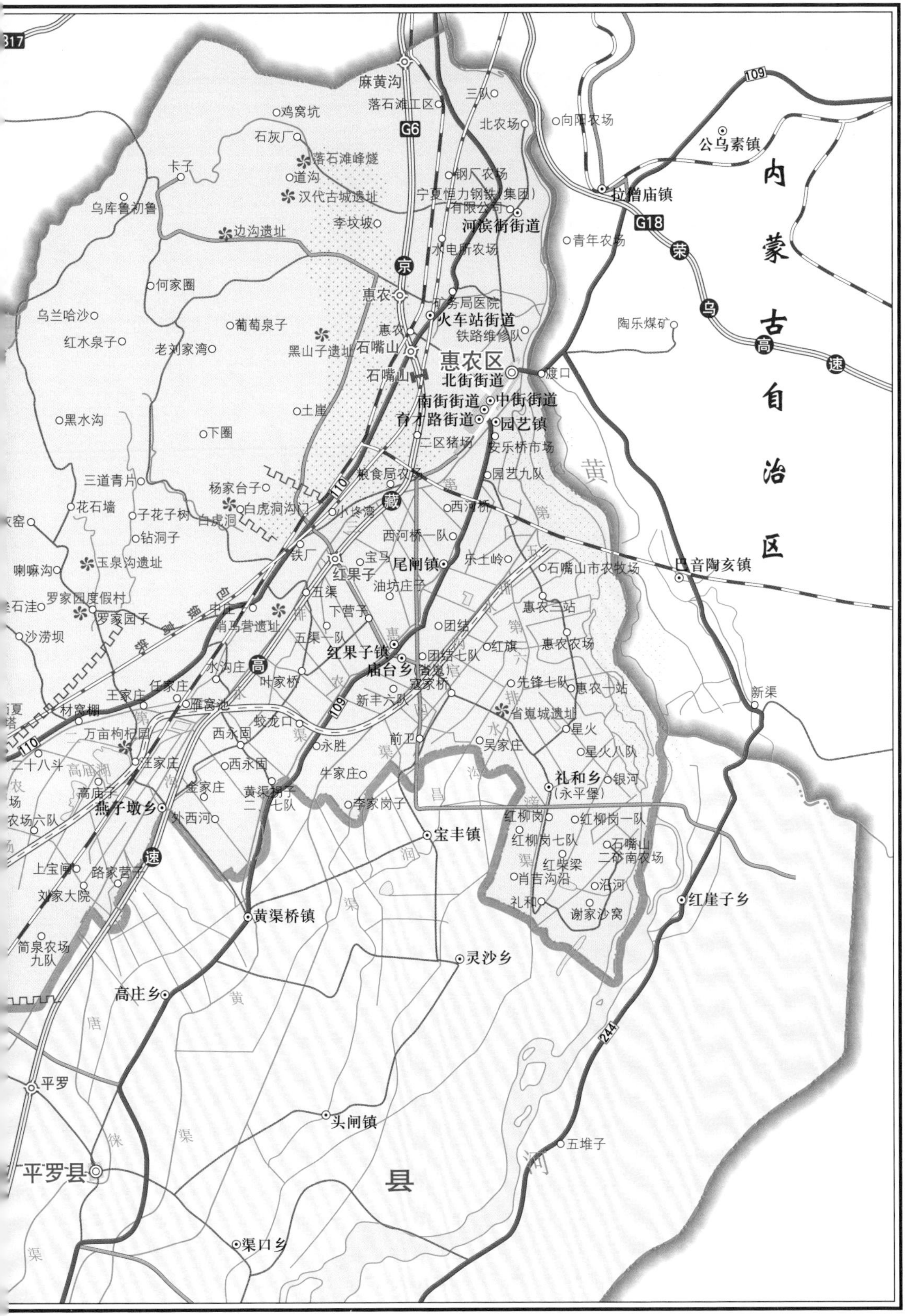
内蒙古自治区
惠农区
麻黄沟
落石滩工区
三队
鸡窝坑
北农场
向阳农场
石灰厂
公乌素镇
落石滩峰燧
卡子
道沟
钢厂农场
汉代古城遗址
宁夏恒力钢铁(集团)有限公司
拉僧庙镇
乌库鲁初鲁
李玟坡
河滨街街道
边沟遗址
青年农场
水电所农场
何家圈
惠农
矿务局医院
乌兰哈沙
火车站街道
陶乐煤矿
葡萄泉子
惠农
铁路维修队
红水泉子
老刘家湾
黑山子遗址
石嘴山
北街街道
渡口
石嘴山
南街街道
中街街道
土崖
育才路街道
园艺镇
黑水沟
下圈
二区猪场
安乐桥市场
三道青片
粮食局农场
园艺九队
杨家台子
花石墙
白虎洞沟门
小终湾
西河桥
子花子树
白虎洞
钻洞子
西河桥一队
玉泉沟遗址
铁厂
宝马
乐土岭
喇嘛沟
尾闸镇
石嘴山市农牧场
巴音陶亥镇
红果子
五渠
油坊庄子
罗家园度假村
中庄子
下营子
惠农三站
石洼
罗家园子
哨马营遗址
团结
沙涝坝
五渠一队
红旗
惠农农场
红果子镇
团结七队
水沟庄
庙台乡
宽家桥
王家庄
任家庄
叶家桥
先锋七队
惠农一站
材窝棚
雁窝池
新丰六队
新渠
省嵬城遗址
万亩枸杞园
西永固
蛟龙口
星火
二十八斗
永胜
前卫
吴家庄
汪家庄
西永固
星火八队
高庙子
金家庄
牛家庄
礼和乡
(永平堡)
银河
燕子墩乡
黄渠桥二七队
李家岗子
红柳岗
红柳岗一队
农场六队
外西河
宝丰镇
红柳岗七队
石嘴山二农场
南农场
上宝闸
路家营子
红柒梁
沿河
刘家大院
肖吉沟沿
礼和
谢家沙窝
红崖子乡
黄渠桥镇
简泉农场九队
灵沙乡
高庄乡
平罗
头闸镇
五堆子
平罗县
县
渠口乡
黄河
第三排水沟
第五排水沟
第六排水沟
惠农渠
昌润渠
唐徕渠
S317
G6
G18
109
110
244
京
藏
高
速
荣乌高速

1:290 000

平罗县

【地理位置】位于石嘴山市南部，行政区划属石嘴山市。地理坐标为东经105° 58'～106° 58'，北纬38° 16'～39° 05'。

【人口面积】人口27万，面积2634平方千米。

【地形】自西向东分为贺兰山山地、山前洪积扇地、西大滩蝶形洼地、黄河冲积平原、河漫滩地。地势呈西南高东北低，地貌复杂多样。

【河流湖泊】黄河、沙湖以及惠农渠、唐徕渠等。

【交通】包兰线铁路纵贯全境。京藏高速（G6）、乌玛高速（G1816），109、110、244国道和101、301省道构成了便利的交通网络。

【资源经济】是宁夏优质小麦、大米、油料、蔬菜、瓜果和淡水鱼的重要产地之一。全县形成了以粮油、蔬菜、禽畜、林果四大产区。主要有煤炭、黏土、大理石、铁矿石、硫矿石等10多种，其中尤以煤炭资源储量大，是国际市场享有盛誉的“太西乌金”煤的产地之一。形成了冶金、化工、煤炭加工、造纸、建材、农副产品加工六大支柱产业和以清真牛羊肉、脱水蔬菜为主的农副产品加工体系。

【风景名胜】贺兰山国家级自然保护区、玉皇阁、沙湖等。

48—

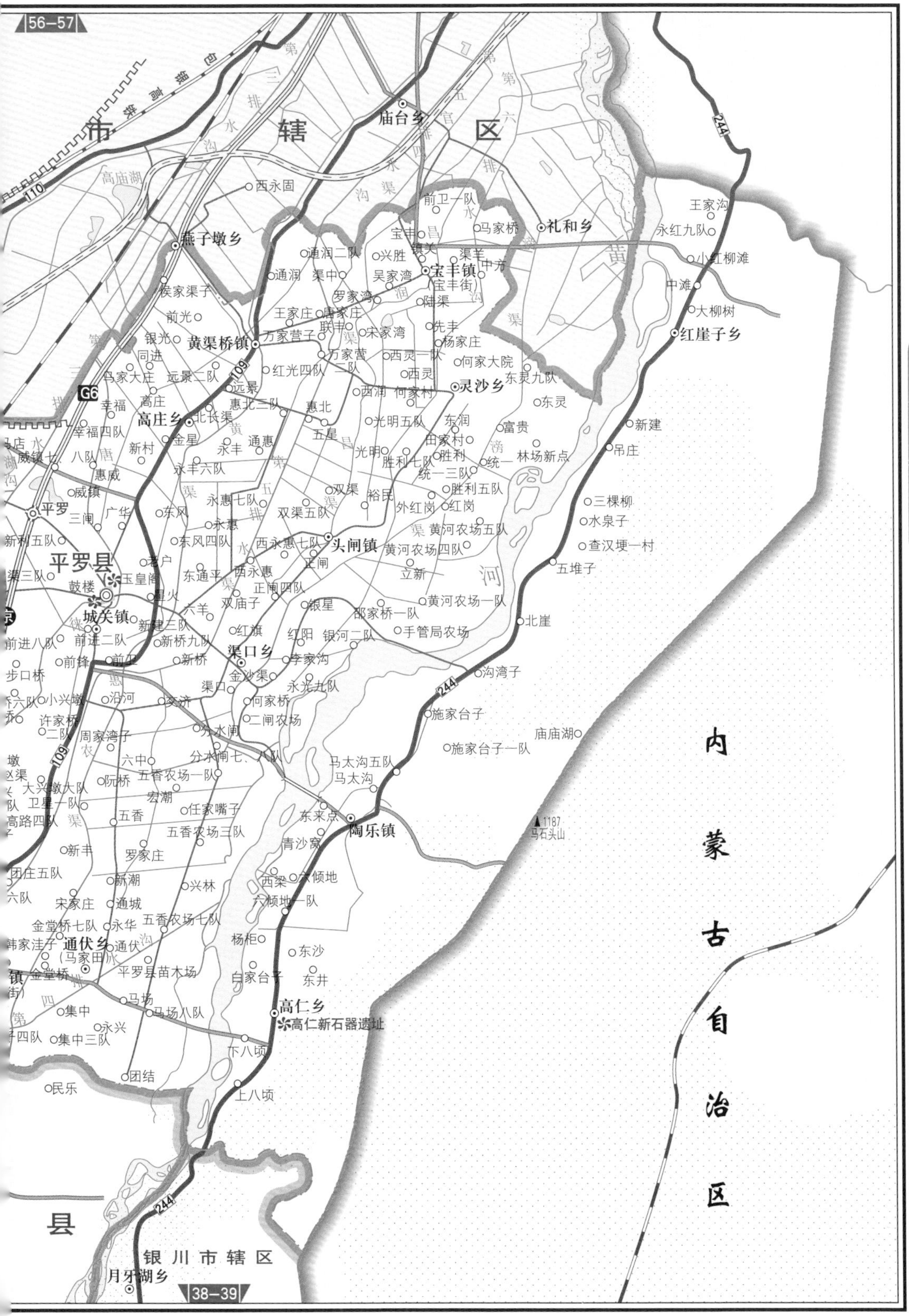

56-57
38-39
市辖区
包兰铁路
110
G6
109
244
高庙湖
西永固
庙台乡
第三排水沟
第五排水沟
第六排水沟
第四排水沟
官四干渠
燕子墩乡
侯家渠子
前光
银光
黄渠桥镇
同进
乌家大庄
远景二队
远景
幸福
高庄
高庄乡
北长渠
惠北三队
惠北
幸福四队
金星
马店
威镇七、八队
新村
永丰
通惠
永丰六队
惠威
威镇
平罗
三闸
广华
东风
永惠七队
永惠
双渠五队
新利五队
东风四队
西永惠七队
头闸镇
平罗县
老户
玉皇阁
鼓楼
城关镇
东通平
西永惠
正闸
正闸四队
星火
六羊
双庙子
银星
新建三队
前进八队
前进二队
新桥九队
红旗
渠口乡
红阳
银河二队
前锋
前卫
新桥
李家沟
步口桥
金沙渠
永光九队
沿河
渠口
小兴墩
交济
何家桥
二闸农场
许家桥
二队
周家湾子
分水闸
分水闸七、八队
六中
五香农场一队
阮桥
大兴墩大队
卫星一队
宏潮
任家嘴子
高路四队
五香
五香农场三队
新丰
罗家庄
团庄五队
新潮
兴林
六队
宋家庄
通城
五香农场七队
金堂桥七队
永华
韩家洼子
通伏乡
（马家田）
通伏
平罗县苗木场
金堂桥
马场
马场八队
集中
永兴
集中三队
团结
民乐
县
前卫一队
马家桥
礼和乡
通润二队
兴胜
宝丰
镇关
渠羊
中方
通润
渠中
吴家湾
宝丰镇
（宝丰街）
罗家湾
陆渠
王家庄
唐家庄
联丰
宋家湾
先丰
万家营子
杨家庄
万家营二队
西灵一队
何家大院
红光四队
西灵
灵沙乡
东灵九队
西润
何家村
东灵
光明五队
东润
富贵
五星
由家村
光明
胜利
胜利七队
统一
林场新点
统一三队
胜利五队
双渠
裕民
外红岗
红岗
黄河农场五队
黄河农场四队
立新
黄河农场一队
郜家桥一队
手管局农场
黄河
王家沟
永红九队
小红柳滩
中滩
大柳树
红崖子乡
新建
吊庄
三棵柳
水泉子
查汉埂一村
五堆子
北崖
沟湾子
施家台子
施家台子一队
庙庙湖
马太沟五队
马太沟
东来点
陶乐镇
青沙窝
1187
马石头山
西梁
六倾地
六顷地一队
杨柜
东沙
东井
白家台子
高仁乡
高仁新石器遗址
下八顷
上八顷
内蒙古自治区
银川市辖区
月牙湖乡

1:310 000

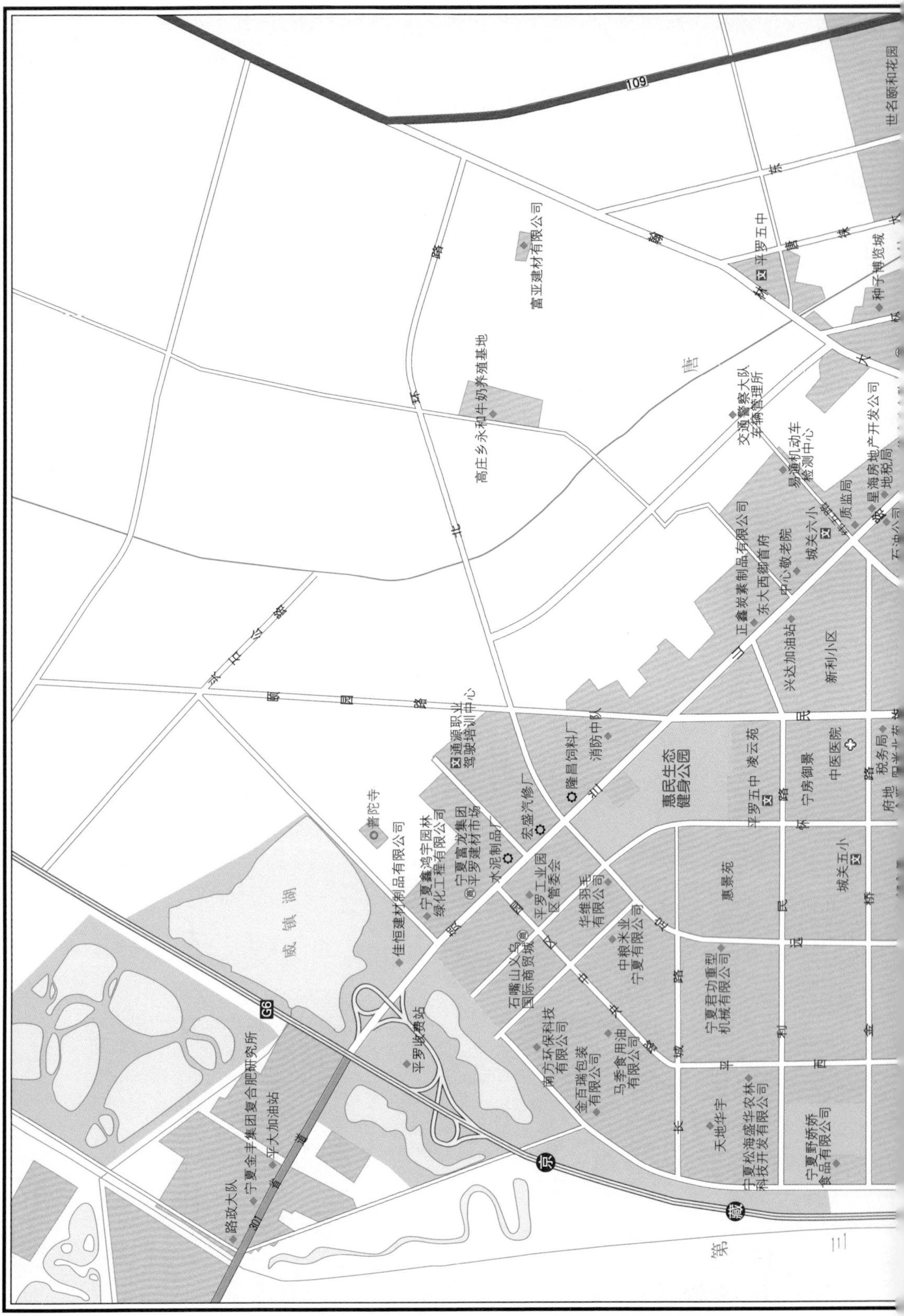
109
世名颐和花园
富亚建材有限公司
平罗五中
种子博览城
高庄乡永和牛奶养殖基地
环北路
交通警察大队车辆管理所
易通机动车检测中心
星海房地产开发公司
地税局
质监局
城关六小
正鑫炭素制品有限公司
中心敬老院
兴达加油站
新利小区
沙石公路
颐园路
交通源职业驾驶培训中心
隆昌饲料厂
消防中队
惠民生态健身公园
平罗五中
凌云苑
宁房御景
中医医院
税务局
普陀寺
宏盛汽修厂
水泥制品厂
宁夏鑫鸿宇园林绿化工程有限公司
宁夏富光集团平罗建材市场
平罗工业园区管委会
华维羽毛有限公司
惠景苑
城关五小
佳恒建材制品有限公司
威镇湖
石嘴山义乌国际商贸城
中粮米业宁夏有限公司
宁夏君功重型机械有限公司
平罗收费站
南方环保科技有限公司
金百瑞包装有限公司
马季食用油有限公司
天地华宇
宁夏松海盛华农林科技开发有限公司
宁夏野娇娇食品有限公司
宁夏金丰集团复合肥研究所
平大加油站
路政大队
G6
京
藏
301
省道

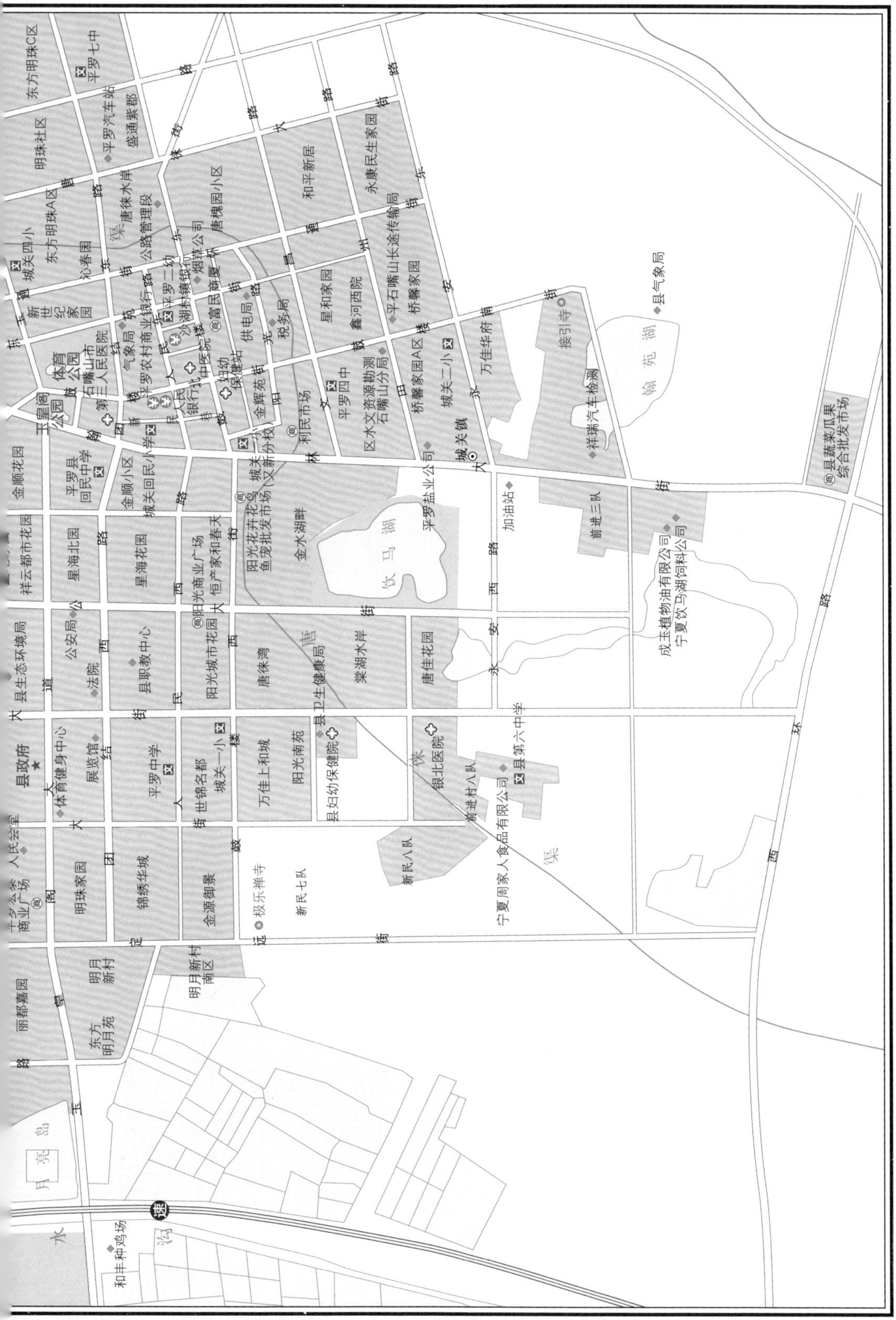

县政府
人民会堂
县生态环境局
祥云都市花园
金顺花园
王皇阁公园
东方明珠C区
明珠社区
东方明珠A区
城关四小
平罗七中
平罗汽车站
盛通紫郡
唐徕水岸
公路管理段
沁春园
新世纪家园
体育公园
石嘴山市第三人民医院
气象局
平罗农村商业银行
中医院
妇幼保健站
平罗二幼
烟草公司
唐槐园小区
和平新居
永康民生家园
平石嘴山长途传输局
桥馨家园
星和家园
鑫河西院
供电局
税务局
金辉苑
利民市场
平罗四中
区水文资源勘测局石嘴山分局
桥馨家园A区
城关二小
万佳华府
城关镇
接引寺
翰苑湖
县气象局
祥瑞汽车检测
县蔬菜瓜果综合批发市场
平罗盐业公司
加油站
前进三队
成玉植物油有限公司
宁夏饮马湖饲料公司
饮马湖
金水湖畔
阳光花卉花鸟鱼宠批发市场
城关二小(又新分校)
金顺小区
城关回民小学
平罗县回民中学
星海北园
星海花园
阳光商业广场
恒产家和春天
公安局
法院
县职教中心
阳光城市花园
唐徕湾
棠湖水岸
唐佳花园
县卫生健康局
县妇幼保健院
阳光南苑
万佳上和城
城关一小
世锦名都
平罗中学
展览馆
体育健身中心
银北医院
前进村八队
县第六中学
宁夏周家人食品有限公司
新民八队
新民七队
极乐禅寺
金源御景
锦绣华城
明珠家园
十字公寓商业广场
明月新村南区
明月新村
东方明月苑
丽都嘉园
月亮岛
和丰和鸡场

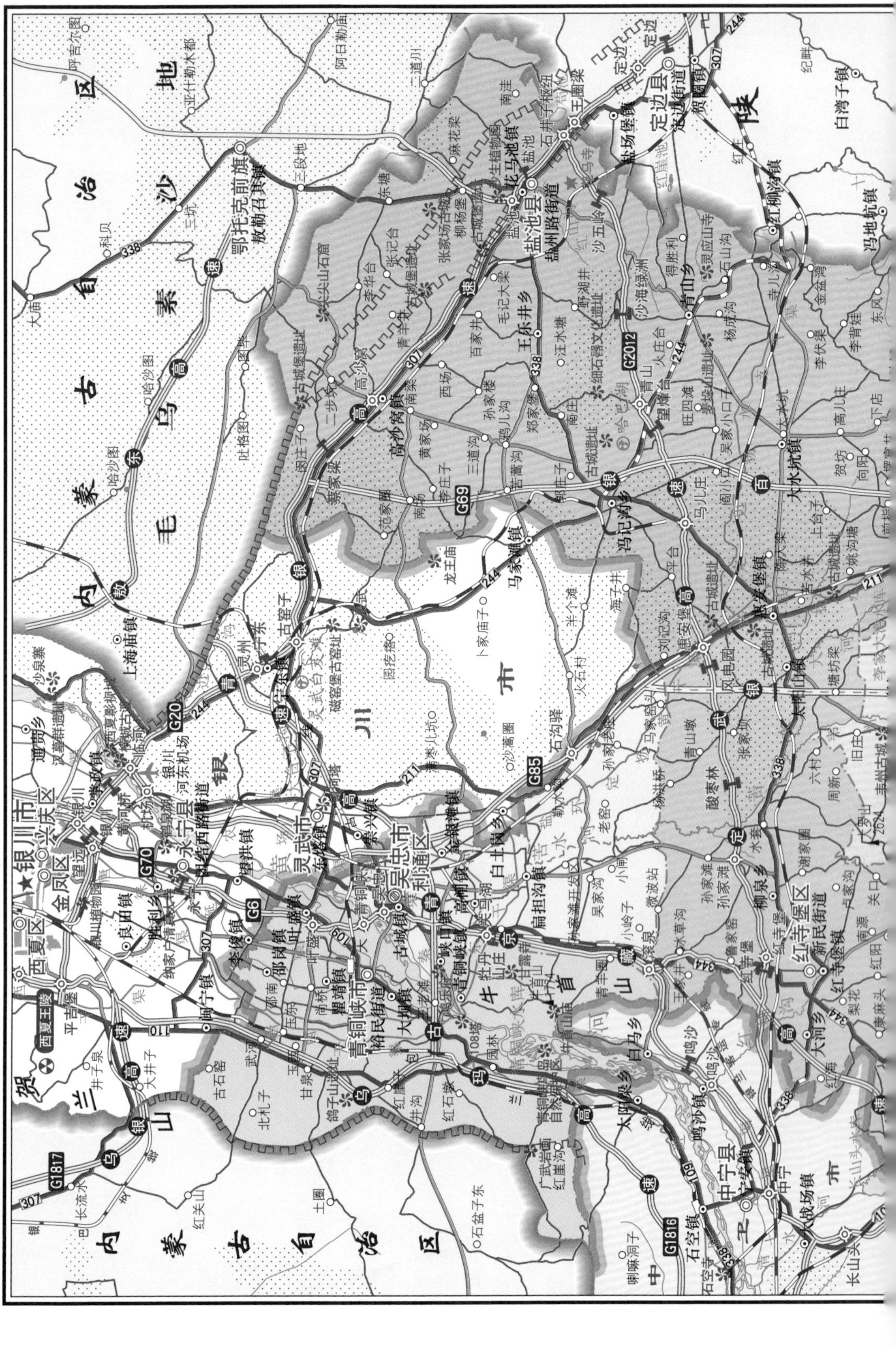
银川市
兴庆区
金凤区
西夏区
永宁县
吴忠市
利通区
青铜峡市
灵武市
盐池县
定边县
中宁县
红寺堡区
鄂托克前旗
敖勒召其镇
上海庙镇
宁东镇
马家滩镇
冯记沟乡
王乐井乡
花马池镇
高沙窝镇
大水坑镇
惠安堡镇
太阳山镇
扁担沟镇
白土岗乡
鸣沙镇
内蒙古自治区
毛乌素沙地
贺兰山
牛首山
陕

吴忠市

【地理位置】 位于宁夏中部，地处宁夏平原腹地。地理坐标为东经104° 17' ~107° 39'，北纬36° 35' ~38° 32' 之间，北连银川市，西接中卫市，东部与陕西省榆林市毗邻，东北、西北分别与内蒙古自治区的鄂尔多斯市和阿拉善盟相连，东南与甘肃省庆阳市接壤。

【行政区划】 辖利通区、红寺堡区2个市辖区，青铜峡市1个县级市，盐池县、同心县2个县。

【人口面积】 2020年末全市人口138万，面积21420平方千米。其中回族66万人，占总人口52%，是中国“回族之乡”。是中国回族密度最大的地级市。

【历史沿革】 吴忠有着悠久的历史，是中华文明的发祥地之一，是河套文化的重要组成部分。战国时是羌、戎和匈奴等民族的游牧地区。秦置富平县（在今城区西南），属北地郡。北魏属薄骨律镇（后改灵州）。北周、隋、唐、五代属回乐县。西夏为西平府地，元属灵州。明嘉靖六年（1527年）巡抚翟鹏在今市址筑吴忠堡。1929年吴忠堡改为镇，1950年于吴忠镇置吴忠市，与金积县同属甘肃省。1958年回归宁夏，1963年改市为县，1998年设地级吴忠市。

【地形】 地势南高北低。东靠毛乌素沙漠，西接腾格里沙漠，南为丘陵山地，北为银川平原。地貌分为黄土高原，鄂尔多斯台地、黄河冲积平原和山地。川区平均海拔1 100米，山区海拔在1300~1800米。

【河流湖泊】 主要河流有黄河干流及支流清水河、红柳河、苦水河，有著名的青铜峡水库。

【气候】 属温带大陆性半干旱气候，冬无严寒，夏无酷暑。年平均气温9.3℃，1月平均气温为-7.9℃，7月平均气温为23.5℃。年降水量180～190毫米，年蒸发量1813毫米。年平均日照时数2800-3000小时，是全国太阳辐射最充足的地区之一，无霜期181天左右。

【交通】 交通极为便捷，大古、包兰、太中银铁路和银西、银兰客运专线穿境而过。京藏高速（G6）、青银高速（G20）、银百高速（G69）、定武高速（G2012）、乌玛高速（1816）和109、211、307、338、344国道，以及202、303等省道，纵横交错。

【资源经济】 农业发达，素有“塞上江南”的美誉、盛产小麦、水稻、瓜果，蔬菜，是宁夏主要商品粮生产基地。南部黄土高原，宜林宜牧，是宁夏滩羊，沙毛山羊的重要产地。矿产资源有石油、煤炭、矿石、天然气等。其中，石油储量预计2.5亿吨，天然气储量8000亿立方米，是陕甘宁油田的核心部分。拥有八大优势产业：能源电力工业、新材料产业、奶产业、葡萄酒产业、建材业、造纸产业、皮毛绒产业、草畜产业。

【风景名胜】 人文景观有秦、汉、明古长城遗迹，青铜峡108塔、同心清真大寺。自然景观有青铜峡黄河大峡谷、乌岛、盐池哈巴湖、罗山等。

【地方特产】 白水鸡、手抓羊肉、炒糊饽等。

1:960 000

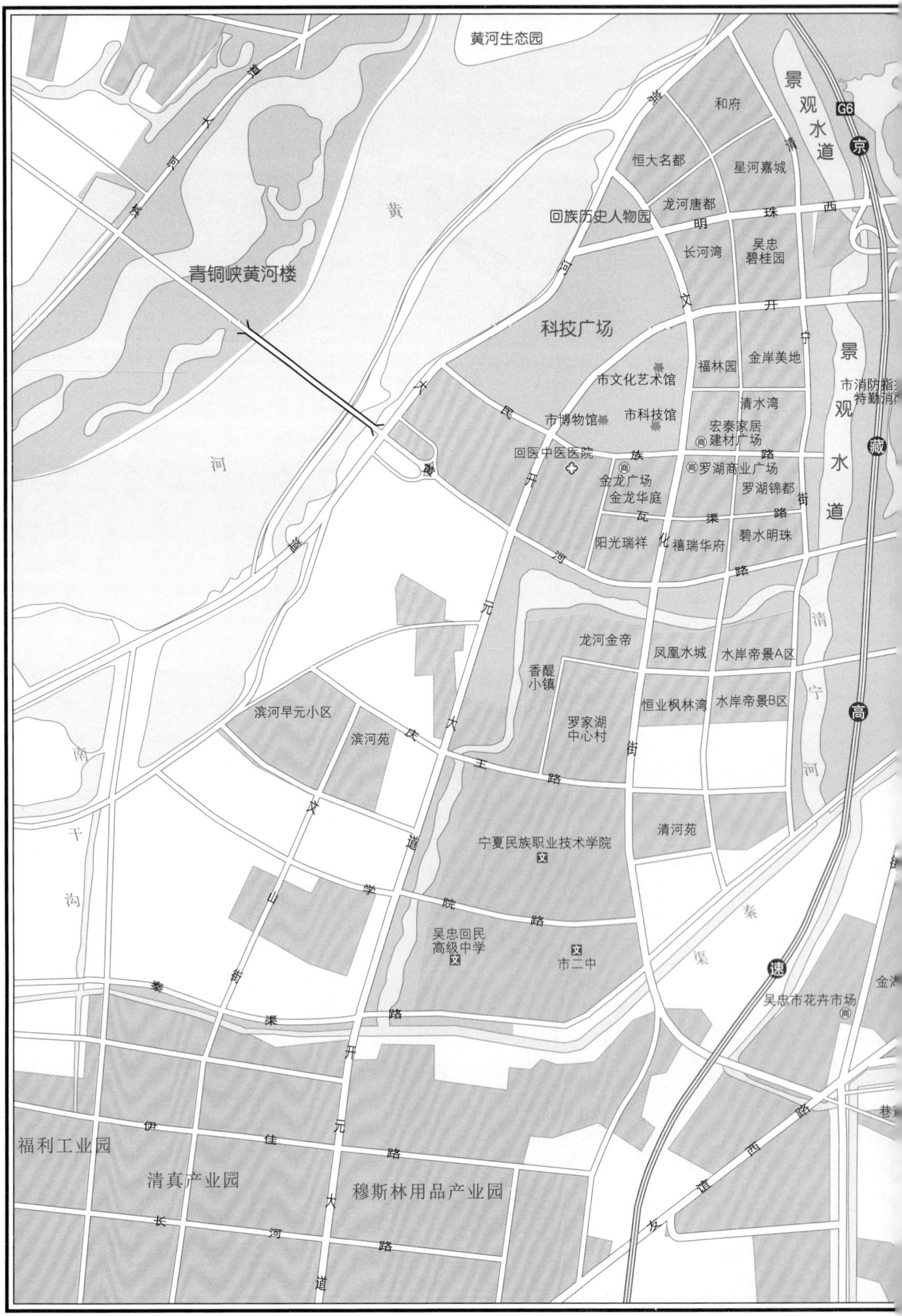

黄河生态园
景观水道
G6
京藏高速
和府
恒大名都
星河嘉城
龙河唐都
回族历史人物园
长河湾
吴忠碧桂园
青铜峡黄河楼
黄河
科技广场
福林园
金岸美地
市文化艺术馆
市消防指挥特勤消防
市博物馆
市科技馆
清水湾
宏泰家居建材广场
回医中医医院
金龙广场
罗湖商业广场
金龙华庭
罗湖锦都
阳光瑞祥
禧瑞华府
碧水明珠
龙河金帝
凤凰水城
水岸帝景A区
香醍小镇
恒业枫林湾
水岸帝景B区
罗家湖中心村
滨河早元小区
滨河苑
清河苑
宁夏民族职业技术学院
吴忠回民高级中学
市二中
吴忠市花卉市场
南干沟
清宁河
秦渠
滨河大道
开元大道
民族路
庆王路
学院路
秦渠路
伊佳路
长河路
福利工业园
清真产业园
穆斯林用品产业园

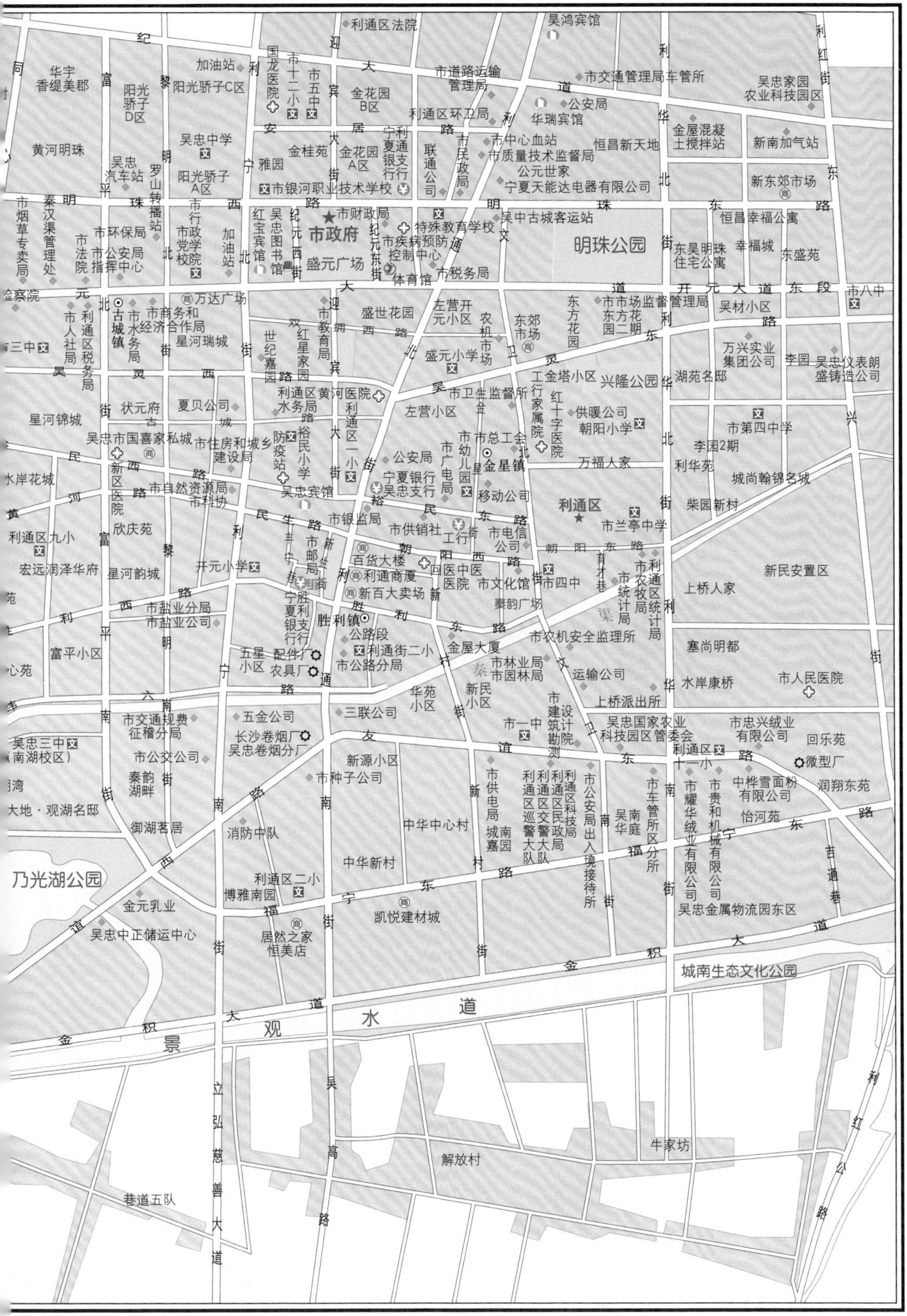
利通区法院
吴鸿宾馆
纪
利
利红街
迎
大
国龙医院
市十二小
市五中
宾
市道路运输管理局
市交通管理局车管所
吴忠家园农业科技园区
同
华宇香缇美郡
加油站
富
黎
阳光骄子C区
阳光骄子D区
金花园B区
道
公安局
华瑞宾馆
安
居
宁利夏通银支行行
利通区环卫局
路
利
华
金屋混凝土搅拌站
新南加气站
黄河明珠
吴忠中学
金桂苑
金花园A区
联通公司
市民政局
市中心血站
市质量技术监督局
恒昌新天地
吴忠汽车站
罗山转播站
阳光骄子A区
宁
雅园
公元世家
宁夏天能达电器有限公司
北
东
新东郊市场
平
市银河职业技术学校
明
珠
西
路
明
珠
东
路
市烟草专卖局
秦汉渠管理处
市法院
市环保局
市公安局指挥中心
市行政党学校
加油站
北
红宝宾馆
吴忠图书馆
纪元西街
市财政局
市政府
盛元广场
纪元东街
特殊教育学校
市疾病预防控制中心
体育馆
市税务局
通
吴中古城客运站
文
明珠公园
街
东吴明珠住宅公寓
恒昌幸福公寓
幸福城
东盛苑
检察院
元
大
道
开元大道东段
市八中
北
古城镇
市人社局
利通区税务局
市商务和经济合作局
万达广场
市水务局
星河瑞城
迎
市教育局
盛世花园
左营开元小区
东郊市场
农机市场
东方花园
市市场监督管理局
东方花园二期
吴材小区
利
路
三中
吴
灵
街
西
世纪嘉园
双
红星家园
拥
路
街
路
宾
北
盛元小学
卫
灵
东
工金塔小区
兴隆公园
湖苑名邸
万兴实业集团公司
李园
吴忠仪表朗盛铸造公司
星河锦城
街
状元府
夏贝公司
古
城
利通区水务局
黄河医院
利通区一小
吴
市卫生监督所
行政家属院
红十字医院
左营小区
供暖公司
朝阳小学
华
市第四中学
兴
吴忠市国喜家私城
市住房和城乡建设局
防疫站
裕民小学
大
街
公安局
市市总工会
市幼儿园
星
北
金星镇
李园2期
利华苑
北
城尚翰锦名城
民
水岸花城
新区医院
西
路
市自然资源局
市科协
吴忠宾馆
宁夏银行吴忠支行
市广电局
移动公司
万福人家
利通区
柴园新村
黄
河
路
欣庆苑
裕
民
东
路
市供销社
工行
街
市电信公司
市兰亭中学
街
利通区九小
富
黎
利
市银监局
民
生
路
新
宏远润泽华府
星河韵城
开元小学
中
市邮局
朝
百货大楼
回医中医医院
阳
西
路
朝
阳
东
路
育才巷
市统计局
市农牧局
利通区统计局
新民安置区
上桥人家
西
路
苑
利
平
市盐业分局
市盐业公司
明
宁胜夏利银支行行
利
利通商厦
新百大卖场
新
市文化馆
秦韵广场
市四中
渠
利
胜
胜利镇
利
东
路
公路段
金屋大厦
市农机安全监理所
塞尚明都
富平小区
五星小区
配件厂
农具厂
利通街二小
市公路分局
村
秦
市林业局
市园林局
文
运输公司
华
水岸康桥
市人民医院
街
街
心苑
路
通
华苑小区
新民小区
街
市建设筑计勘院
测
卫
上桥派出所
六
盘
南
市交通规费征稽分局
五金公司
三联公司
市一中
吴忠国家农业科技园区管委会
市忠兴绒业有限公司
回乐苑
吴忠三中（南湖校区）
长沙卷烟厂
吴忠卷烟分厂
友
谊
东
利通区十一小
路
微型厂
市公交公司
新源小区
秦韵湖畔
街
市种子公司
市供电局
利通区巡警大队
利通区交警大队
利通区科技局
利通区民政局
市公安局出入境接待所
市车管所区分所
南
市耀华绒业有限公司
市贵和机械有限公司
中桦雪面粉有限公司
润翔东苑
湾
街
路
南
怡河苑
大地·观湖名邸
御湖茗居
南
中华中心村
新
城南嘉园
吴南华庭
福
宁
东
路
吉通巷
消防中队
村
路
南
乃光湖公园
西
中华新村
街
利通区二小
博雅南园
宁
东
街
街
吴忠金属物流园东区
金元乳业
福
凯悦建材城
道
吴忠中正储运中心
居然之家恒美店
街
街
大
道
金
积
城南生态文化公园
道
大
观
水
道
金
积
景
吴
利
立
红
弘
牛家坊
高
解放村
慈
公
善
巷道五队
路
大
路
道

吴忠市

吴忠市辖区

【地理位置】位于吴忠市中北部，包括利通区、红寺堡区2个市辖区，北与青铜峡市、灵武市相连，西与中宁县接壤，东部与盐池县毗邻，南与同心县连接。

【人口面积】市辖区总人口66万，面积4938平方千米；其中利通区：人口46万，面积1415平方千米；红寺堡区：人口20万，面积3523平方千米。

【地形】地势南高北低，大体由两部分组成：南部为牛首山及大罗山脉组成的黄土丘陵地带；北部沿秦渠、汉渠及黄河两岸一带为黄河冲积平原。

【河流湖泊】黄河、苦水河。

【交通】银西、银兰客运专线过境，京藏高速（G6）、344国道纵贯南北，定武高速（G2012）、338国道横贯东西。

【资源经济】农业发达，引黄灌溉历史悠久，目前已基本形成了粮食、奶牛、肉食、蔬菜、林果、桑蚕六大支柱产业和葡萄、枸杞、红枣等特色优势产业。境内有煤炭、白云岩、镁、石膏、黏土等矿产。已初步形成了以煤炭、电力、机械、电子、化工、建材、造纸、乳品、酿造、清真食品、民族用品等20多个行业、300多个产品为主的少数民族地方工业体系。

【风景名胜】董府、关马湖汉墓。

【地方特产】枸杞、张寡妇黄酒。

吴忠市

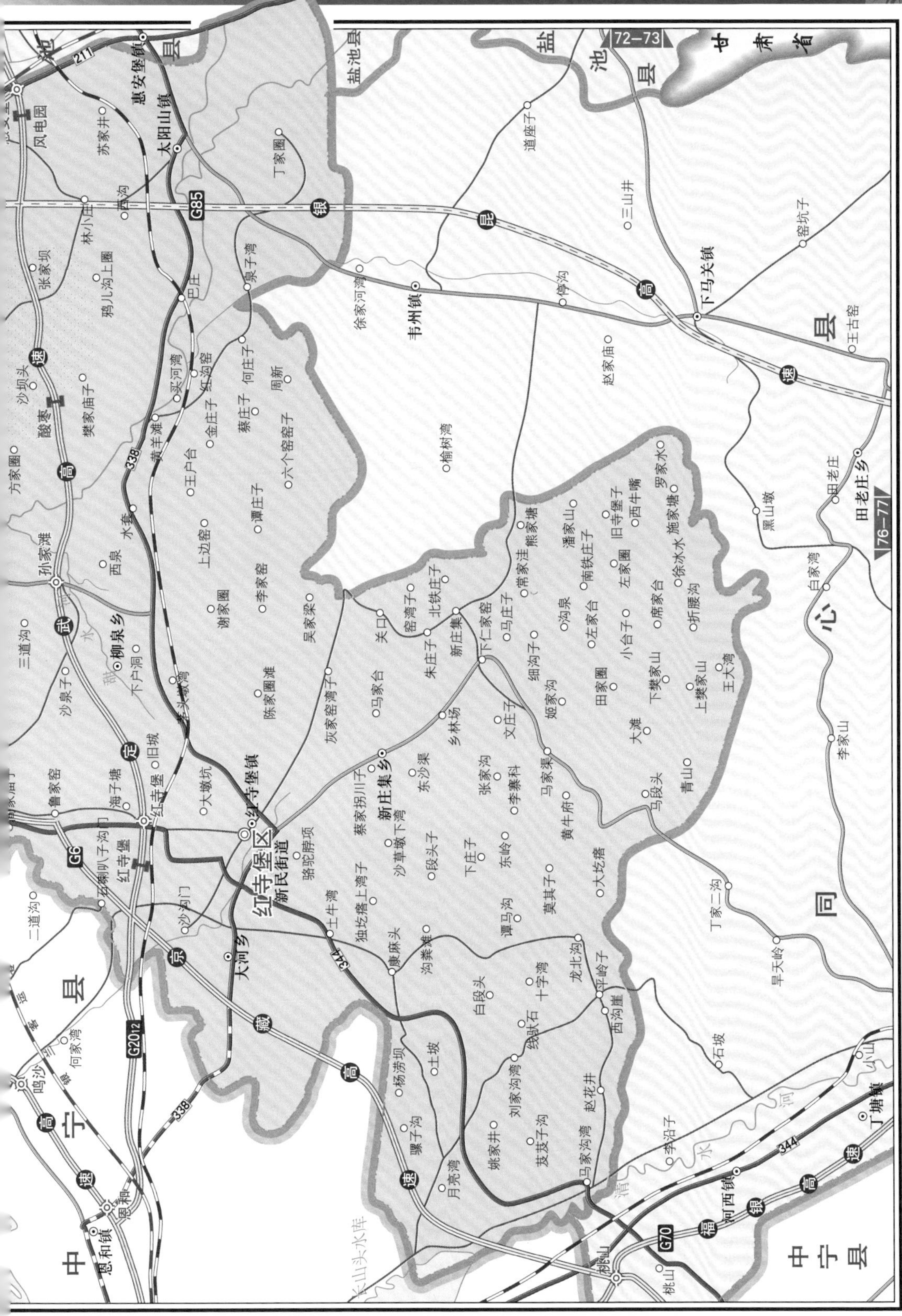
红寺堡区
新民街道
红寺堡镇
太阳山镇
惠安堡镇
韦州镇
下马关镇
新庄集乡
柳泉乡
大河乡
田老庄乡
盐池县
甘肃省
同心县
中宁县
中宁县
恩和镇
鸣沙
河西镇
丁塘镇
长山头水库
72–73
76–77
G85
G6
G70
G2012
211
338
344
苏家井
风电园
丁家圈
林小庄
西沟
张家坝
鸦儿沟上圈
巴庄
泉子湾
道座子
三山井
窑坑子
徐家河湾
王古窑
赵家庙
沙坝头
酸枣
樊家庙子
买河湾
红沟窑
何庄子
周新
金庄子
蔡庄子
六个窑窑子
黄羊滩
王户台
方家圈
孙家滩
水套
上边窑
谭庄子
西泉
谢家圈
李家窑
吴家梁
三道沟
下户洞
沙泉子
陈家圈滩
灰家窑湾子
关口
窑湾子
北铁庄子
朱庄子
新庄集
下仁家窑
马庄子
马家台
乡林场
旧城
海子塘
鲁家窑
红寺堡
大墩坑
骆驼脖项
蔡家拐川子
沙草墩下湾
东沙渠
段头子
张家沟
李寨科
文庄子
细沟子
姬家沟
马家渠
黄牛府
下庄子
东岭
莫其子
大圪塔
谭马沟
土牛湾
独圪塔上湾子
康麻头
沟粪滩
白段头
十字湾
龙北沟
平岭子
西沟崖
线叫石
刘家沟湾
杨涝坝
土坡
赵花井
马家沟湾
芨芨子沟
姚家井
骡子沟
月亮湾
石刺叭子沟门
二道沟
沙沟门
何家湾
榆树湾
熊家塘
常家洼
潘家山
南铁庄子
沟泉
左家台
小台子
田家圈
旧寺堡子
西牛嘴
左家圈
席家台
折腰沟
下樊家山
上樊家山
王大湾
大滩
马段头
青山
罗家水
施家塘
徐冰水
黑山墩
田老庄
白家湾
李家山
丁家二沟
旱天岭
石坡
李沿子
小山
桃山

1:410 000

青铜峡市

【地理位置】位于吴忠市北部，九曲黄河穿境北流，黄河流域第二座水利枢纽工程青铜峡拦河大坝坐落在境内，是吴忠市辖县级市。地理坐标为东经105° 36' ~ 106° 13'，北纬37° 36' ~ 38° 16'。

【人口面积】人口24万，面积2438平方千米。

【地形】地势由西南向东北自高而低呈现阶梯状分布，形成山地、低山丘陵、缓坡丘陵、洪积扇地带、黄河冲积平原和库区6个地貌类型。

【河流湖泊】黄河为境内主要河流。

【交通】包兰铁路、大古铁路过境，京藏高速（G6）、乌玛高速（1816）、109国道纵贯南北。

【资源经济】青铜峡市素有“塞上江南”“鱼米之乡”的美称，盛产水稻、小麦、玉米、苹果、葡萄等农作物，是全国重要的商品粮生产基地和现代农业基地市，形成了粮食、畜牧、蔬菜、食用菌、瓜果、桑蚕、肉蛋奶、水产品等八大农副产品基地。有煤、铜、铁、石膏、重晶石、石灰岩、水泥灰岩、砂砾、胶泥、建筑石料等矿产13种，其中水泥灰岩储量大、品位高。已形成冶金、电力、化工、建材、农副产品加工为主的五大支柱产业。

【风景名胜】黄河大峡谷和108塔、广武岩画、中华黄河坛、北岔口长城、金沙湾。

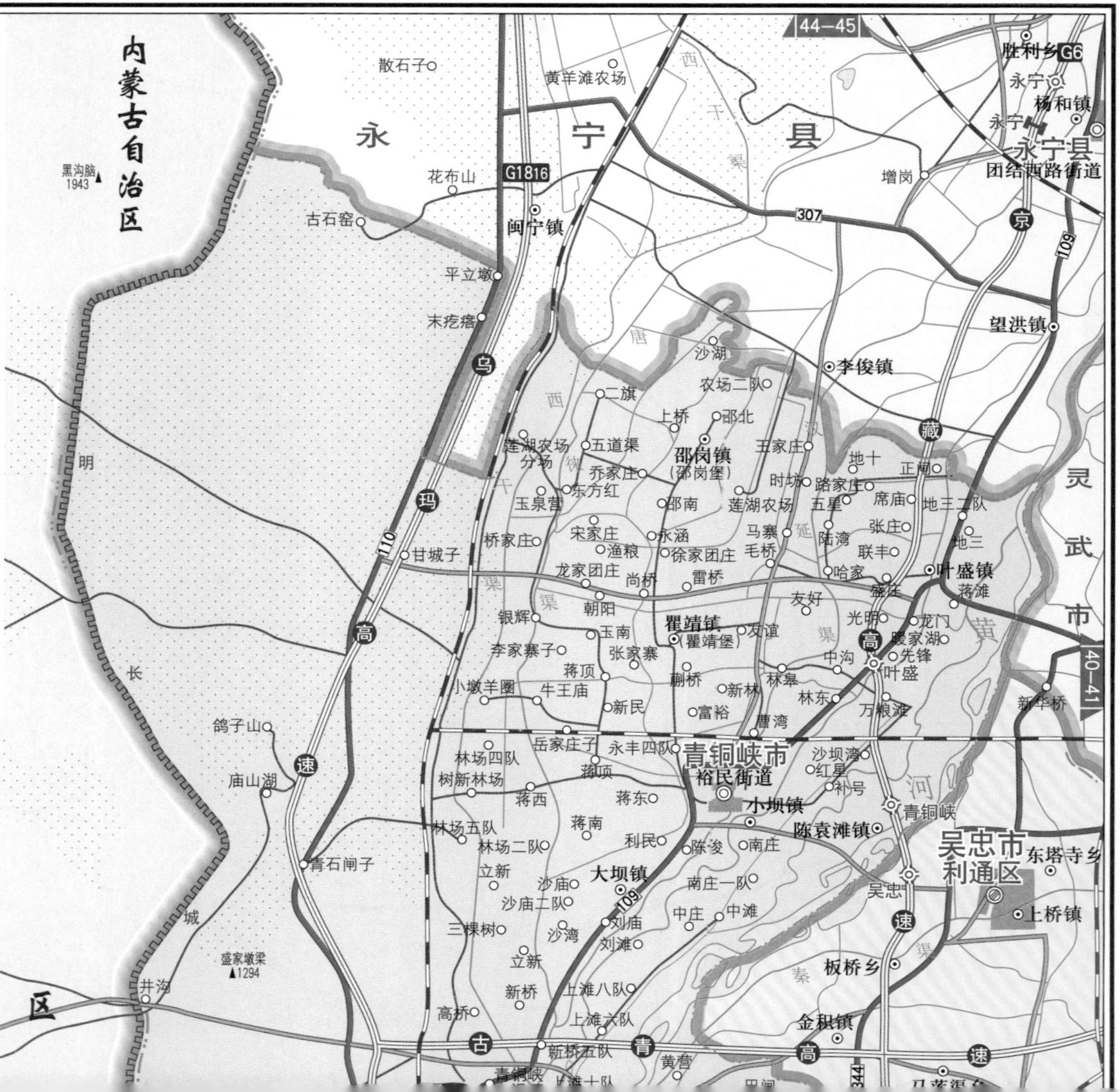

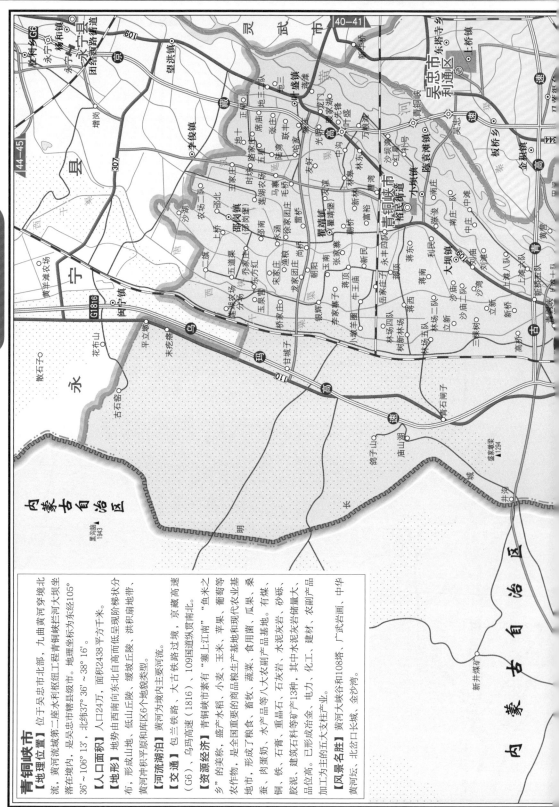

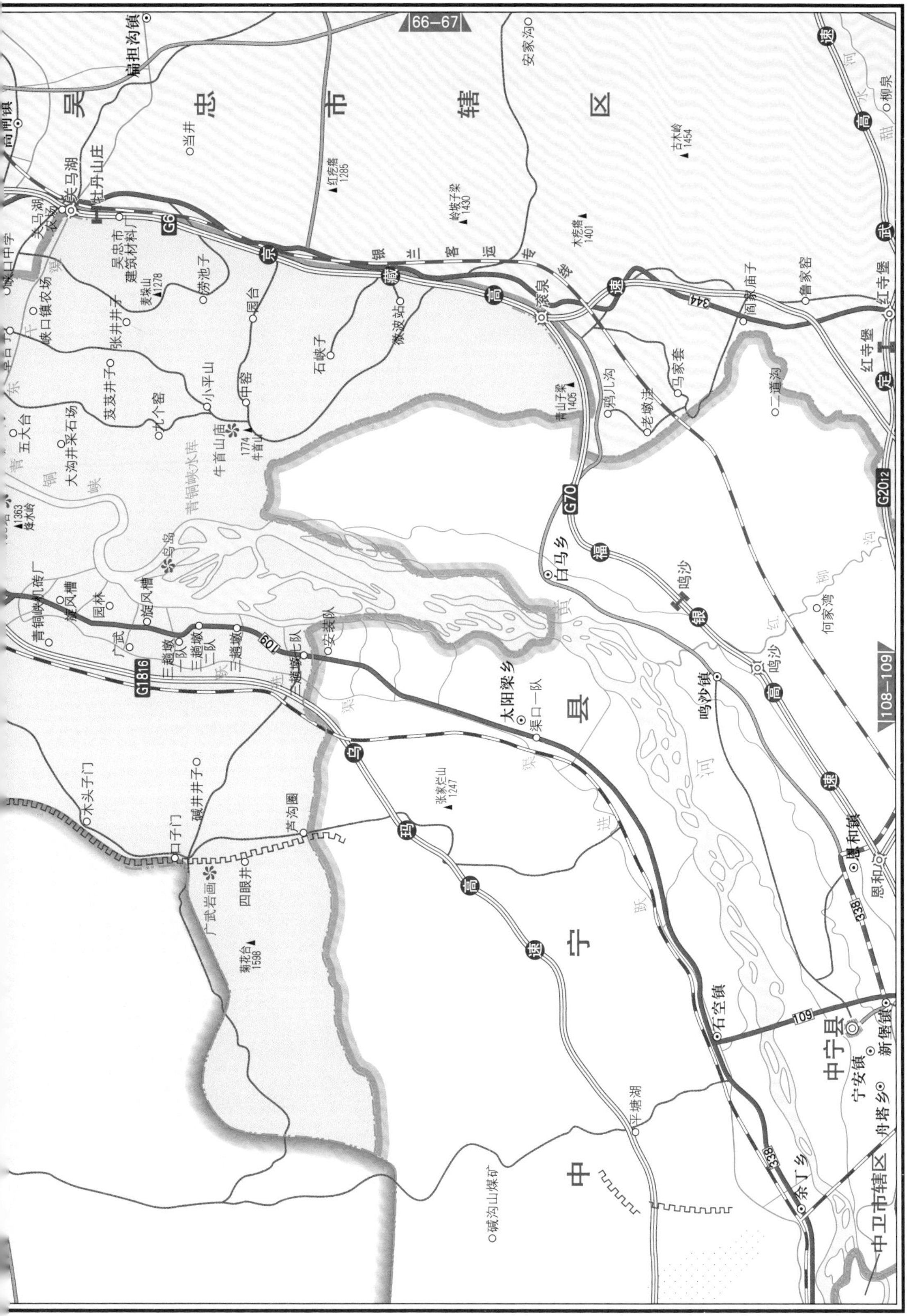
66–67
108–109
吴忠市辖区
中宁县
中卫市辖区
扁担沟镇
高闸镇
吴马湖
牡丹山庄
吴马湖农场
峡口镇农场
张井井子
五大台
大沟井采石场
芨芨井子
九个窑
小平山
中窑
昆台
捞池子
麦垛山 1278
吴忠市建筑材料厂
当井
红疙瘩 1285
岭坡子梁 1430
石峡子
微波站
滚泉
安家沟
古木岭 1454
木疙瘩 1401
阎家庙子
詹家窑
红寺堡
马家套
老墩洼
鸦儿沟
二道沟
青山子梁 1405
牛首山庙
牛首山 1774
青铜峡水库
烽火岭 1363
鸟岛
青铜峡机砖厂
旋风槽
园林
广武
三趟墩
安装队
白马乡
鸣沙
鸣沙镇
何家湾
太阳梁乡
渠口一队
张家烂山 1247
碱井井子
木头子门
口子门
芦沟圈
四眼井
广武岩画
菊花台 1598
恩和镇
恩和
石空镇
宁安镇
新堡镇
舟塔乡
余丁乡
平塘湖
碱沟山煤矿
G6
G70
G1816
G2012
109
338
344

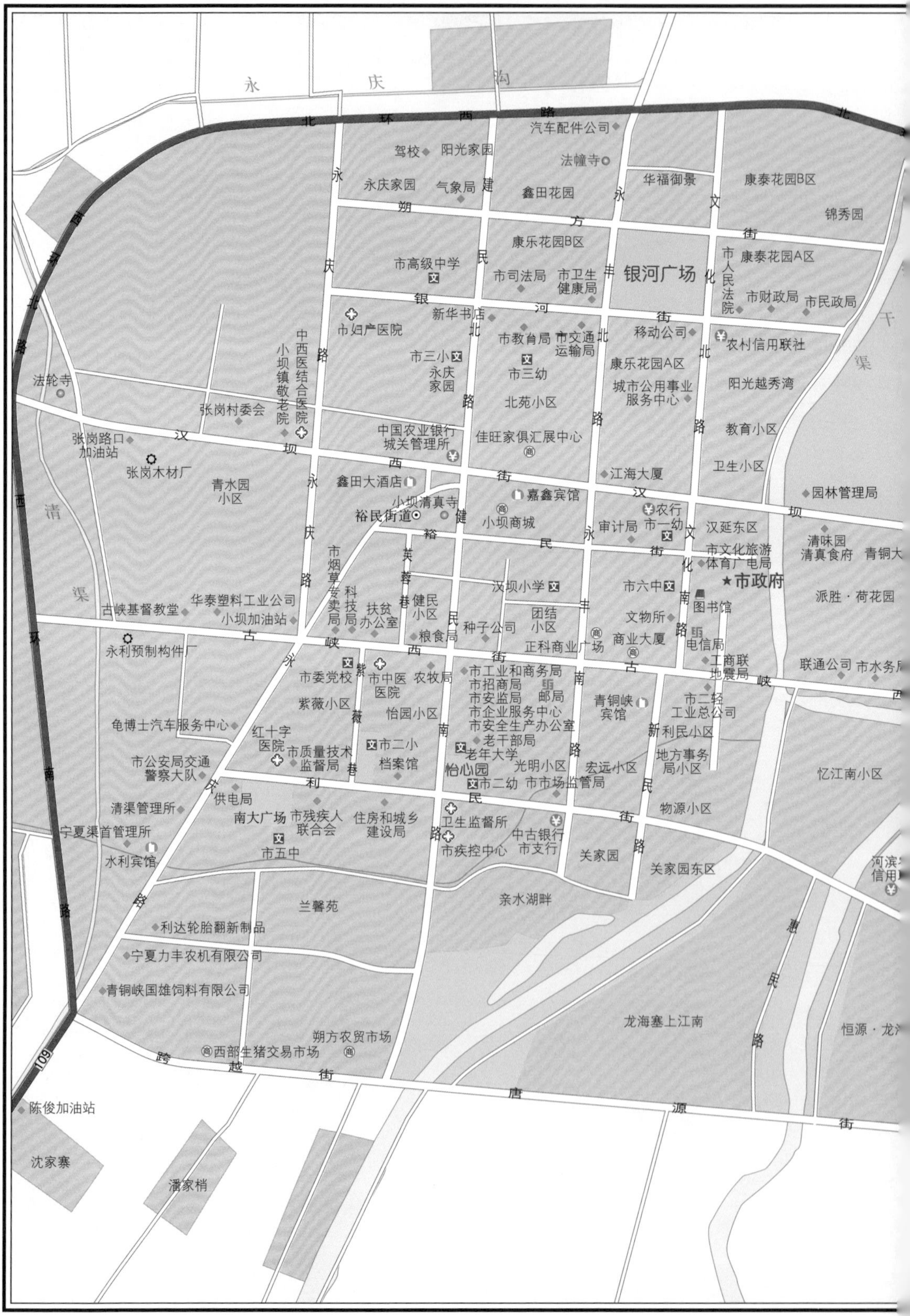
永庆沟
北环西路
汽车配件公司
驾校
阳光家园
法幢寺
永庆家园
气象局
鑫田花园
华福御景
康泰花园B区
锦秀园
朔方街
康乐花园B区
市高级中学
市司法局
市卫生健康局
银河广场
市人民法院
康泰花园A区
市财政局
市民政局
银河街
新华书店
市妇产医院
市教育局
市交通运输局
移动公司
农村信用联社
中西医结合医院
小坝镇敬老院
市三小
永庆家园
市三幼
康乐花园A区
城市公用事业服务中心
阳光越秀湾
法轮寺
北苑小区
张岗村委会
教育小区
张岗路口加油站
汉坝西街
中国农业银行城关管理所
佳旺家俱汇展中心
张岗木材厂
卫生小区
江海大厦
青水园小区
鑫田大酒店
嘉鑫宾馆
小坝清真寺
园林管理局
裕民街道
农行市一幼
小坝商城
审计局
汉坝
汉延东区
清味园清真食府
青铜大
裕民街
市文化旅游体育广电局
市烟草专卖局
科技局
芙蓉巷
健民小区
汉坝小学
市六中
★市政府
派胜・荷花园
古峡基督教堂
华泰塑料工业公司
扶贫办公室
团结小区
文物所
图书馆
小坝加油站
种子公司
粮食局
正科商业广场
商业大厦
电信局
永利预制构件厂
古峡西街
工商联
地震局
联通公司
市水务局
市委党校
市中医医院
农牧局
市工业和商务局
市招商局
市安监局
市企业服务中心
市安全生产办公室
邮局
青铜峡宾馆
市二轻工业总公司
紫薇小区
紫薇巷
怡园小区
新利民小区
龟博士汽车服务中心
红十字医院
市质量技术监督局
市二小
档案馆
老干部局
老年大学
光明小区
宏远小区
地方事务局小区
市公安局交通警察大队
怡心园
市二幼
市市场监管局
忆江南小区
清渠管理所
供电局
利民街
物源小区
南大广场
市残疾人联合会
住房和城乡建设局
卫生监督所
中古银行市支行
宁夏渠首管理所
水利宾馆
市五中
市疾控中心
关家园
关家园东区
河滨信用
兰馨苑
亲水湖畔
利达轮胎翻新制品
宁夏力丰农机有限公司
青铜峡国雄饲料有限公司
龙海塞上江南
惠民路
朔方农贸市场
西部生猪交易市场
恒源・龙
跨越街
唐源街
109
陈俊加油站
沈家寨
潘家梢
永庆路
建民北路
永文北路
永文南路
健民南路
西环北路
西环南路
清渠
干渠
庆路
文化

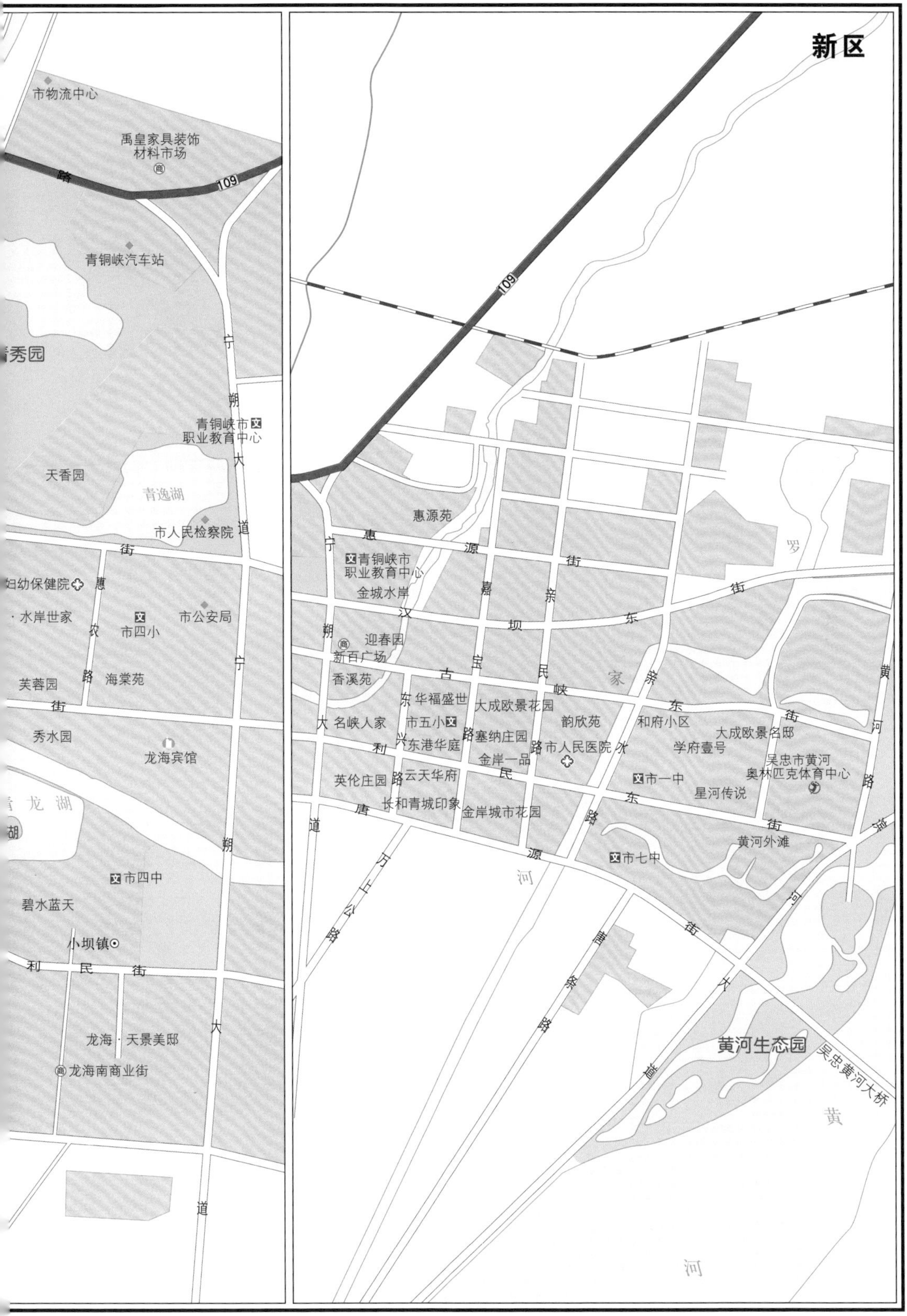
新区
市物流中心
禹皇家具装饰
材料市场
青铜峡汽车站
秀园
青铜峡市
职业教育中心
天香园
青逸湖
市人民检察院
妇幼保健院
水岸世家
市四小
市公安局
芙蓉园
海棠苑
秀水园
龙海宾馆
青龙湖
市四中
碧水蓝天
小坝镇
利民街
龙海·天景美邸
龙海南商业街
宁朔大道
惠农路
109
惠源苑
惠源街
青铜峡市
职业教育中心
金城水岸
迎春园
新百广场
香溪苑
华福盛世
大成欧景花园
名峡人家
市五小
塞纳庄园
韵欣苑
和府小区
大成欧景名邸
学府壹号
东港华庭
市人民医院
金岸一品
吴忠市黄河
奥林匹克体育中心
英伦庄园
云天华府
市一中
星河传说
长和青城印象
金岸城市花园
黄河外滩
市七中
汉坝东街
古峡东街
利民东街
唐源河街
嘉宝路
东兴路
亲民路
罗家亲路
黄河路
唐条路
万上公路
滨河大道
黄河生态园
吴忠黄河大桥
黄河

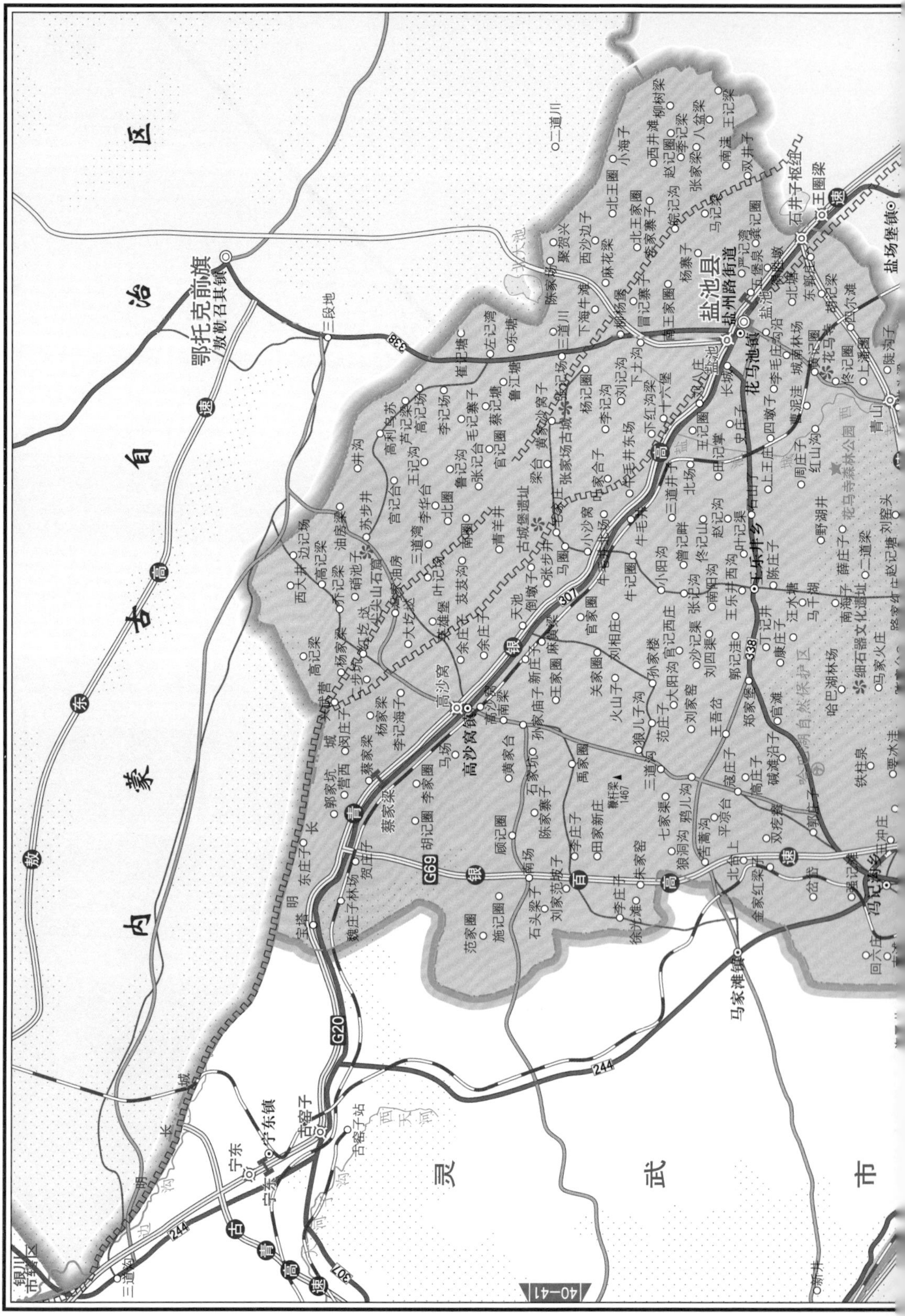
内蒙古自治区
鄂托克前旗
(敖勒召其镇)
盐池县
盐州路街道
花马池镇
高沙窝镇
王乐井乡
马家滩镇
宁东镇
灵武市
G20
G69
244
307
338
40—41

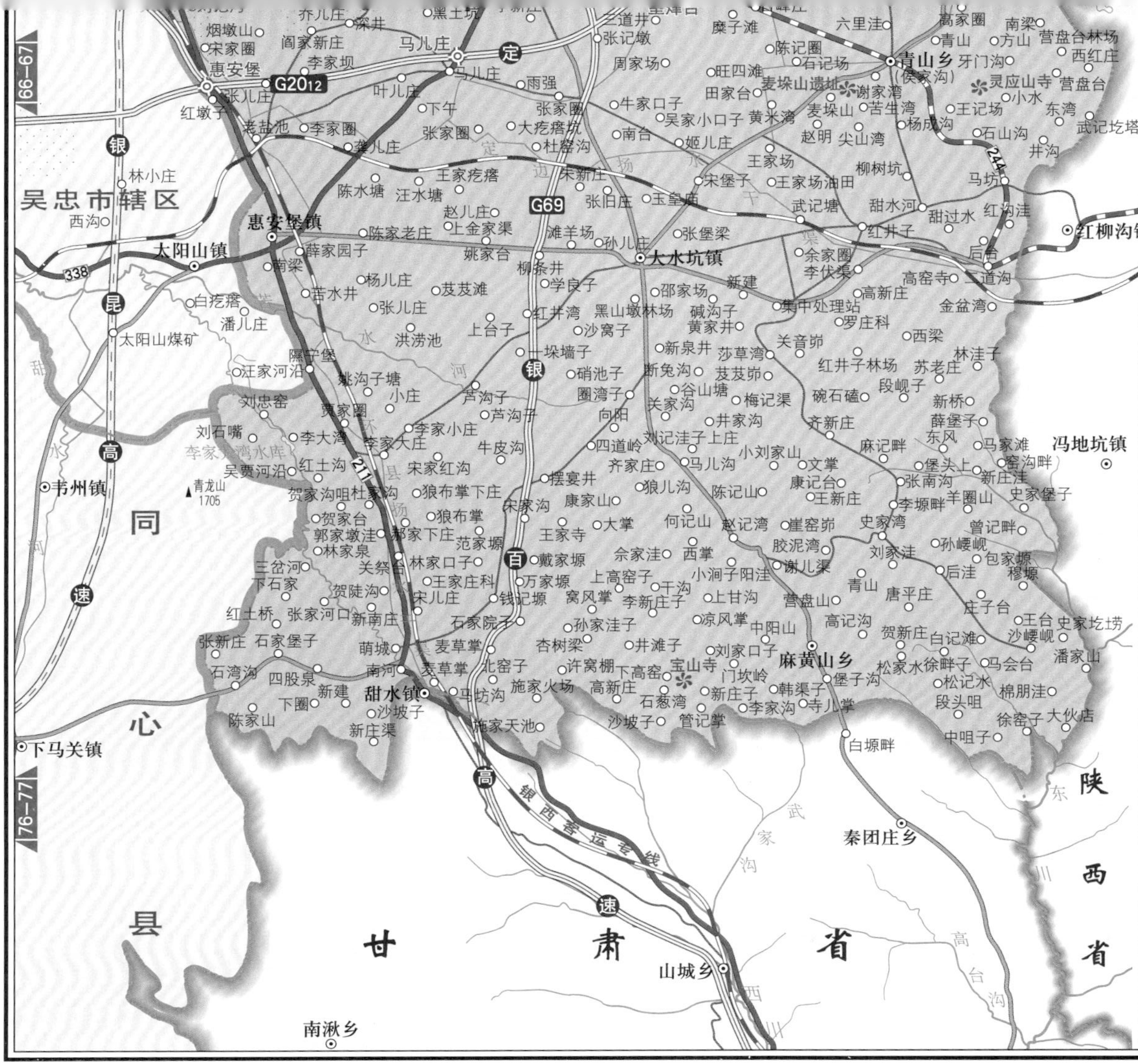

盐池县

【地理位置】位于吴忠市东部，县城北、东、西南分布着大小20余个天然盐湖，因此得名“盐池”。地理坐标为东经106° 34' ~ 107° 40'，北纬37° 05' ~ 38° 10'。

【人口面积】人口16万，面积8377平方千米。

【地形】地处鄂尔多斯台地向黄土高原的过渡地带，地势南高北低，平均海拔1600米。南为黄土丘陵区，山峦起伏，沟壑纵横，形成丘陵、墚、峁、沟、畔相间的特殊地貌。北为鄂尔多斯缓坡丘陵区，地势平缓起伏，有侵蚀高丘陵、缓坡丘陵、丘间平地沙丘、湖泊等地貌单元。

【河流湖泊】苦水河等。

【交通】银西客运专线过境，青银高速（G20）、银百高速（G69）、定武高速（G2012）和211国道、307国道、338国道等纵横交错。

【资源经济】盐池以滩羊、甘草、小杂粮为主的“两特一优”产业发展迅速，盛产荞麦、马铃薯、糜谷、豌豆、胡麻等作物。已发现石油、天然气、煤、食盐、铜、石膏、硝、石灰岩、石干泥等16种有开采价值的矿产资源。其中石油、煤、石膏、石灰岩等储量较为丰富。形成了金属镁冶炼、生物制药、水泥建材、煤炭开采、石油开发、蜂蜜保健为主要行业的工业体系。

【风景名胜】花马寺森林公园、哈巴湖等。

1:530 000

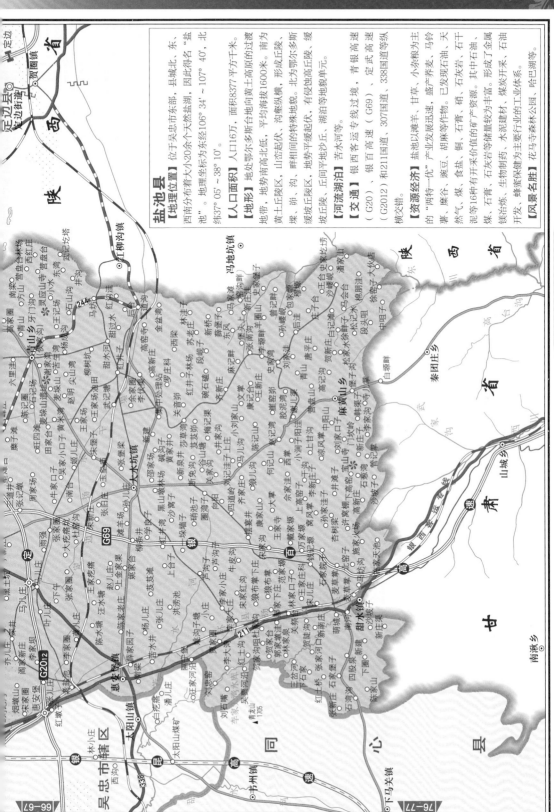

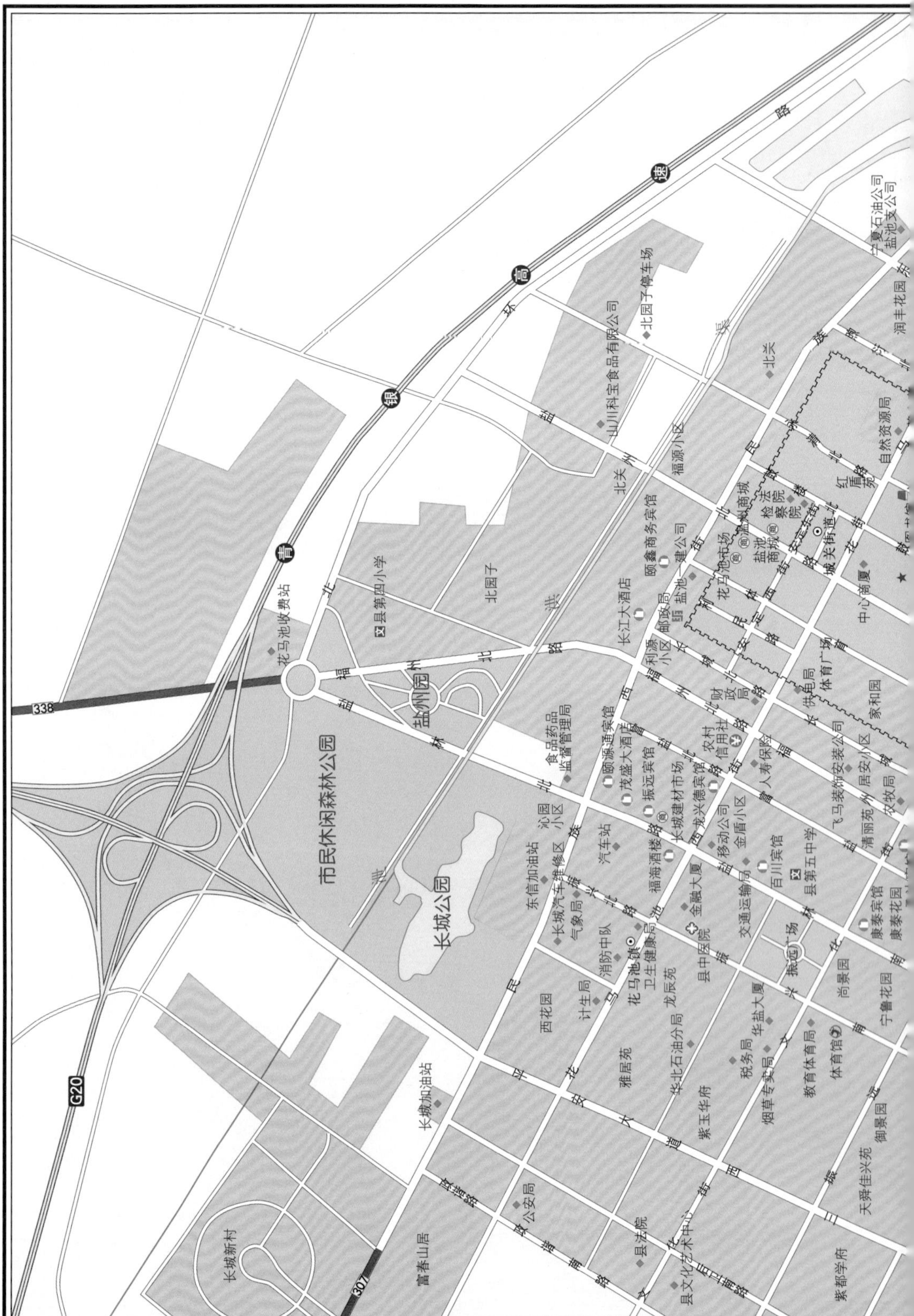
市民休闲森林公园
长城公园
盐州园
北园子
县第四小学
花马池收费站
山川科宝食品有限公司
北园子停车场
福源小区
颐鑫商务宾馆
长江大酒店
邮政局
利源小区
盐池一建公司
花马池市场
盐州商城
盐池商城
检察院
法院
城关街道
中心商厦
体育广场
供电局
家和园
财政局
农村信用社
人寿保险
飞马装饰安装公司
居安小区
农牧局
清丽苑
县第五中学
百川宾馆
康泰宾馆
康泰花园
食品药品监督管理局
颐源通宾馆
茂盛大酒店
振远宾馆
长城建材市场
龙兴德宾馆
移动公司
金盾小区
沁园小区
东信加油站
长城汽车维修区
汽车站
福海酒楼
金融大厦
交通运输局
气象局
消防中队
花马池镇卫生健康局
县中医院
振远广场
尚景园
宁鲁花园
西花园
计生局
龙辰苑
华北石油分局
华盐大厦
税务局
烟草专卖局
教育体育局
体育馆
雅居苑
紫玉华府
御景园
天舜佳兴苑
紫都学府
长城加油站
长城新村
富春山居
公安局
县法院
县文化艺术中心
宁夏石油公司盐池支公司
润丰花园
自然资源局
北关
338
307
G20

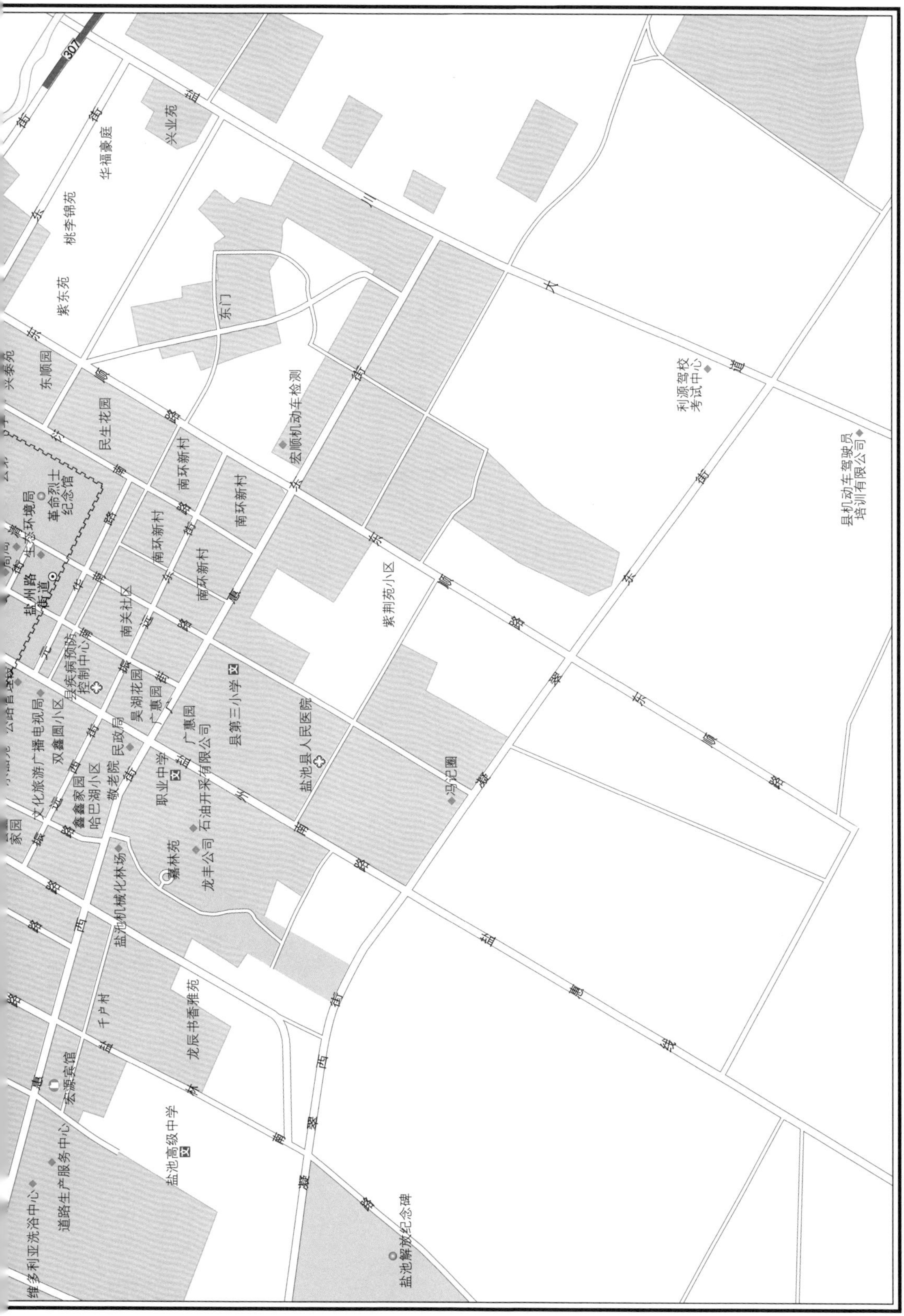
307
兴业苑
华福豪庭
桃李锦苑
紫东苑
东门
东顺园
兴泰苑
民生花园
宏顺机动车检测
南环新村
南环新村
南环新村
南环新村
革命烈士纪念馆
生态环境局
盐州路街道
南关社区
紫荆苑小区
利源驾校考试中心
县机动车驾驶员培训有限公司
县疾病预防控制中心
昊湖花园
广惠园
广惠园
县第三小学
盐池县人民医院
冯记圈
民政局
双鑫圆小区
文化旅游广播电视局
敬老院
哈巴湖小区
鑫鑫家园
职业中学
石油开采有限公司
龙丰公司
嘉林苑
盐池机械化林场
千户村
龙辰书香雅苑
宏源宾馆
盐池高级中学
道路生产服务中心
维多利亚洗浴中心
盐池解放纪念碑

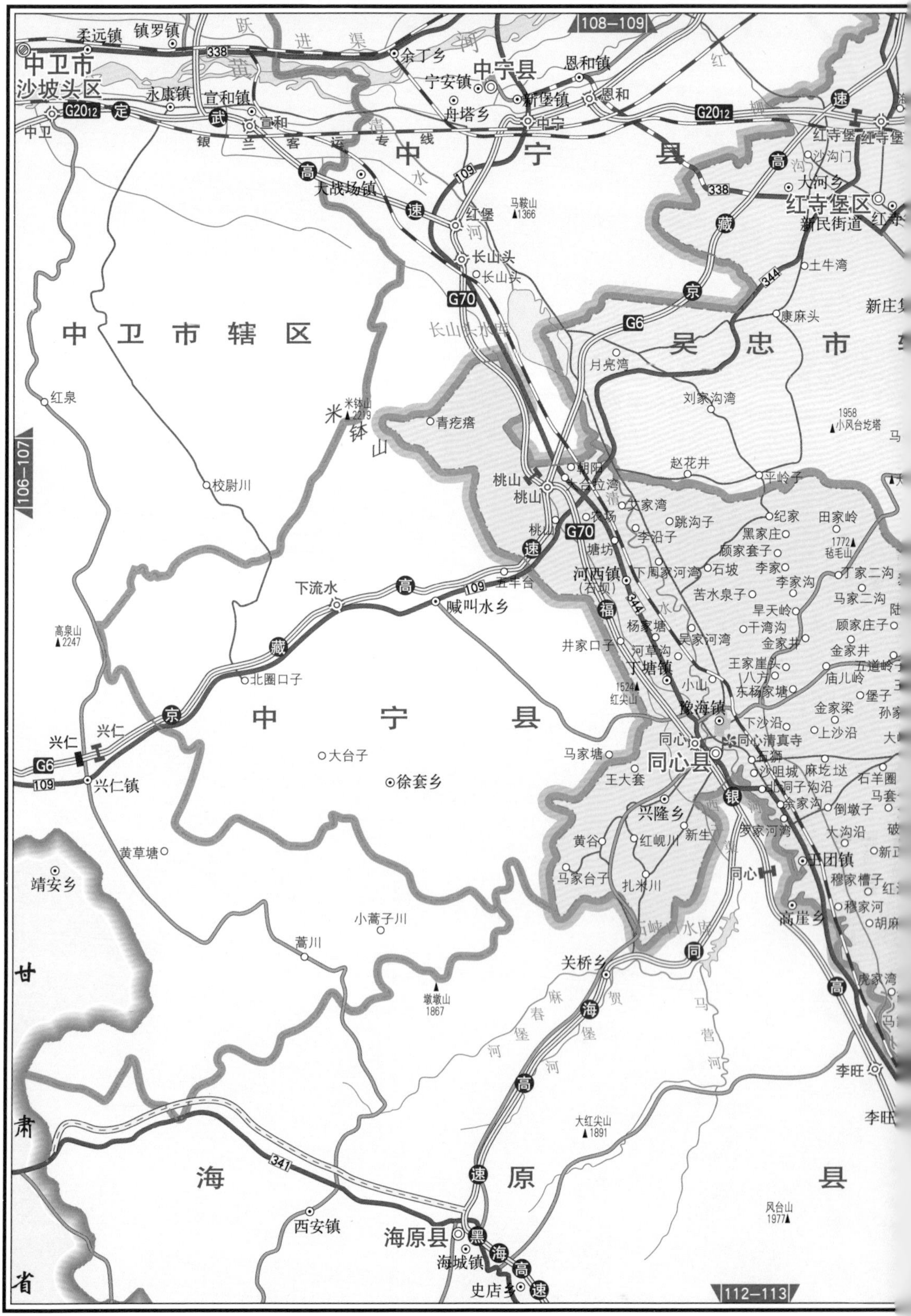
108–109
106–107
112–113
柔远镇
镇罗镇
中卫市
沙坡头区
338
余丁乡
中宁县
恩和镇
宁安镇
舟塔乡
新堡镇
恩和
永康镇
宣和镇
G2012
定
武
宣和
中宁
中卫
银 兰 客 运 专 线
中 宁 县
高
大战场镇
速
109
马鞍山
1366
红堡
长山头
G70
长山头水库
338
大河乡
沙沟门
红寺堡
红寺堡区
新民街道
藏
京
344
土牛湾
康麻头
新庄集
G6
吴 忠 市
月亮湾
刘家沟湾
1958
小风台圪塔
中 卫 市 辖 区
红泉
米钵山
2219
米 钵 山
青疙瘩
校尉川
赵花井
平岭子
桃山
朝阳
大台拉湾
艾家湾
农场
跳沟子
纪家
田家岭
李沿子
黑家庄
1772
毡毛山
塘坊
顾家套子
河西镇
(石坝)
下周家河湾
石坝
李家
丁家二沟
李家沟
马家二沟
苦水泉子
下流水
高
五里台
喊叫水乡
旱天岭
干湾沟
顾家庄子
杨家塘
吴家河湾
高泉山
2247
井家口子
河草沟
金家井
金家井
五道岭子
王家崖头
丁塘镇
八方
庙儿岭
1524
红尖山
小山
东杨家塘
堡子
北圈口子
豫海镇
金家梁
孙家
中 宁 县
下沙沿
上沙沿
同心
同心清真寺
兴仁
马家塘
同心县
五狮
兴仁
G6
沙咀城
麻圪垯
石羊圈
109
兴仁镇
大台子
徐套乡
王大套
北洞子沟沿
马套子
银
余家沟
兴隆乡
倒墩子
黄草塘
罗家河湾
大沟沿
黄谷
红岘川
新生
新庄
靖安乡
预旺镇
马家台子
扎米川
同心
穆家槽子
穆家河
高崖乡
胡麻
小蒿子川
蒿川
石峡口水库
同
关桥乡
甘
墩墩山
1867
麻春堡河
贺堡河
马营河
海
虎家湾
高
李旺
肃
大红尖山
1891
李旺
海 原 县
速
341
风台山
1977
西安镇
海原县
黑
海
海城镇
高
省
史店乡
速

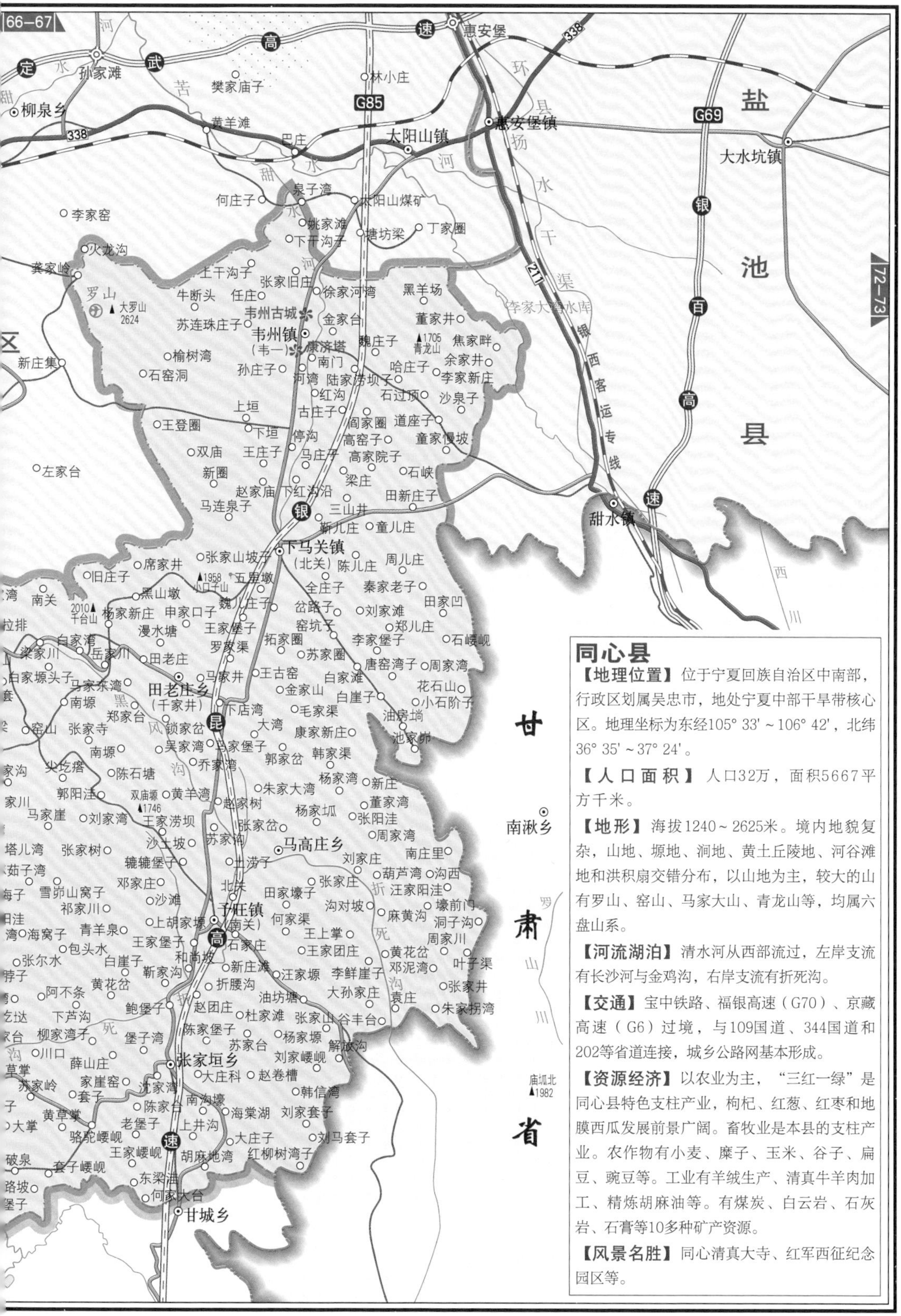

同心县

【地理位置】位于宁夏回族自治区中南部，行政区划属吴忠市，地处宁夏中部干旱带核心区。地理坐标为东经105° 33' ~ 106° 42'，北纬36° 35' ~ 37° 24'。

【人口面积】人口32万，面积5667平方千米。

【地形】海拔1240 ~ 2625米。境内地貌复杂，山地、塬地、涧地、黄土丘陵地、河谷滩地和洪积扇交错分布，以山地为主，较大的山有罗山、窑山、马家大山、青龙山等，均属六盘山系。

【河流湖泊】清水河从西部流过，左岸支流有长沙河与金鸡沟，右岸支流有折死沟。

【交通】宝中铁路、福银高速（G70）、京藏高速（G6）过境，与109国道、344国道和202等省道连接，城乡公路网基本形成。

【资源经济】以农业为主，“三红一绿”是同心县特色支柱产业，枸杞、红葱、红枣和地膜西瓜发展前景广阔。畜牧业是本县的支柱产业。农作物有小麦、糜子、玉米、谷子、扁豆、豌豆等。工业有羊绒生产、清真牛羊肉加工、精炼胡麻油等。有煤炭、白云岩、石灰岩、石膏等10多种矿产资源。

【风景名胜】同心清真大寺、红军西征纪念园区等。

1:540 000

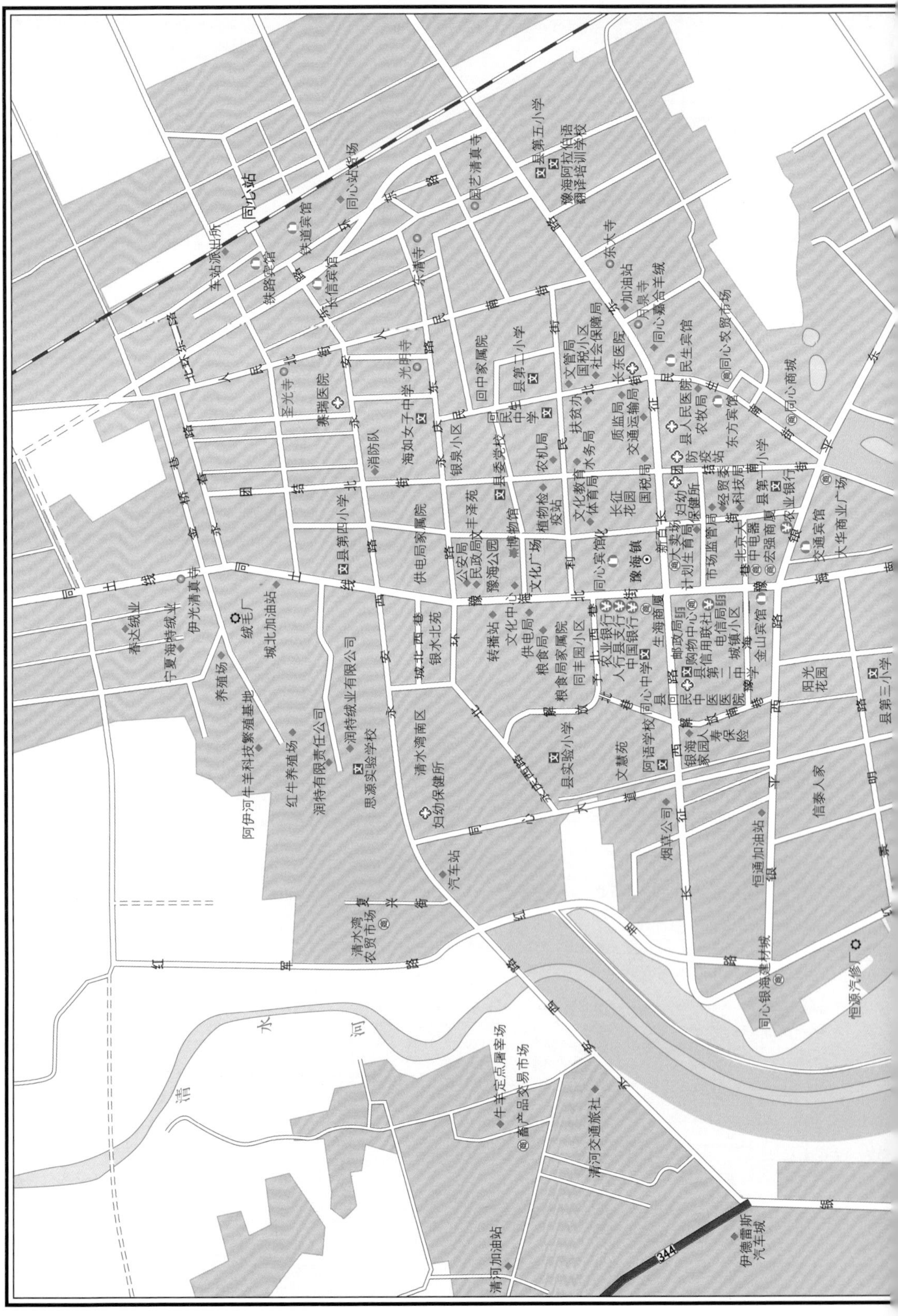
同心站
车站派出所
铁路宾馆
铁道宾馆
同心站货场
长信宾馆
东环路
东清寺
园艺清真寺
县第五小学
豫海阿拉伯语翻译培训学校
东大寺
加油站
月泉寺
同心嘉合羊绒
同心交贸市场
民生宾馆
同心商城
北环东一路
圣光寺
赛瑞医院
光明寺
海如女子中学
回中家属院
县第二小学
文管局
国税小区
社会保障局
长东医院
县人民医院
农牧局
东方宾馆
扶贫办
民政局
回民中学
县委党校
银泉小区
消防队
农机局
水务局
质监局
交通运输局
国税局
防疫站
经贸委
科技局
县第一小学
农业银行
大华商业广场
交通宾馆
宏强商厦
中国电器
北京大厦
市场监管局
妇幼保健所
计划生育局
大卖场
长征花园
体育局
文化教育
植物检疫站
博物馆
文化广场
豫海公园
丰泽苑
供电局家属院
县第四小学
公安局
同心宾馆
豫海镇
新百货
生海商厦
邮政局
购物中心
县信用联社
电信局
第一城镇小区
金山宾馆
阳光花园
县第三小学
伊光清真寺
春达绒业
宁夏海特绒业
城北加油站
绒毛厂
养殖场
阿伊河牛羊科技繁殖基地
红牛养殖场
润特有限责任公司
润特绒业有限公司
思源实验学校
清水湾南区
妇幼保健所
城北西苑
银水北苑
转播站
文化中心
供电局
粮食局家属院
同丰园小区
农业银行
人行县支行
中国银行
同心中学
中医医院
县回民医院
同语学校
县实验小学
文慧苑
银海家园
人寿保险
信泰人家
烟草公司
恒通加油站
汽车站
清水湾农贸市场
同心银海建材城
恒源汽修厂
红星路
同心大道
清水河
牛羊定点屠宰场
畜产品交易市场
清河交通旅社
清河加油站
伊德雷斯汽车城
344

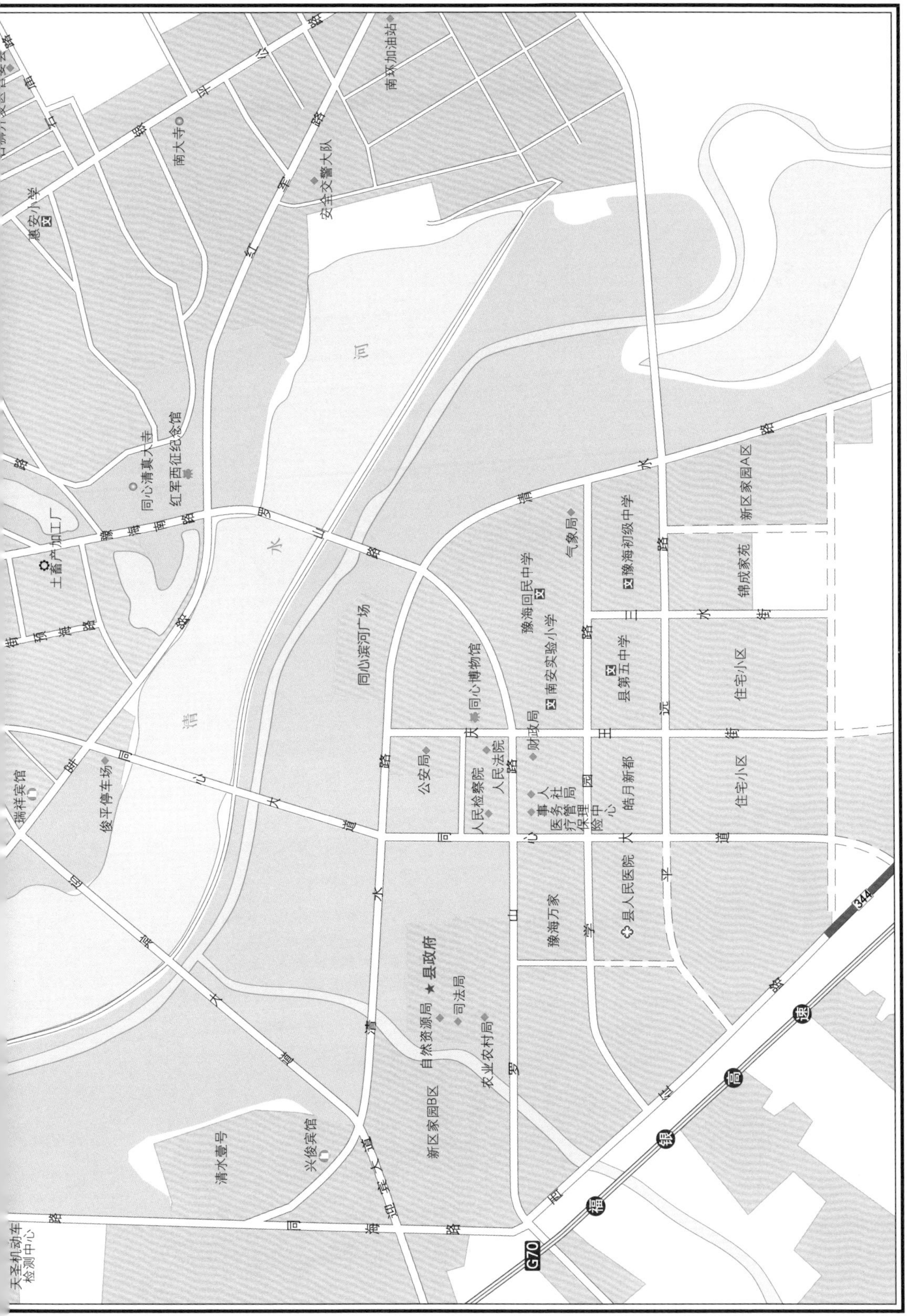

南环加油站
南大寺
安全交警大队
惠安小学
红军西征纪念馆
同心清真大寺
土畜产加工厂
豫海南路
红军路
罗山路
清水河
同心滨河广场
同心博物馆
豫海回民中学
南安实验小学
县第五中学
豫海初级中学
气象局
新区家园A区
锦成家苑
住宅小区
住宅小区
皓月新都
财政局
人民法院
人民检察院
人社局
事务管理局
医疗保险中心
公安局
同心大道
县人民医院
豫海万家
县政府
自然资源局
司法局
农业农村局
新区家园B区
兴俊宾馆
清水壹号
瑞祥宾馆
俊平停车场
天圣机动车检测中心
福银高速
G70
344

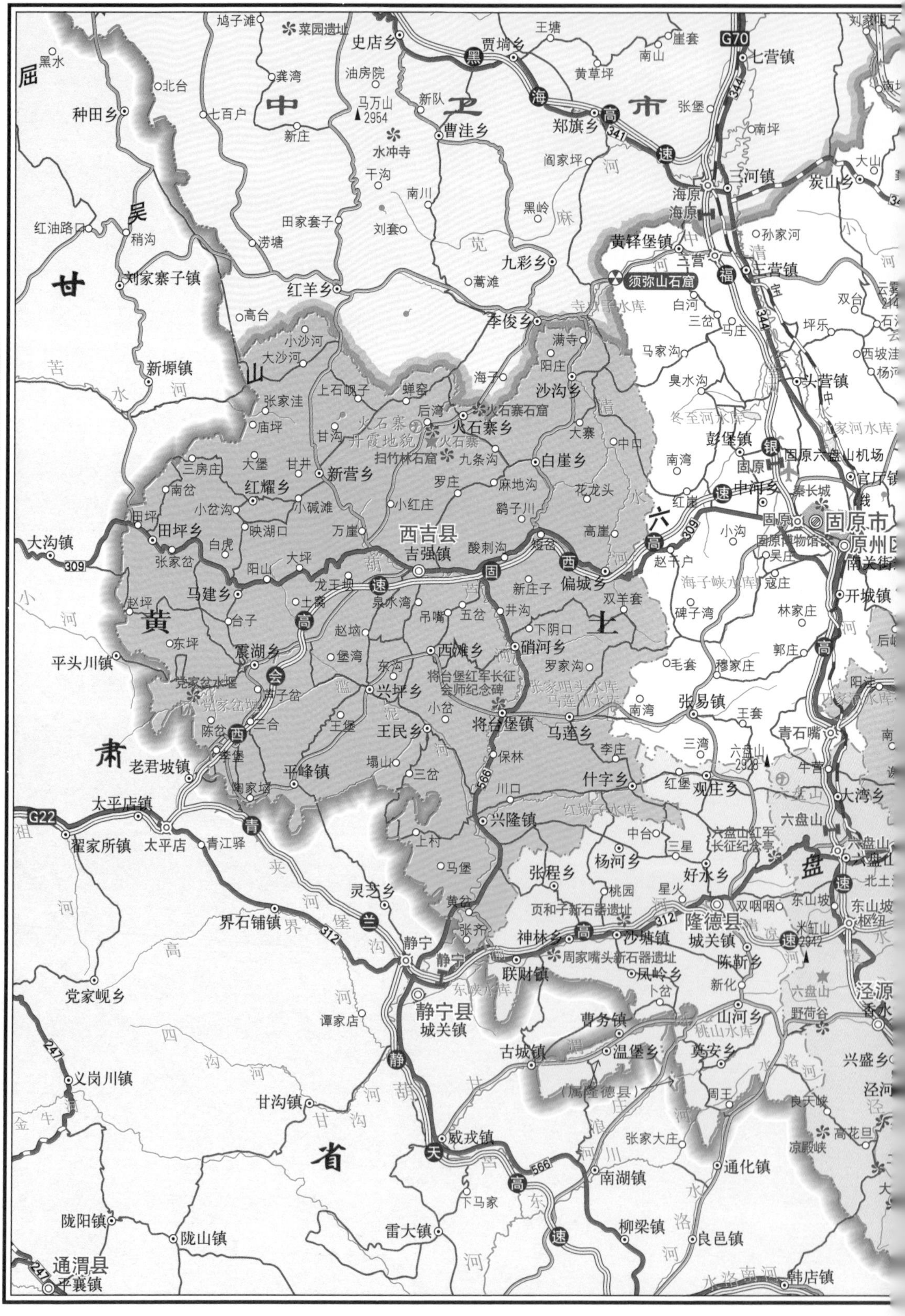

中卫市
甘肃省
六盘山
鸠子滩
菜园遗址
史店乡
贾塘乡
王塘
崖套
G70
七营镇
黑水
北台
龚湾
油房院
南山
黄草坪
种田乡
七百户
马万山
2954
新队
曹洼乡
郑旗乡
张堡
南坪
新庄
水冲寺
阎家坪
三河镇
大山
炭山乡
干沟
南川
海原
黑岭
红油路口
稍沟
田家套子
刘套
黄铎堡镇
孙家河
涝塘
九彩乡
三营
三营镇
刘家寨子镇
红羊乡
蒿滩
须弥山石窟
寺口子水库
白河
双台
高台
李俊乡
三岔
马庄
坪乐
小沙河
满寺
大沙河
马家沟
西坡洼
新塬镇
阳庄
头营镇
海子
上石岘子
蝉窑
沙沟乡
臭水沟
张家洼
后湾
火石寨石窟
冬至河水库
庙坪
火石寨
火石寨乡
大寨
甘沟
丹霞地貌
中口
彭堡镇
三房庄
大堡
甘井
扫竹林石窟
九条沟
白崖乡
南湾
固原六盘山机场
新营乡
官厅镇
南岔
红耀乡
罗庄
麻地沟
花龙头
秦长城
小岔沟
小碱滩
小红庄
红崖
中河乡
田坪
田坪乡
鹞子川
固原市
映湖口
万崖
西吉县
小沟
大沟镇
吉强镇
酸刺沟
高崖
原州区
白虎
固原博物馆
309
张家岔
阳山
大坪
偏城乡
赵千户
吴庄
南关街
龙王坝
泉水湾
海子峡水库
寇庄
马建乡
新庄子
开城镇
赵坪
土窑
双羊套
吊嘴
五岔
井沟
碑子湾
林家庄
台子
下阴口
赵垴
东坪
震湖乡
西滩乡
硝河乡
郭庄
平头川镇
堡湾
毛套
穆家庄
东沟
罗家沟
将台堡红军长征会师纪念碑
党家岔水堰
党家岔堰
芦子岔
兴坪乡
张家咀头水库
马莲川水库
南湾
张易镇
三合
小岔
王堡
王套
陈岔
王民乡
将台堡镇
马莲乡
青石嘴
李堡
李庄
三湾
六盘山
2928
老君坡镇
塌山
保林
平峰镇
三岔
什字乡
红堡
观庄乡
陶家垴
川口
大湾乡
太平店镇
G22
兴隆镇
红城子水库
六盘山
翟家所镇
太平店
青江驿
上村
中台
三星
六盘山红军长征纪念亭
杨河乡
马堡
张程乡
好水乡
灵芝乡
桃园
星火
东山坡
黄岔
双咽咽
贡和子新石器遗址
东山坡
界石铺镇
张齐
隆德县
米缸山
2942
枢纽
312
神林乡
沙塘镇
城关镇
静宁
静宁
周家嘴头新石器遗址
陈靳乡
联财镇
凤岭乡
东峡水库
卜岔
新化
党家岘乡
泾源
静宁县
城关镇
曹务镇
山河乡
六盘山
野荷谷
香水
谭家店
桃山水库
古城镇
温堡乡
奠安乡
兴盛乡
247
义岗川镇
(属隆德县)
周王
泾河
甘沟镇
良天峡
威戎镇
张家大庄
高花旦
凉殿峡
通化镇
566
南湖镇
下马家
陇阳镇
雷大镇
柳梁镇
良邑镇
陇山镇
通渭县
平襄镇
韩店镇

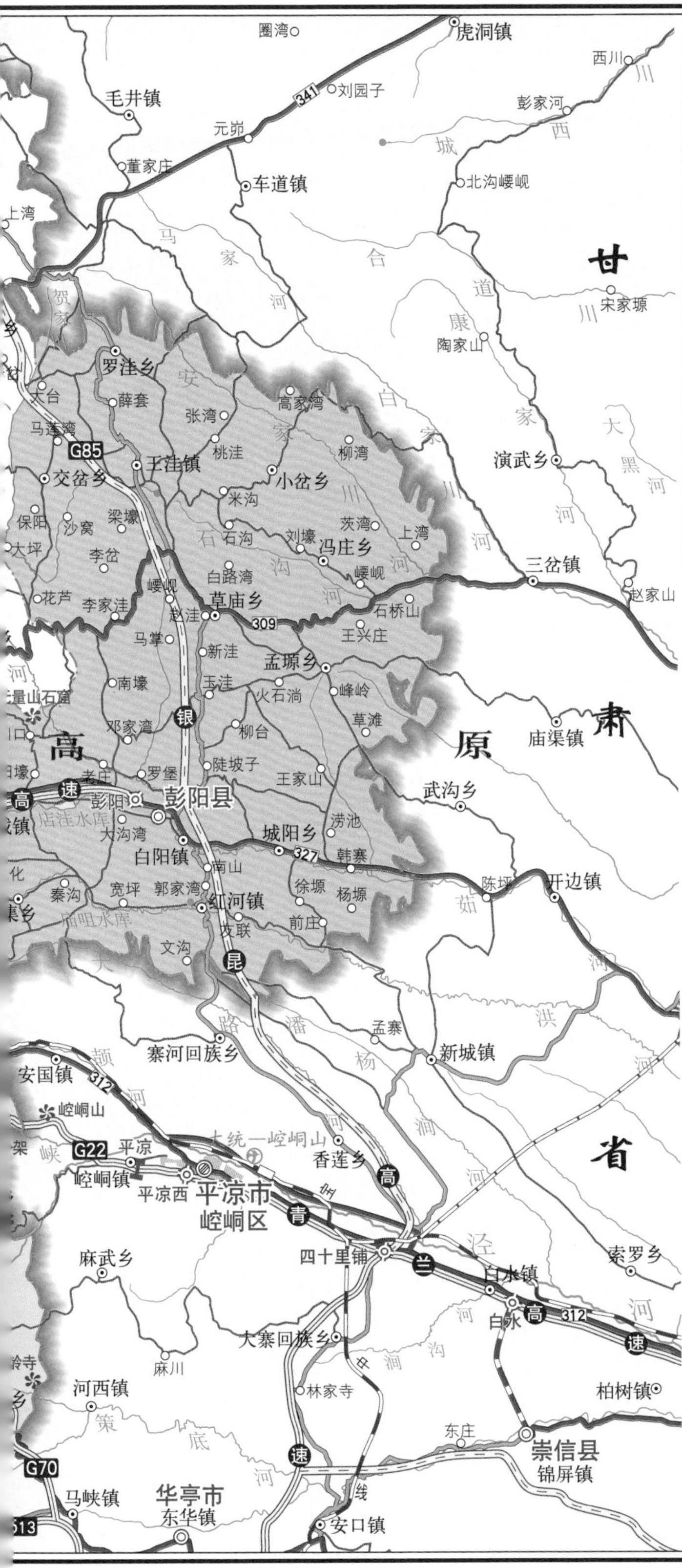

固原市

【地理位置】 位于宁夏回族自治区南部的六盘山地区。地理坐标为东经105° 20'～106° 58'，北纬35° 14'～35° 38'之间，东部、南部分别与甘肃省庆阳市、平凉市为邻，西部与甘肃省白银市相连，北部与中卫市接壤。

【行政区划】 辖原州区1个市辖区，西吉县、隆德县、泾源县、彭阳县4个县。

【人口面积】 2020年末全市人口114万，面积13450平方千米。

【历史沿革】 固原历史悠久，是古代丝绸之路东段北道上的重镇。夏、商时属雍州城。战国秦属乌氏县。秦为北地郡。汉置安定郡。北魏设高平镇，道光五年(524年)，改高平镇为原州，宋建镇戎军，属陕西路。元立开成府路，明初降开城州为开城县，弘治十五年(1502年)升为固原州。清初为固原道，同治十三年(1874年)固原设直隶州。民国改固原县。2001年，撤销原固原地区和固原县设地级固原市。

【地形】 位于我国黄土高原的西北边缘，以六盘山为南北脊柱，将全市分为东西两壁，呈南高北低之势。海拔大部分在1500～2200米之间。由于受河水切割、冲击，形成丘陵起伏，沟壑纵横，墚峁交错，山多川少，塬、墚、峁、壕交错的地理特征。属黄土丘陵沟壑区。主要山脉有六盘山呈南北走向，主峰米缸山海拔2942米，为全市最高山脉。

【河流湖泊】 有泾河、清水河、葫芦河、渝河等。

【气候】 属暖温带半干旱气候，年平均气温6.2℃，1月平均气温为-4.9℃～-8.0℃。7月平均气温为17.1℃～20.0℃；年降水量550毫米左右。年平均日照时数2500—2700小时。无霜期152天，绝对无霜期83天。

【交通】 宝中铁路沿清水河谷地纵贯全境。福银高速（G70）、青兰高速（G22）、西会高速、固西高速等纵横交错，309、312、327、341、344、566等国道和202、203等省道构成公路主干网。

【资源经济】 主要农作物有小麦、荞麦、胡麻、旱地西瓜、马铃薯等。矿产资源有岩盐、煤炭、油气、石灰岩等。形成了以煤炭开采、农副产品加工、食品、化学肥料、医药、非金属矿物质制造等为重点的工业产业格局。

【风景名胜】 六盘山国家森林公园、火石寨国家森林公园、须弥山石窟、六盘山红军长征景区、火石寨国家地质公园、固原博物馆、老龙潭景区、无量山石窟等。

1:750 000

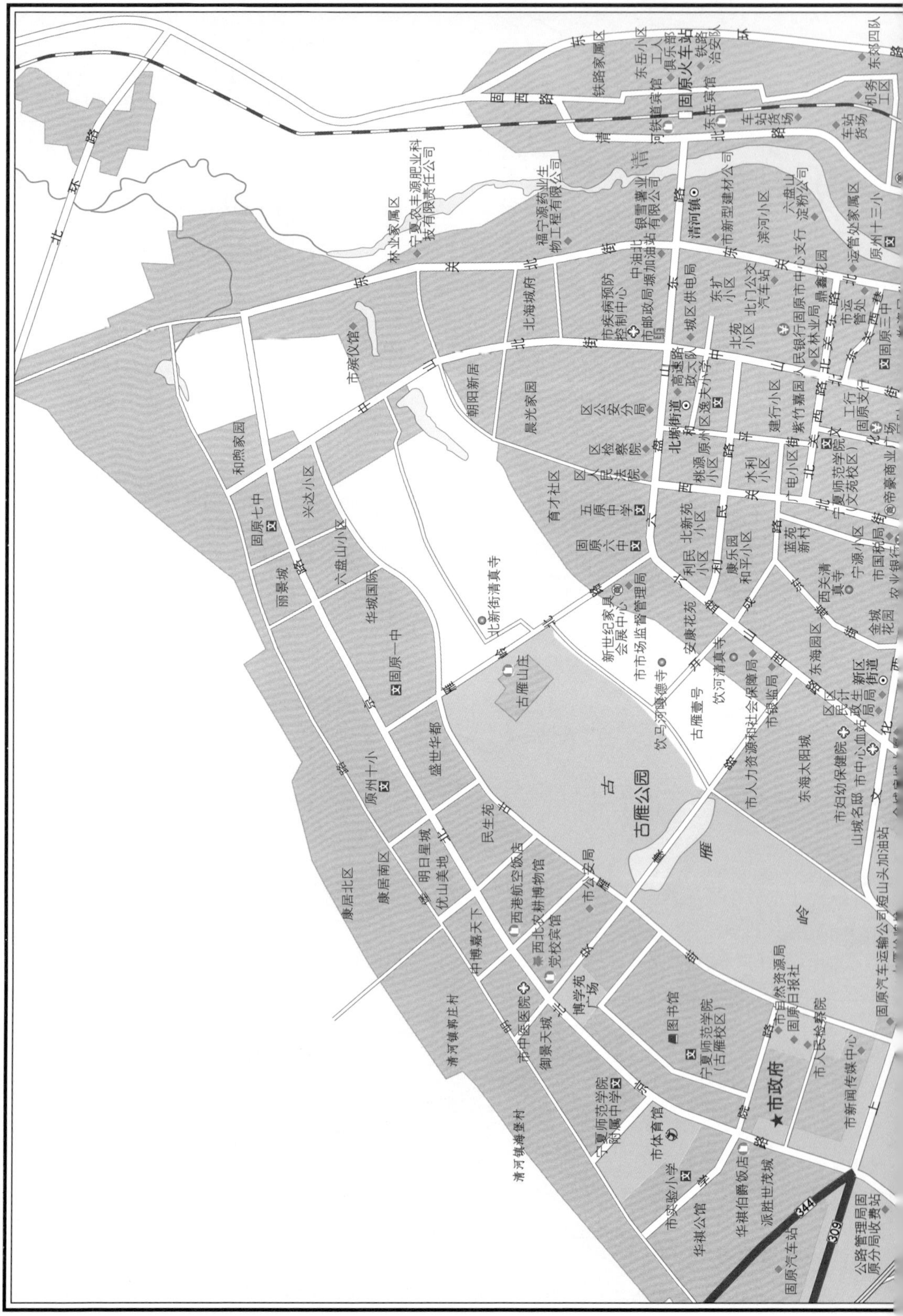
北环路
固西路
铁路家属区
东岳小区
工人俱乐部
固原火车站
铁路治安队
东郊四队
机务工区
车站货场
铁道宾馆
东岳宾馆
林业家属区
宁夏农丰源肥业科技有限责任公司
福宁源药业生物工程有限公司
清河镇
市新型建材公司
滨河小区
六盘山淀粉公司
运管处家属区
原州十三小
市殡仪馆
北海城府
市疾病预防控制中心
中油北塬加油站
市邮政局
城区供电局
东扩小区
北门公交汽车站
北苑小区
人民银行固原市中心支行
区林业局
鼎鑫花园
市运管处
固原三中
朝阳新居
晨光家园
区公安分局
高速路政大队
北塬街道
逸夫小学
建行小区
紫竹嘉园
工行固原支行
和煦家园
区检察院
区人民法院
桃源小区
水利小区
广电小区
宁夏师范学院（文苑校区）
帝豪商业广场
固原七中
兴达小区
育才社区
五原中学
北新苑小区
蓝苑新村
宁源小区
市国税局
六盘山小区
丽景城
固原六中
利民小区
康乐园
和平小区
西关清真寺
华城国际
北新街清真寺
新世纪家具会展中心
市市场监督管理局
安康花苑
金城花园
固原一中
古雁山庄
饮马河清真寺
东海园区
新区街道
区民政局
区计生局
市人力资源和社会保障局
古雁壹号
市城监局
盛世华都
古雁公园
东海太阳城
市妇幼保健院
市中心血站
原州十小
民生苑
山城名邸
短山头加油站
康居北区
康居南区
明日星城
优山美地
西港航空饭店
西北农耕博物馆
市公安局
雁岭
中博嘉天下
党校宾馆
博学苑广场
图书馆
宁夏师范学院（古雁校区）
市自然资源局
固原日报社
市人民检察院
固原汽车运输公司
清河镇郭庄村
市中医医院
御景天城
宁夏师范学院附属中学
市政府
市新闻传媒中心
清河镇海堡村
市体育馆
市实验小学
华祺伯爵饭店
华祺公馆
派胜世茂城
固原汽车站
公路管理局固原分局收费站
344
309

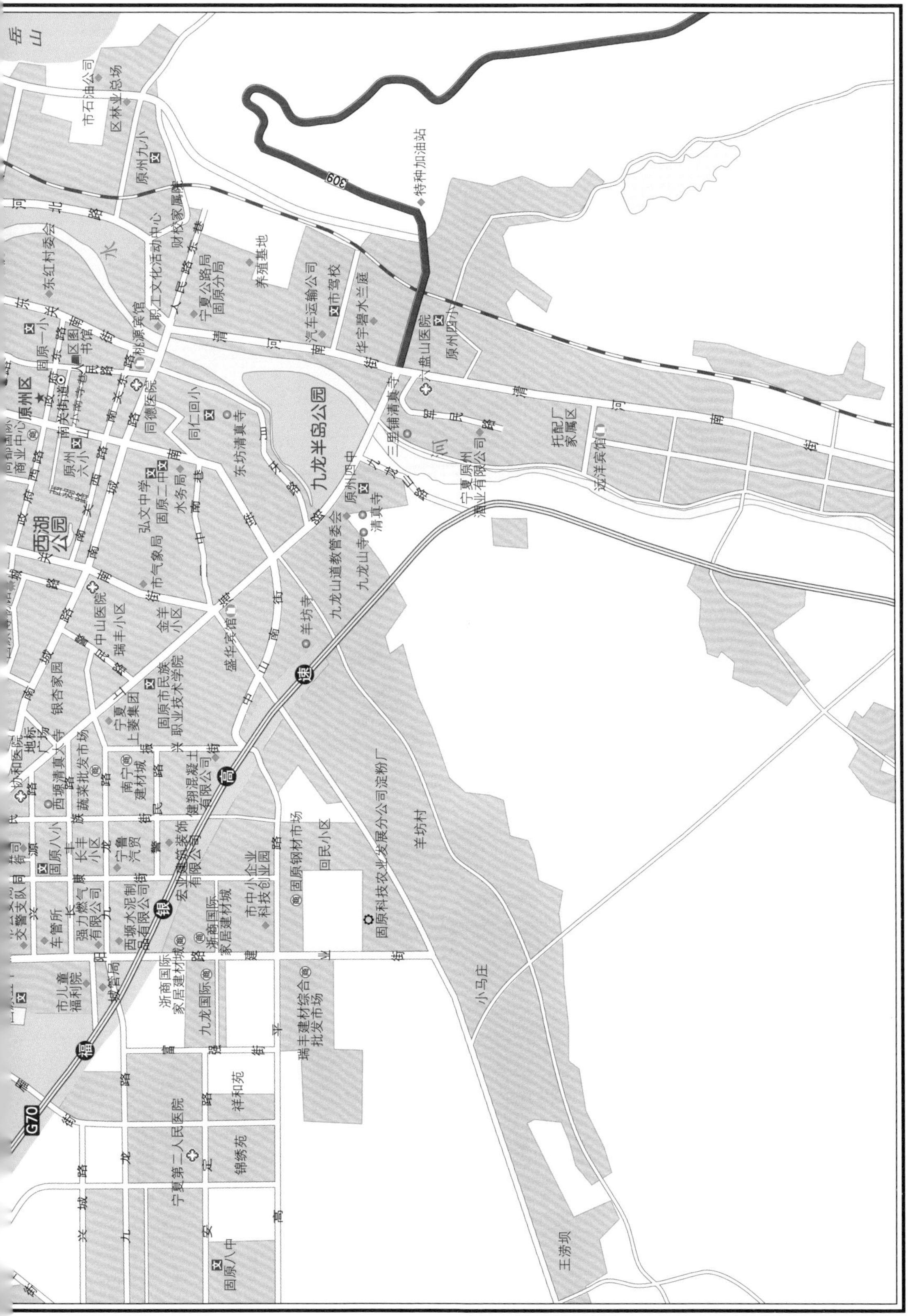

岳山
市石油公司
区林业总场
原州九小
特种加油站
309
东红村委会
职工文化活动中心
财校家属院
宁夏公路局固原分局
养殖基地
汽车运输公司
市驾校
华宇碧水兰庭
原州一小
区图书馆
桃源宾馆
原州区
同德医院
同仁回小
东坊清真寺
九龙半岛公园
六盘山医院
原州四小
三里铺清真寺
托配厂家属区
迎洋宾馆
宁夏原州酒业有限公司
原州四中
清真寺
九龙山寺
九龙山道教管委会
西湖公园
原州六小
弘文中学
固原二中
水务局
市气象局
中山医院
瑞丰小区
金丰小区
盛华宾馆
羊坊寺
银杏家园
宁夏上菱集团
固原市民族职业技术学院
协和医院
西坝清真寺
蔬菜批发市场
南宁建材城
健翔混凝土有限公司
羊坊村
固原八小
长丰小区
宁鲁汽贸
宏业建筑装饰有限公司
固原钢材市场
回民小区
交警支队
车管所
强力燃气有限公司
西城水泥制品有限公司
浙商国际家居建材城
市中小企业科技创业园
固原科技农业发展分公司淀粉厂
市儿童福利院
城管局
浙商国际家居建材城
九龙国际
瑞丰建材综合批发市场
小马庄
祥和苑
锦绣苑
宁夏第二人民医院
固原八中
王涝坝
G70
清河南街
清河北路
人民路
中山南街
政府西路
文化街
富强路
平安路
高
速
银
福

原州区

【地理位置】位于宁夏回族自治区南部，固原市辖区。地理坐标为东经105° 58'～106° 32'，北纬35° 46'～36° 31'。

【人口面积】人口47万，面积3501平方千米。

【地形】为典型的黄土高原地貌，地形复杂多样，东部为黄土丘陵，南部、西部为六盘山山地，中部、北部为清水河河谷平原。境内海拔高度在1450米～2500米之间，市区海拔高度1753.2米。

【河流湖泊】清水河从县城中部流过。

【交通】宝中铁路、福银高速（G70）、344国道纵贯南北，309国道横穿东西，城乡公路网基本形成。

【资源经济】盛产小麦、玉米、马铃薯、胡麻、莜麦、向日葵等，小杂粮、牛羊肉、土豆系列产品、甘草、枸杞、蕨菜、酿酒、铸造等都在宁夏享有盛誉。矿产资源多，煤炭、石灰岩、石英砂、石膏、芒硝等矿产储量丰富。初步形成了煤炭、酿酒、化工、建材、粮油加工、淀粉加工等地方特色的工业门类。

【风景名胜】须弥山石窟国家级风景名胜区、云雾山国家级自然保护区。

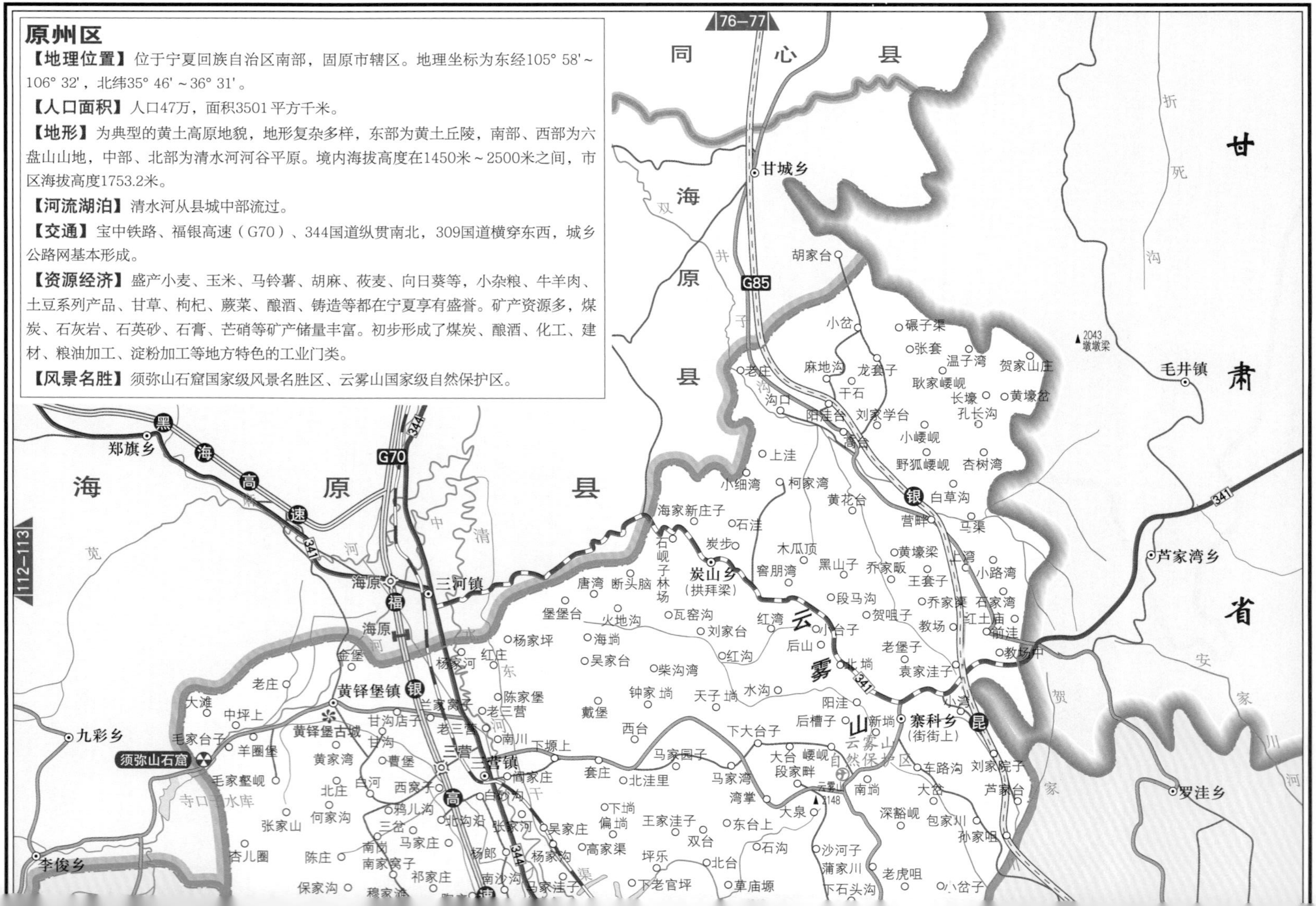

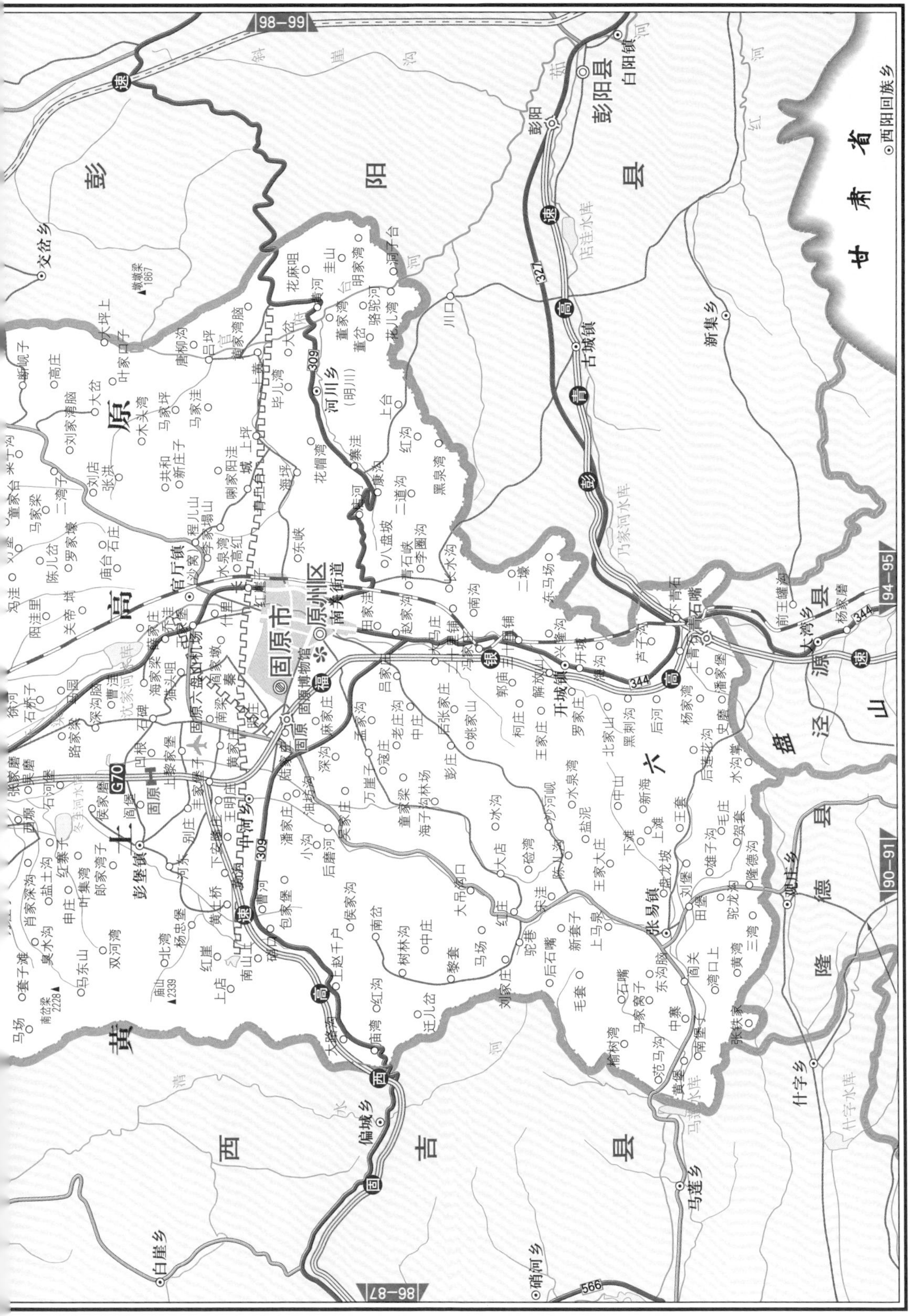

甘肃省
彭阳县
白阳镇
古城镇
新集乡
西阳回族乡
固原市
原州区
南关街道
河川乡
官厅镇
开城镇
中河乡
张易镇
彭堡镇
三营镇
头营镇
交岔乡
偏城乡
马莲乡
硝河乡
白崖乡
什字乡
观庄乡
大湾乡
泾源县
隆德县
西吉县
六盘山
固原博物馆
店洼水库
乃家河水库
什字水库
G70
309
327
344
566
98—99
94—95
90—91
86—87

1∶350 000

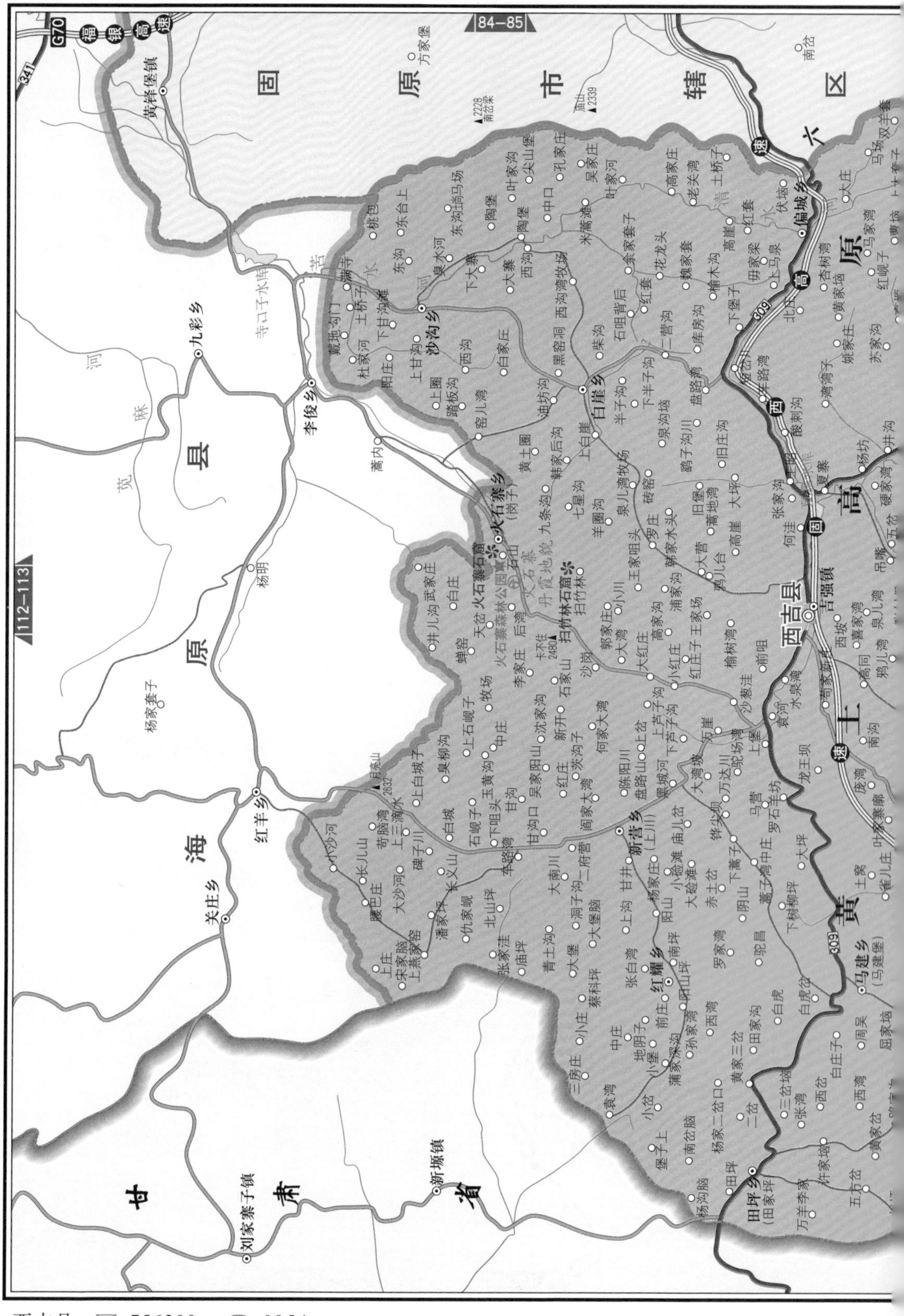
84-85
112-113
G70
福银高速
341
309
固原市辖区
西吉县
海原县
甘肃省
黄铎堡镇
九彩乡
李俊乡
红羊乡
关庄乡
新塬镇
刘家寨子镇
寺口子水库
沙沟乡
偏城乡
白崖乡
火石寨乡
吉强镇
新营乡
红耀乡
田坪乡
马建乡
火石寨石窟
扫竹林石窟
火石寨森林公园
丹霞地貌

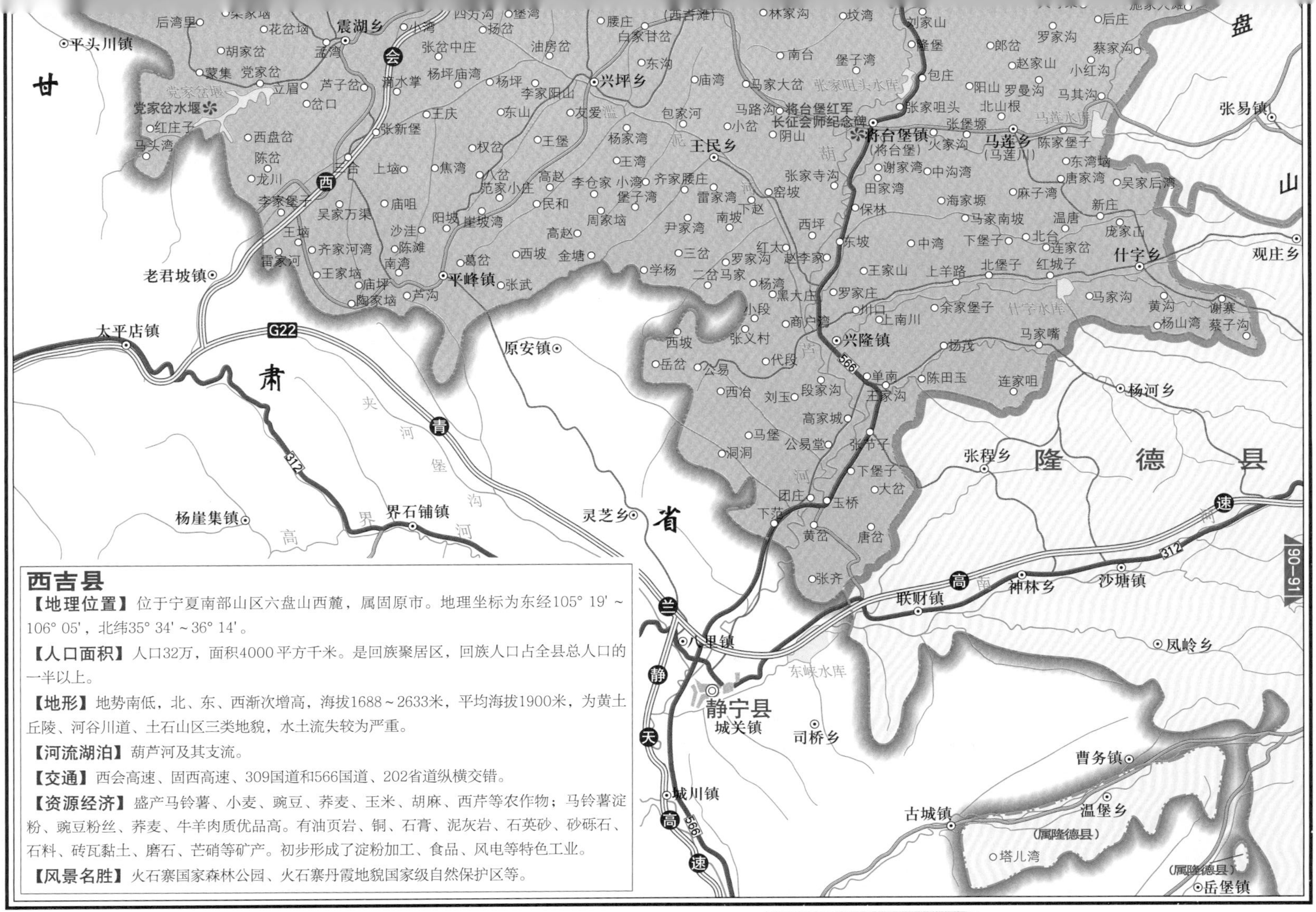

1:350 000

西吉县

【地理位置】位于宁夏南部山区六盘山西麓，属固原市。地理坐标为东经105° 19' ~ 106° 05'，北纬35° 34' ~ 36° 14'。

【人口面积】人口32万，面积4000平方千米。是回族聚居区，回族人口占全县总人口的一半以上。

【地形】地势南低，北、东、西渐次增高，海拔1688 ~ 2633米，平均海拔1900米，为黄土丘陵、河谷川道、土石山区三类地貌，水土流失较为严重。

【河流湖泊】葫芦河及其支流。

【交通】西会高速、固西高速、309国道和566国道、202省道纵横交错。

【资源经济】盛产马铃薯、小麦、豌豆、荞麦、玉米、胡麻、西芹等农作物；马铃薯淀粉、豌豆粉丝、荞麦、牛羊肉质优品高。有油页岩、铜、石膏、泥灰岩、石英砂、砂砾石、石料、砖瓦黏土、磨石、芒硝等矿产。初步形成了淀粉加工、食品、风电等特色工业。

【风景名胜】火石寨国家森林公园、火石寨丹霞地貌国家级自然保护区等。

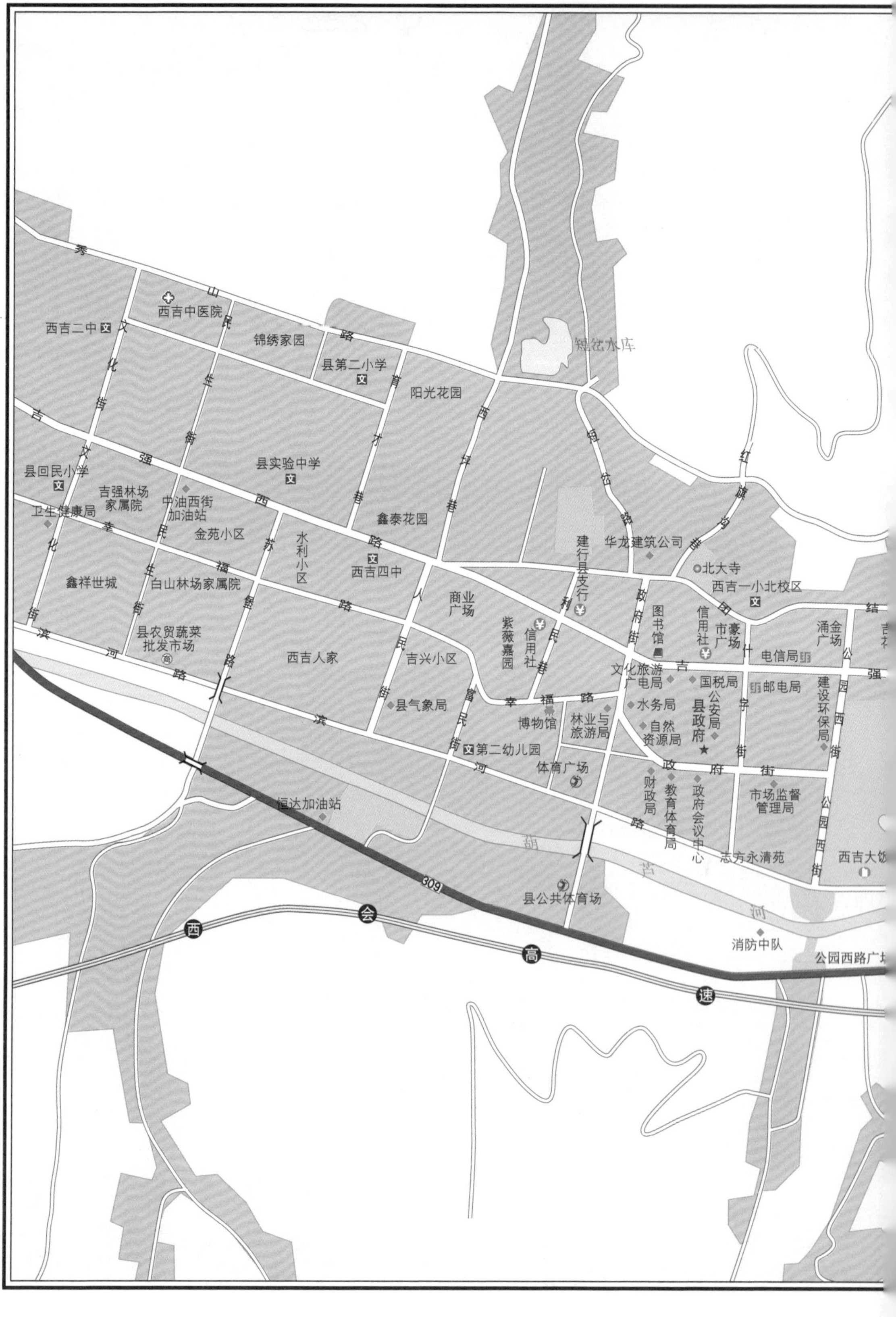
西吉中医院
西吉二中
锦绣家园
县第二小学
阳光花园
县回民小学
吉强林场
家属院
中油西街
加油站
县实验中学
鑫泰花园
卫生健康局
金苑小区
水利小区
西吉四中
鑫祥世城
白山林场家属院
商业
广场
建行县支行
华龙建筑公司
北大寺
西吉一小北校区
图书馆
信用社
市豪广场
涌金广场
紫薇嘉园
信用社
县农贸蔬菜
批发市场
西吉人家
吉兴小区
电信局
文化旅游
广电局
国税局
公安局
邮电局
建设环保局
县气象局
博物馆
林业与
旅游局
水务局
自然
资源局
县政府
第二幼儿园
体育广场
财政局
教育体育局
政府会议中心
市场监督
管理局
恒达加油站
志方永清苑
西吉大饭
县公共体育场
消防中队
公园西路广场
309
西会高速
秀山民路
文化街
民生街
育才巷
西坪巷
吉强西路
苏堡路
人民街
富民街
政府街
红旗巷
公园西街
滨河路
幸福路
葫芦河

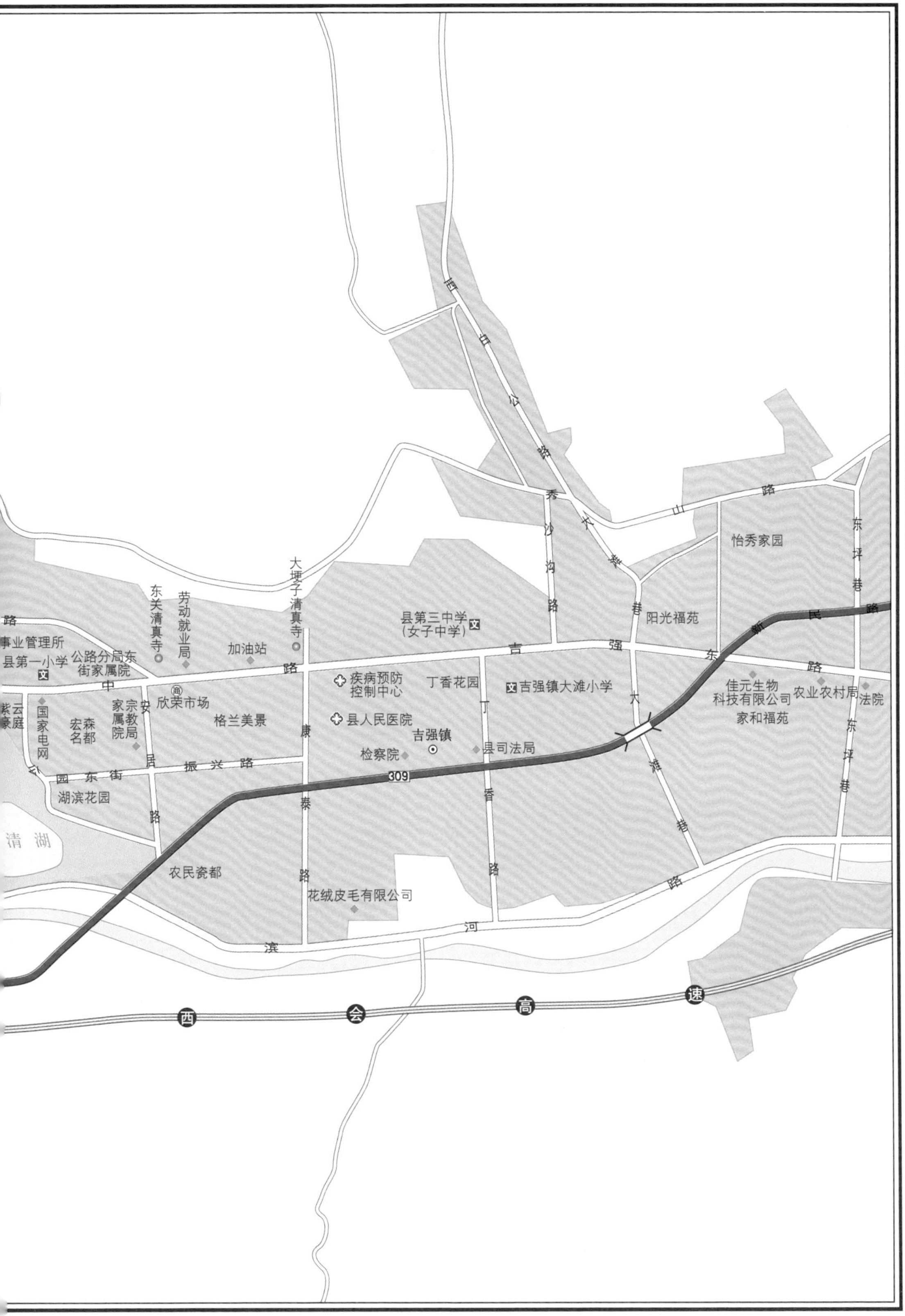
事业管理所
县第一小学
公路分局东街家属院
东关清真寺
劳动就业局
加油站
大埂子清真寺
县第三中学
(女子中学)
吉强东路
中
欣荣市场
安居路
宗教局家属院
宏森名都
国家电网
紫云豪庭
格兰美景
振兴路
园东街
湖滨花园
清湖
农民瓷都
疾病预防控制中心
县人民医院
吉强镇
检察院
309
康泰路
丁香花园
丁香路
县司法局
吉强镇大滩小学
花绒皮毛有限公司
滨河路
西会高速
秀沙沟路
大滩巷
怡秀家园
阳光福苑
新民路
东坪巷
佳元生物科技有限公司
农业农村局
法院
家和福苑

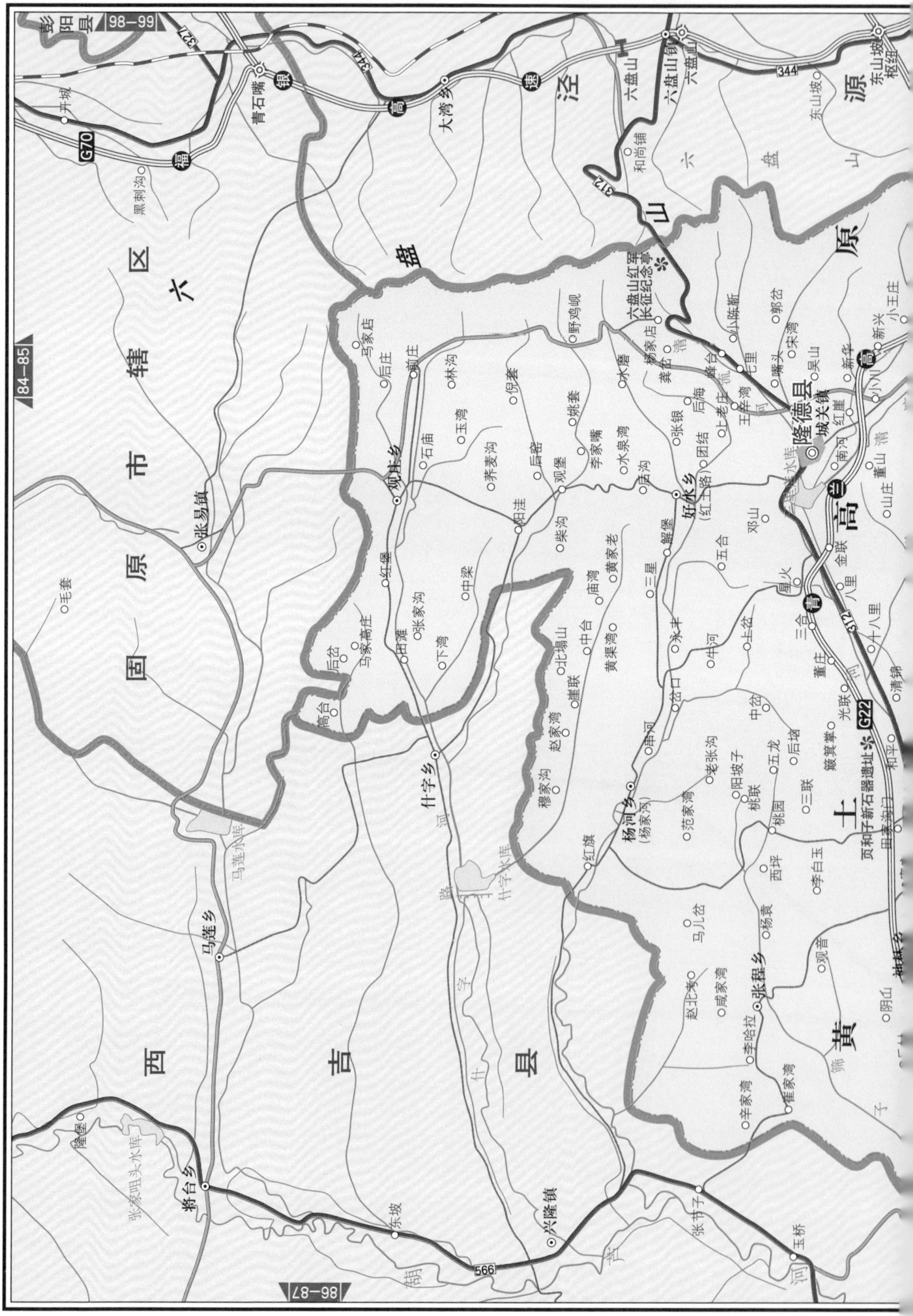
彭阳县
98—99
84—85
86—87
固原市原州区
六盘山
泾源县
西吉县
静宁县
隆德县
城关镇
观庄乡
好水乡
(红土路)
杨河乡
(杨家河)
张程乡
沙塘镇
神林乡
什字乡
兴隆镇
将台乡
马莲乡
张易镇
大湾乡
青石嘴
开城
黑刺沟
和尚铺
六盘山镇
东山坡
毛套
马莲水库
什字水库
张家咀头水库
三里店水库
六盘山红军长征纪念亭
页和子新石器遗址
野鸡岘
杨家店
马家店
后庄
前庄
林沟
倪套
石庙
王湾
茅麦沟
后窑
观堡
姚套
李家嘴
水泉湾
水磨
张银
后海
团结
后沟
庙湾
黄家老
三星
解堡
五合
邓山
红堡
张家沟
中梁
马家高庄
后岔
田滩
下湾
高台
北塬山
中台
黄渠湾
崖联
赵家湾
串河
岔口
牛河
上岔
永丰
阳洼
柴沟
穆家沟
红旗
范家湾
老张沟
阳坡子
五龙
后堎
三联
桃园
西坪
李白王
马儿岔
杨袁
赵北孝
咸家湾
李哈拉
辛家湾
崔家湾
观音
阴山
隆堡
东坡
张节子
王桥
小陈新
郭岔
宋湾
七里
吴山
嘴头
王伞湾
上老庄
新华
新兴
小王庄
红星
南河
童山
山庄
金联
八里
十八里
三合
董庄
光联
清锦
和平
中岔
簸箕掌
田家沟门
清凉
渝河
344
312
G70
G22
566
葫芦河

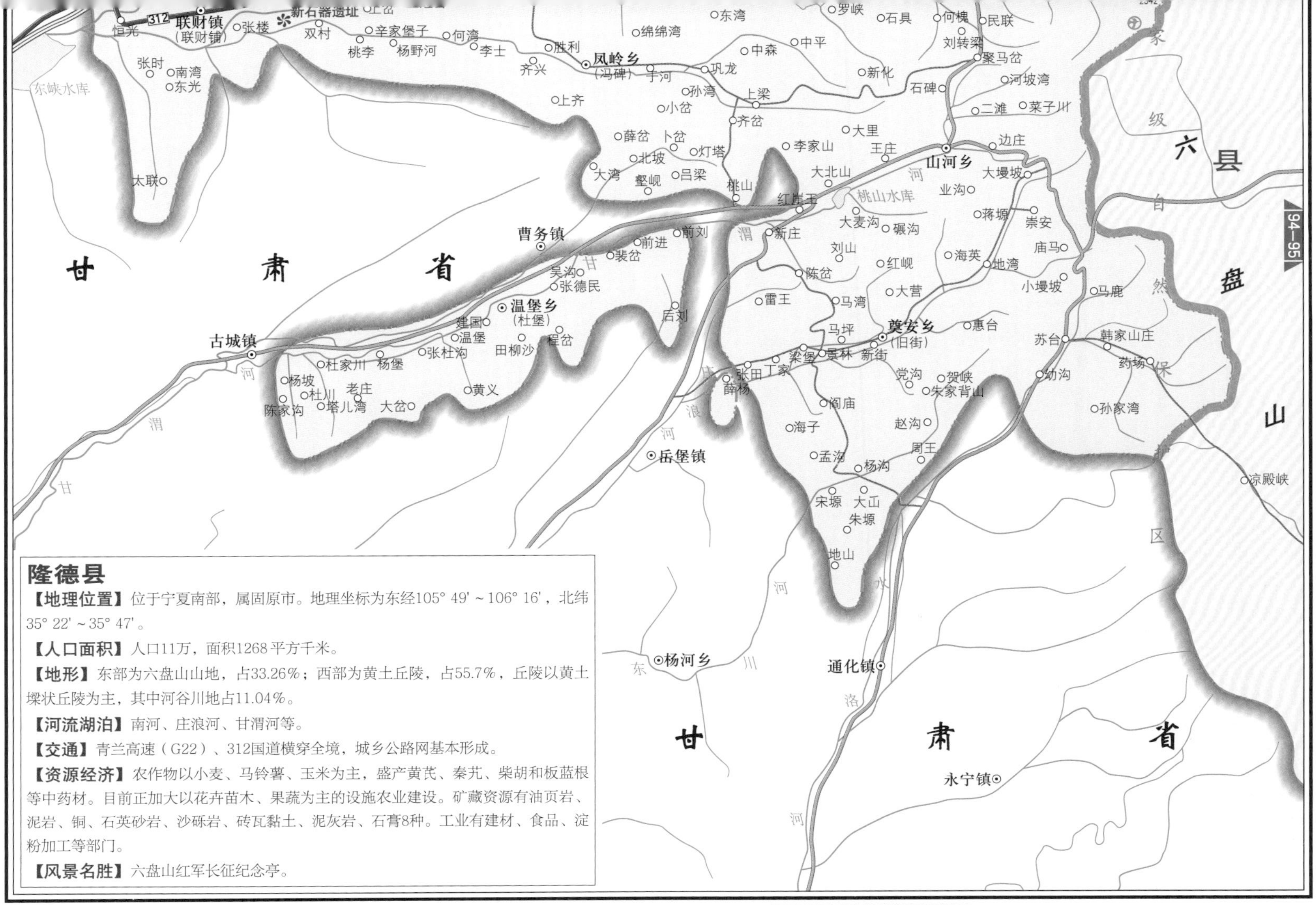

隆德县

【地理位置】 位于宁夏南部，属固原市。地理坐标为东经105° 49′～106° 16′，北纬35° 22′～35° 47′。

【人口面积】 人口11万，面积1268平方千米。

【地形】 东部为六盘山山地，占33.26%；西部为黄土丘陵，占55.7%，丘陵以黄土墚状丘陵为主，其中河谷川地占11.04%。

【河流湖泊】 南河、庄浪河、甘渭河等。

【交通】 青兰高速（G22）、312国道横穿全境，城乡公路网基本形成。

【资源经济】 农作物以小麦、马铃薯、玉米为主，盛产黄芪、秦艽、柴胡和板蓝根等中药材。目前正加大以花卉苗木、果蔬为主的设施农业建设。矿藏资源有油页岩、泥岩、铜、石英砂岩、沙砾岩、砖瓦黏土、泥灰岩、石膏8种。工业有建材、食品、淀粉加工等部门。

【风景名胜】 六盘山红军长征纪念亭。

1:220 000

县政府
隆德县职教中心
312
林业局家属院
邮电光缆巡房
民政福利招待
隆德县人民医院
西北药材公司
交通局
县中心汽车
城关农村信用社
三山公园
渝
渝
河
西域商务
兴隆超市
解
渝河商贸广场
文
隆德县第二小学
乐
老干部活动中心
渝
河
路
长
县幼儿园
育
扶贫办
商务和工业局
劲霸男装
放
信用联社
华天
金湖兰庭
昌
武汉商贸城
星光购物广场
加油站
财政局
路
教育体育局
电信局
民
百货大楼
科技局
才
新世纪购物城
新华书店
六盘山隆德博物馆
人
西花苑小区
人寿保险
隆德县第三中学
街
中央名都
人行县
街
三山府邸
才子家园
巷
蒙娜丽莎摄影
隆德西苑
检察院
路
建行县支行
农行县支行
泉
家畜医院
中国人民保险公司营业部
卫生健康
观
国税局商住楼
文
粮油销售公司
粮食局
巨能热力公司
育
西花苑南区
食苑小区
解
火芙蓉火锅城
才
二建公司
G22
县二幼
昌
城关镇
信用社家属院
巷
福
巷
公路管理段
青
开源煤炭公司
技术监督局
街
疾控中心
兰
南凤嘉园
书香
岚风酒厂
高
露露家私城
隆德县中医院
速
运营所
六盘山药业基地

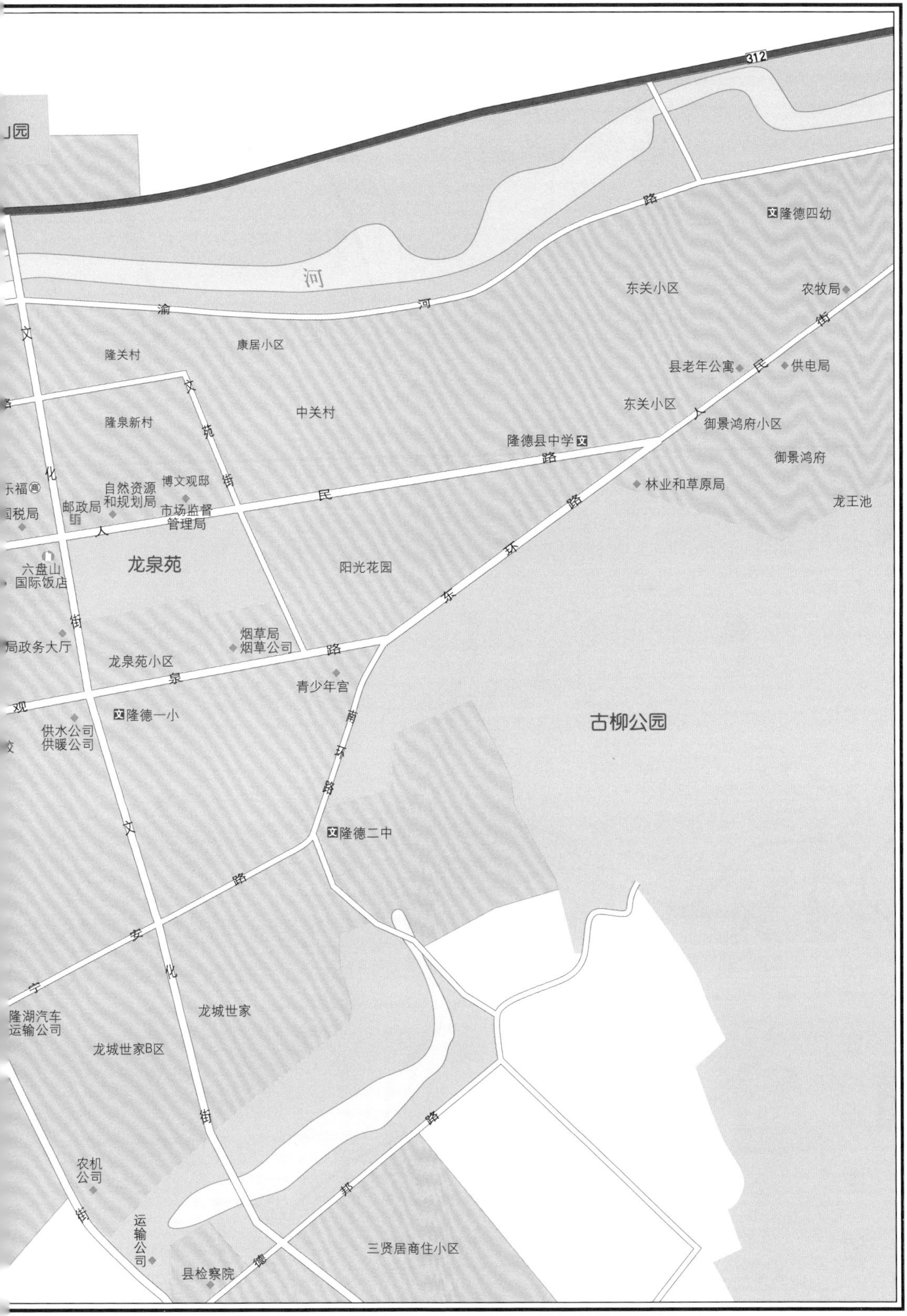
312
隆德四幼
河
东关小区
农牧局
渝河路
文化街
隆关村
康居小区
县老年公寓
供电局
人民街
东关小区
中关村
隆泉新村
御景鸿府小区
隆德县中学
御景鸿府
文苑街
自然资源和规划局
博文观邸
林业和草原局
龙王池
邮政局
市场监督管理局
人民路
六盘山国际饭店
龙泉苑
阳光花园
东环路
烟草局
烟草公司
龙泉苑小区
泉路
青少年宫
隆德一小
供水公司
供暖公司
古柳公园
南环路
隆德二中
宁安路
隆湖汽车运输公司
龙城世家
龙城世家B区
农机公司
运输公司
县检察院
德邦路
三贤居商住小区

固原市

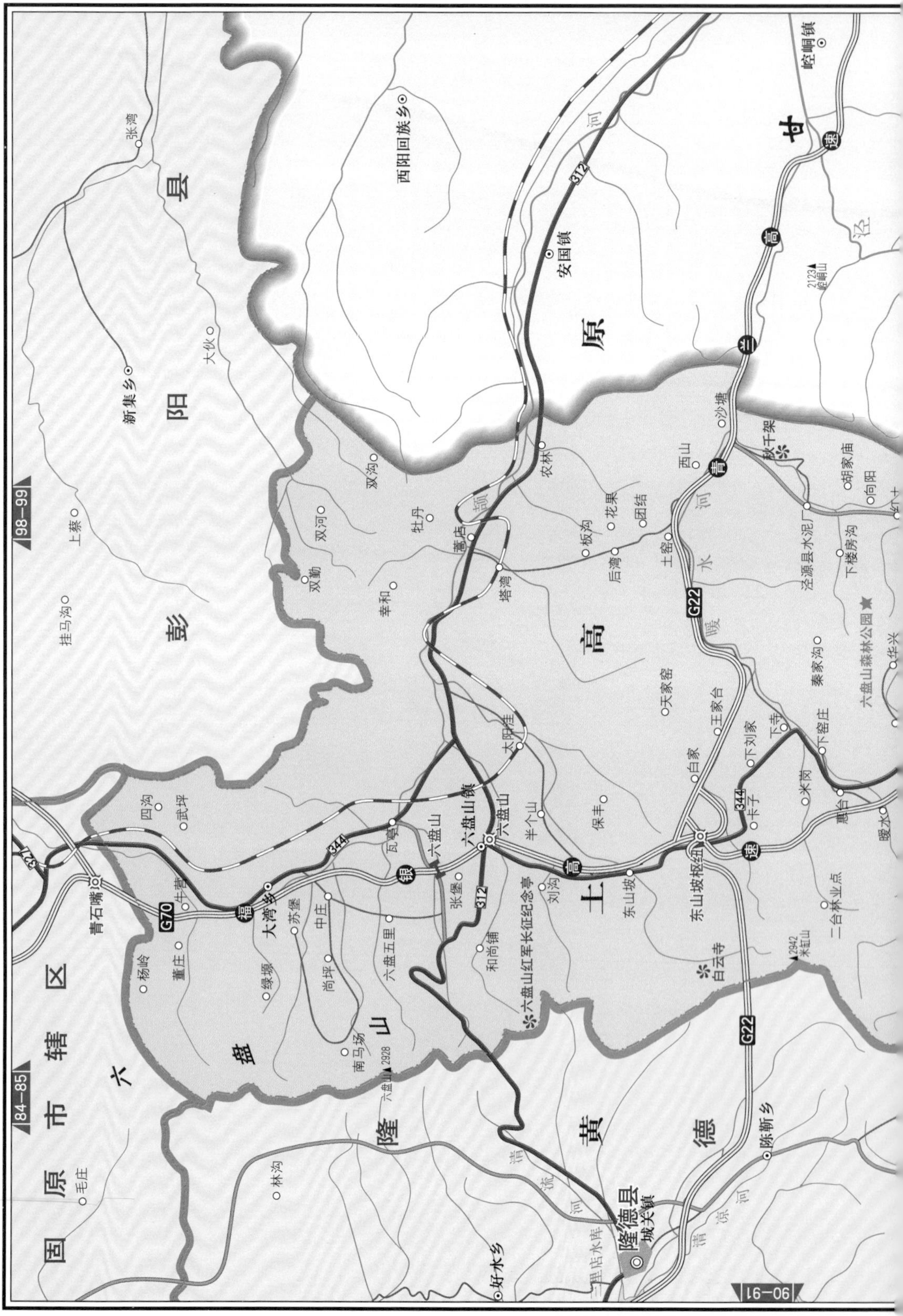

固原市辖区
彭阳县
原
高
土
黄
德
隆
六盘山
甘
西阳回族乡
安国镇
崆峒镇
张湾
新集乡
大伙
上蔡
挂马沟
双沟
双河
双勤
牡丹
幸和
蒿店
颉
农林
板沟
花果
团结
后湾
塔湾
土窑
西山
沙塘
秋千架
胡家庙
向阳
泾源县水泥厂
下楼房沟
六盘山森林公园
秦家沟
华兴
天家窑
王家台
下寺
下刘家
下窑庄
太阳庄
白家
米岗
卡子
惠台
暖水
保丰
半个山
六盘山镇
六盘山
瓦亭
四沟
武坪
青石嘴
牛营
大湾乡
苏堡
中庄
张堡
刘沟
东山坡
东山坡枢纽
二台林业点
白云寺
米缸山 2942
六盘王里
和尚铺
六盘山红军长征纪念亭
杨岭
董庄
绿塬
尚坪
南马场
六盘山 2928
崆峒山 2123
毛庄
林沟
好水乡
三里店水库
隆德县
城关镇
陈靳乡
清流河
清凉河
泾河
暖水河
G70
G22
312
344
98–99
84–85
90–91

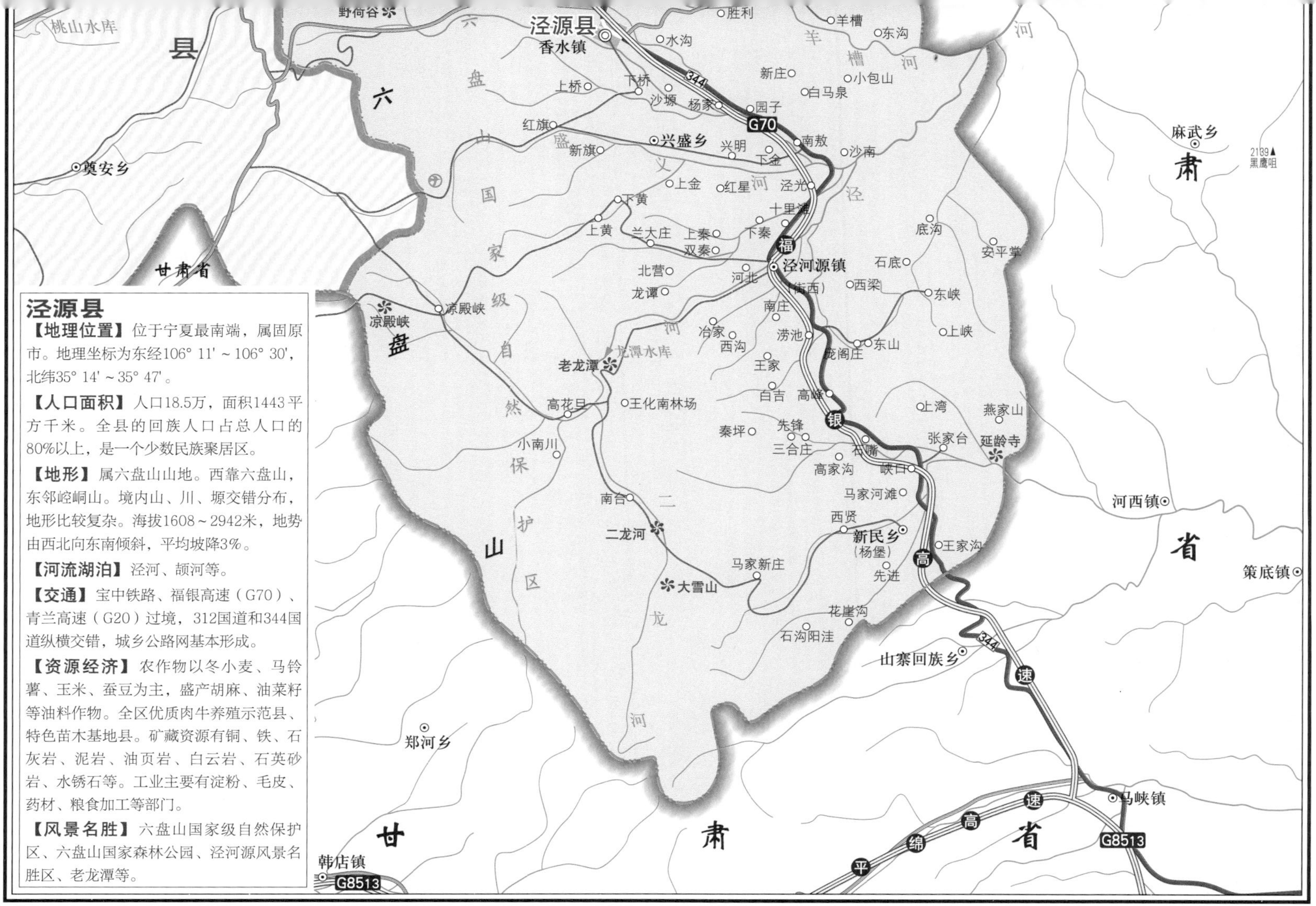

泾源县

【地理位置】位于宁夏最南端，属固原市。地理坐标为东经106° 11' ~ 106° 30'，北纬35° 14' ~ 35° 47'。

【人口面积】人口18.5万，面积1443平方千米。全县的回族人口占总人口的80%以上，是一个少数民族聚居区。

【地形】属六盘山山地。西靠六盘山，东邻崆峒山。境内山、川、塬交错分布，地形比较复杂。海拔1608 ~ 2942米，地势由西北向东南倾斜，平均坡降3%。

【河流湖泊】泾河、颉河等。

【交通】宝中铁路、福银高速（G70）、青兰高速（G20）过境，312国道和344国道纵横交错，城乡公路网基本形成。

【资源经济】农作物以冬小麦、马铃薯、玉米、蚕豆为主，盛产胡麻、油菜籽等油料作物。全区优质肉牛养殖示范县、特色苗木基地县。矿藏资源有铜、铁、石灰岩、泥岩、油页岩、白云岩、石英砂岩、水锈石等。工业主要有淀粉、毛皮、药材、粮食加工等部门。

【风景名胜】六盘山国家级自然保护区、六盘山国家森林公园、泾河源风景名胜区、老龙潭等。

1:220 000

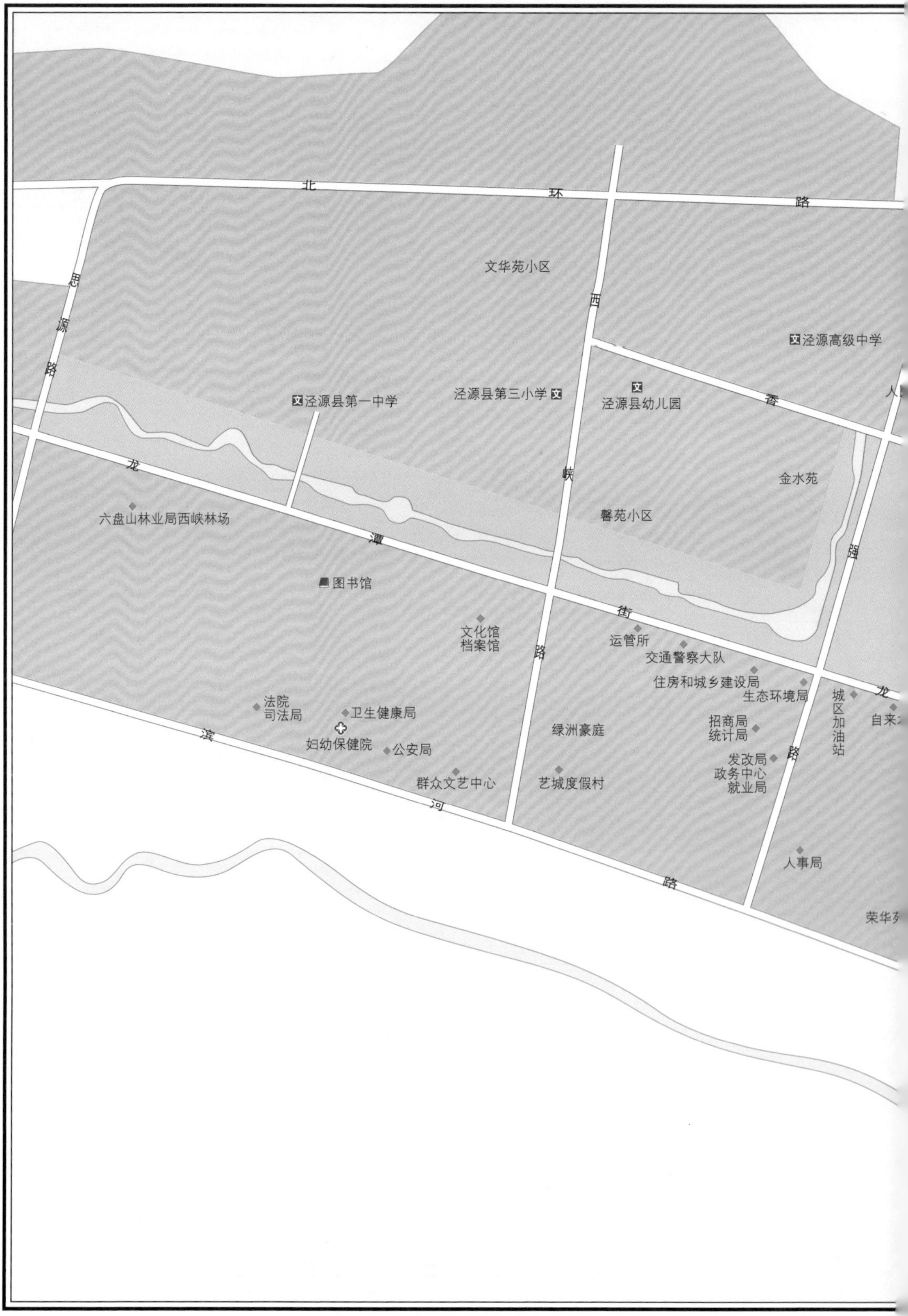
北环路
思源路
西峡路
香
人
强
龙潭街
龙
滨河路
路
文华苑小区
泾源高级中学
泾源县第一中学
泾源县第三小学
泾源县幼儿园
金水苑
馨苑小区
六盘山林业局西峡林场
图书馆
文化馆
档案馆
运管所
交通警察大队
住房和城乡建设局
生态环境局
城区加油站
自来
法院
司法局
卫生健康局
妇幼保健院
公安局
绿洲豪庭
招商局
统计局
发改局
政务中心
就业局
群众文艺中心
艺城度假村
人事局
荣华

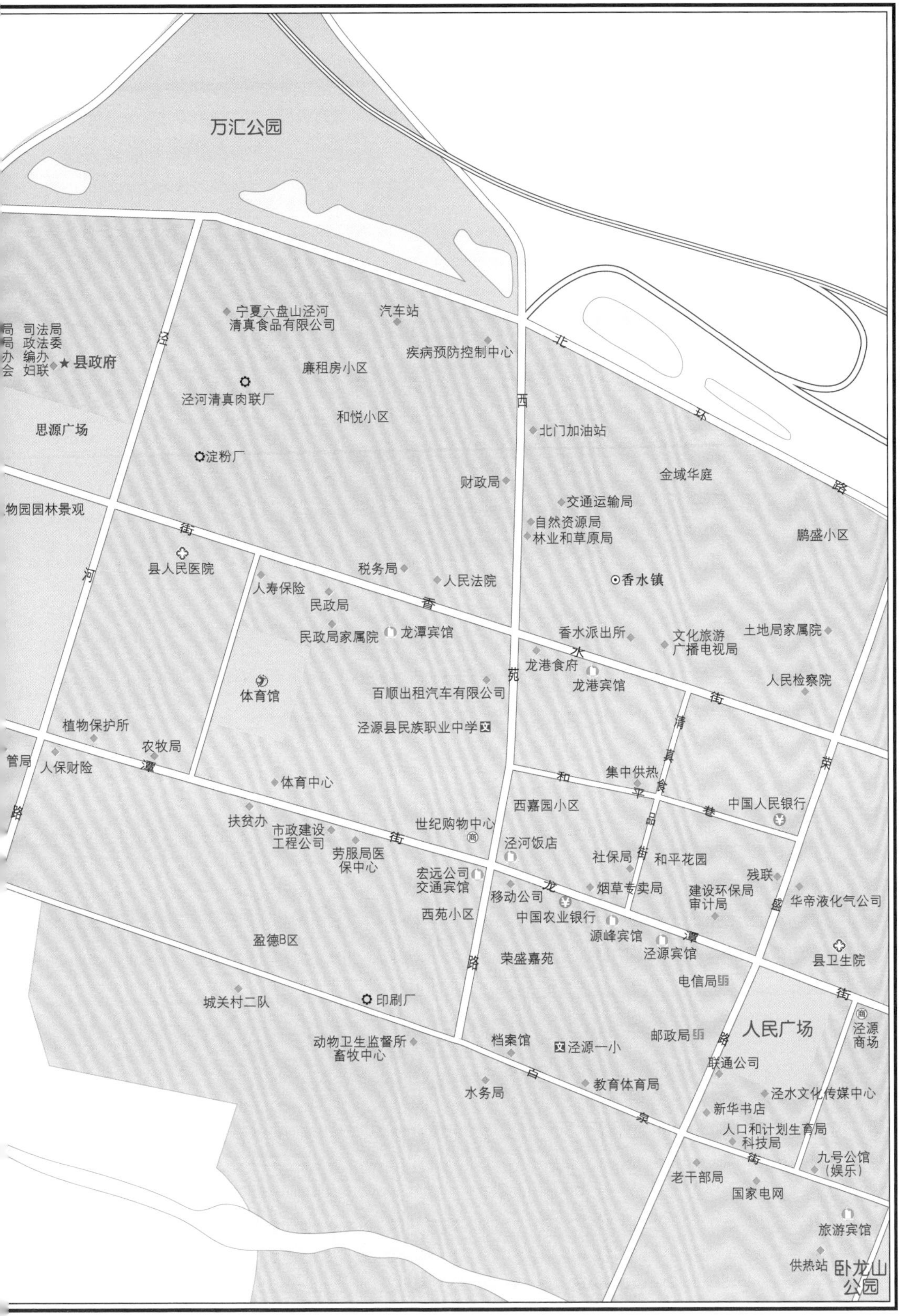
万汇公园
宁夏六盘山泾河清真食品有限公司
汽车站
司法局
政法委
编办
妇联
县政府
疾病预防控制中心
廉租房小区
泾河清真肉联厂
和悦小区
思源广场
北门加油站
淀粉厂
财政局
金域华庭
交通运输局
物园园林景观
自然资源局
林业和草原局
鹏盛小区
县人民医院
税务局
人民法院
香水镇
人寿保险
民政局
民政局家属院
龙潭宾馆
香水派出所
文化旅游广播电视局
土地局家属院
龙港食府
龙港宾馆
人民检察院
体育馆
百顺出租汽车有限公司
植物保护所
泾源县民族职业中学
农牧局
集中供热
管局
人保财险
体育中心
西嘉园小区
中国人民银行
扶贫办
市政建设工程公司
世纪购物中心
劳服局医保中心
泾河饭店
社保局
和平花园
宏远公司
交通宾馆
残联
烟草专卖局
建设环保局
审计局
华帝液化气公司
移动公司
西苑小区
中国农业银行
源峰宾馆
盈德B区
泾源宾馆
荣盛嘉苑
县卫生院
电信局
城关村二队
印刷厂
人民广场
泾源商场
邮政局
动物卫生监督所
畜牧中心
档案馆
泾源一小
联通公司
水务局
教育体育局
泾水文化传媒中心
新华书店
人口和计划生育局
科技局
九号公馆（娱乐）
老干部局
国家电网
旅游宾馆
供热站
卧龙山公园
北环路
西苑路
泾河路
香水街
龙潭街
清真巷
和平巷
品街
荣盛路
白泉街

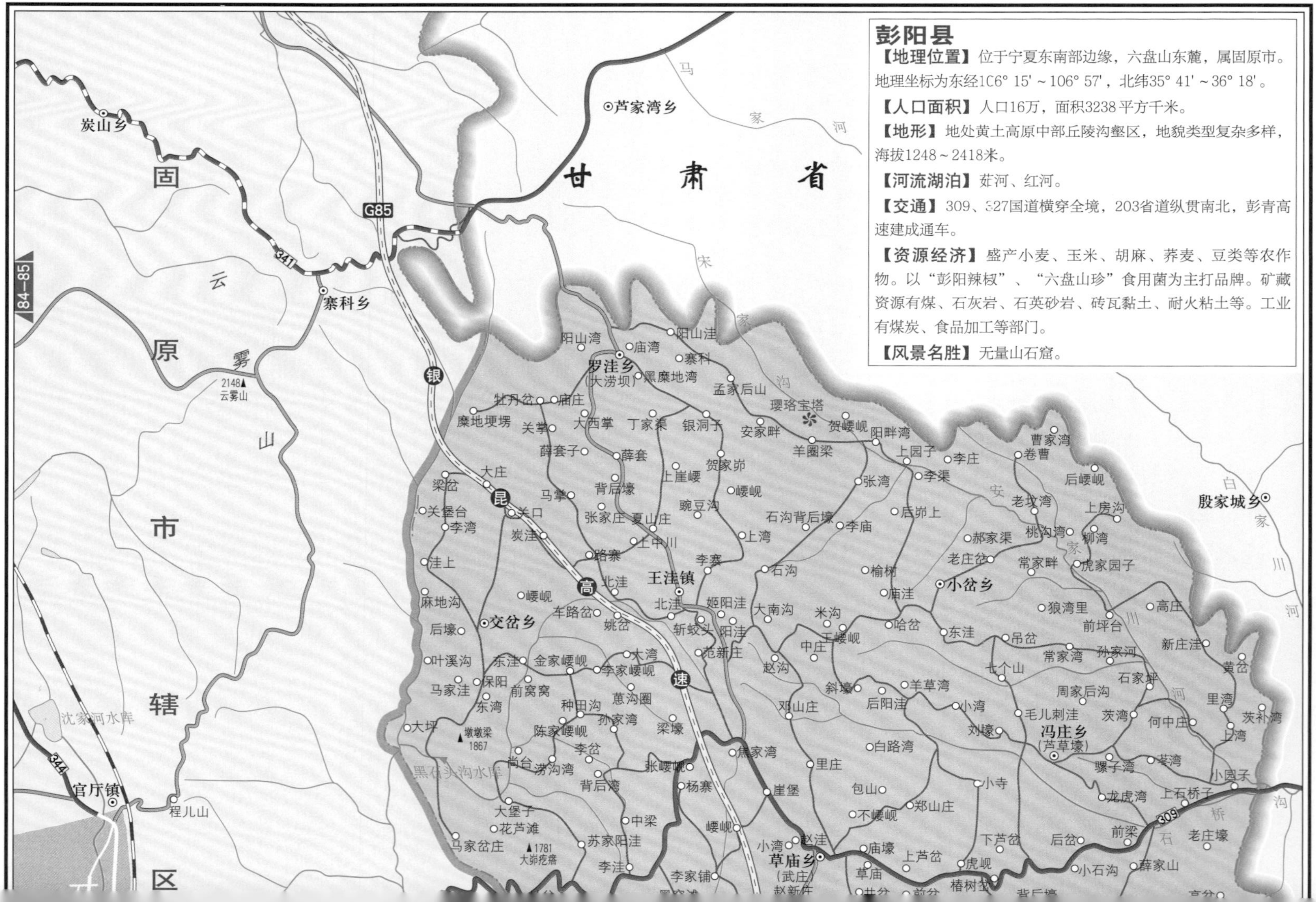

彭阳县

【地理位置】位于宁夏东南部边缘，六盘山东麓，属固原市。地理坐标为东经1C6° 15' ~ 106° 57'，北纬35° 41' ~ 36° 18'。

【人口面积】人口16万，面积3238平方千米。

【地形】地处黄土高原中部丘陵沟壑区，地貌类型复杂多样，海拔1248 ~ 2418米。

【河流湖泊】茹河、红河。

【交通】309、327国道横穿全境，203省道纵贯南北，彭青高速建成通车。

【资源经济】盛产小麦、玉米、胡麻、荞麦、豆类等农作物。以“彭阳辣椒”、“六盘山珍”食用菌为主打品牌。矿藏资源有煤、石灰岩、石英砂岩、砖瓦黏土、耐火粘土等。工业有煤炭、食品加工等部门。

【风景名胜】无量山石窟。

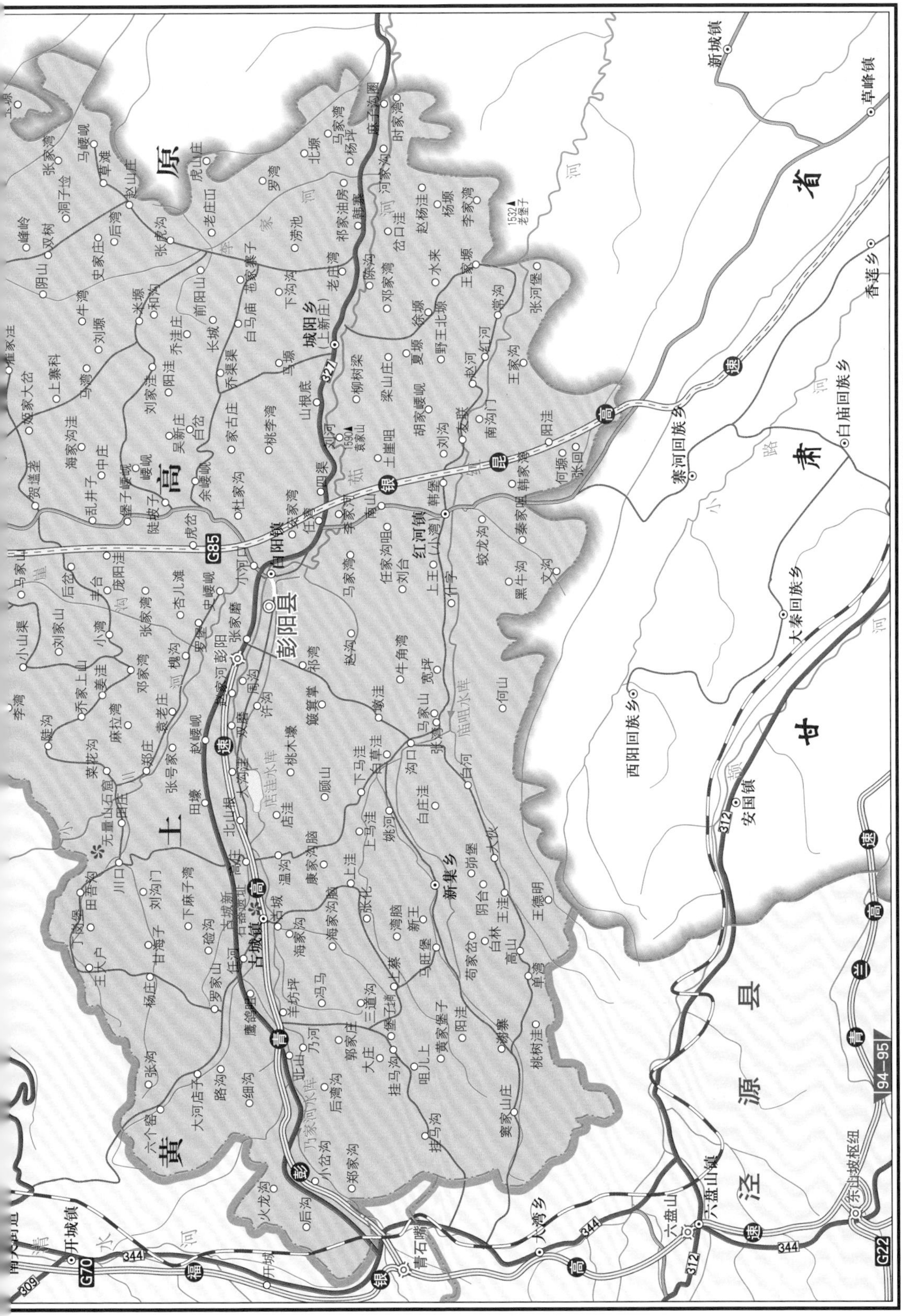
彭阳县
古城镇
白阳镇
城阳乡
红河镇
新集乡
草庙乡
孟塬乡
冯庄乡
小岔乡
交岔乡
王洼镇
黄土高原
泾源县
六盘山镇
新城镇
草峰镇
香莲乡
寨河回族乡
白庙回族乡
大秦回族乡
西阳回族乡
安国镇
开城镇
大湾乡
青石嘴
东山坡枢纽
甘肃省
店洼水库
乃河水库
庙阳水库
1532 老堡子
1690 袁家山
G85
G70
G22
327
312
309
344
94—95

1:310 000

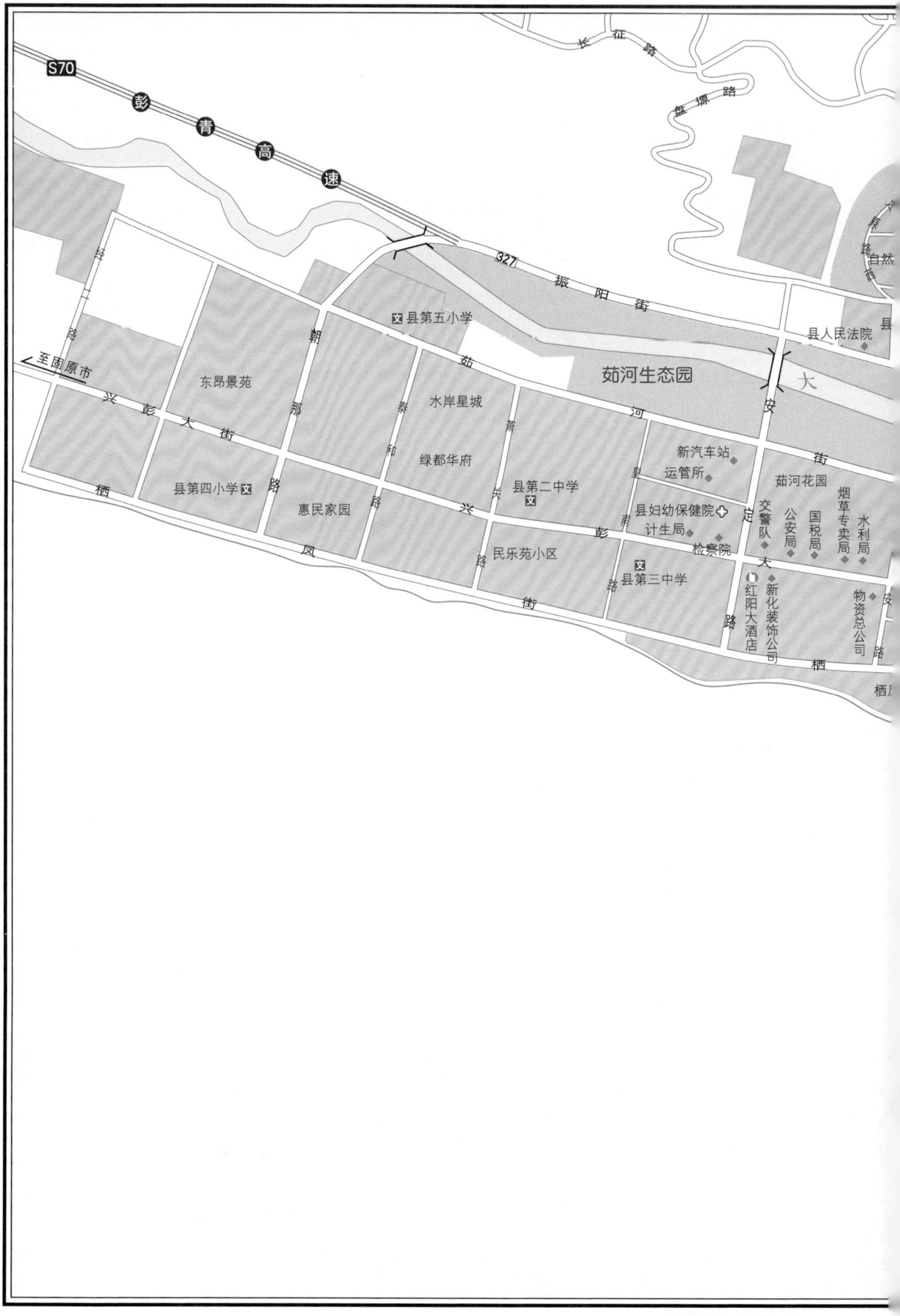
S70
彭青高速
长征路
盘塬路
327
振阳街
县第五小学
茹河生态园
县人民法院
自然
经二路
至固原市
东昂景苑
朝那路
水岸星城
茹河
兴彭大街
县第四小学
惠民家园
绿都华府
县第二中学
新汽车站
运管所
茹河花园
县妇幼保健院
计生局
检察院
交警队
公安局
国税局
烟草专卖局
水利局
民乐苑小区
县第三中学
红阳大酒店
新化装饰公司
物资总公司
栖凤街
安定路

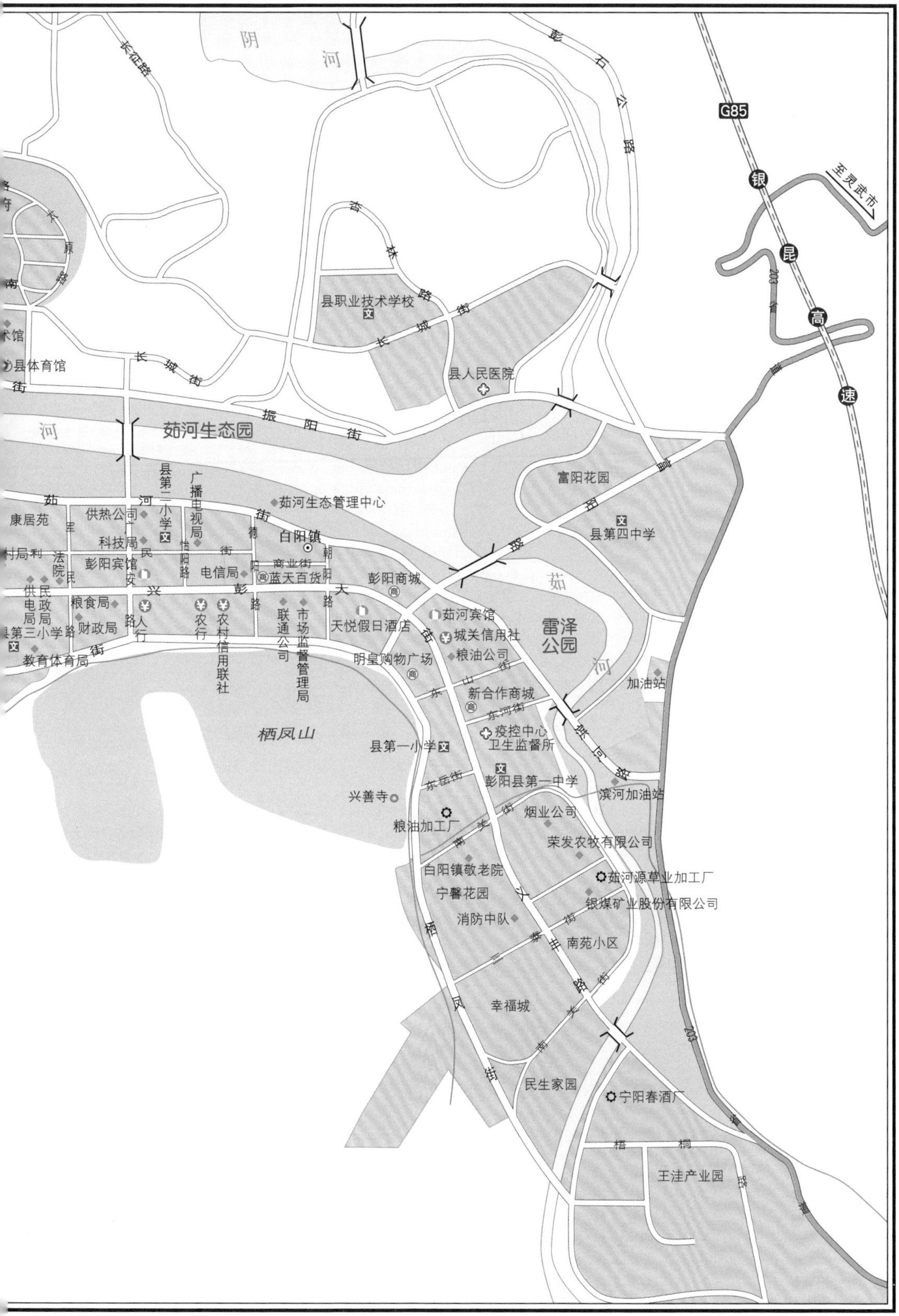

阴河
长征路
彭石公路
G85
至灵武市
银昆高速
203省道
县职业技术学校
杏林路
长城街
县人民医院
县体育馆
茹河生态园
振阳街
富阳路
富阳花园
县第四中学
茹河生态管理中心
茹河街
县第二小学
广播电视局
康居苑
供热公司
科技局
白阳镇
朝阳路
商业街
彭阳宾馆
电信局
蓝天百货
彭阳商城
兴民路
安民路
怡阳路
德阳路
法院
粮食局
财政局
县第三小学
教育体育局
人行
农行
农村信用联社
联通公司
市场监督管理局
彭阳大街
天悦假日酒店
茹河宾馆
城关信用社
粮油公司
明皇购物广场
雷泽公园
茹河
加油站
新合作商城
东山街
东河街
疫控中心
卫生监督所
栖凤山
县第一小学
彭阳县第一中学
东岳街
滨河加油站
兴善寺
粮油加工厂
烟业公司
荣发农牧有限公司
白阳镇敬老院
茹河源草业加工厂
宁馨花园
银煤矿业股份有限公司
消防中队
南苑小区
栖凤街
幸福城
南长街
民生家园
宁阳春酒厂
梧桐
王洼产业园

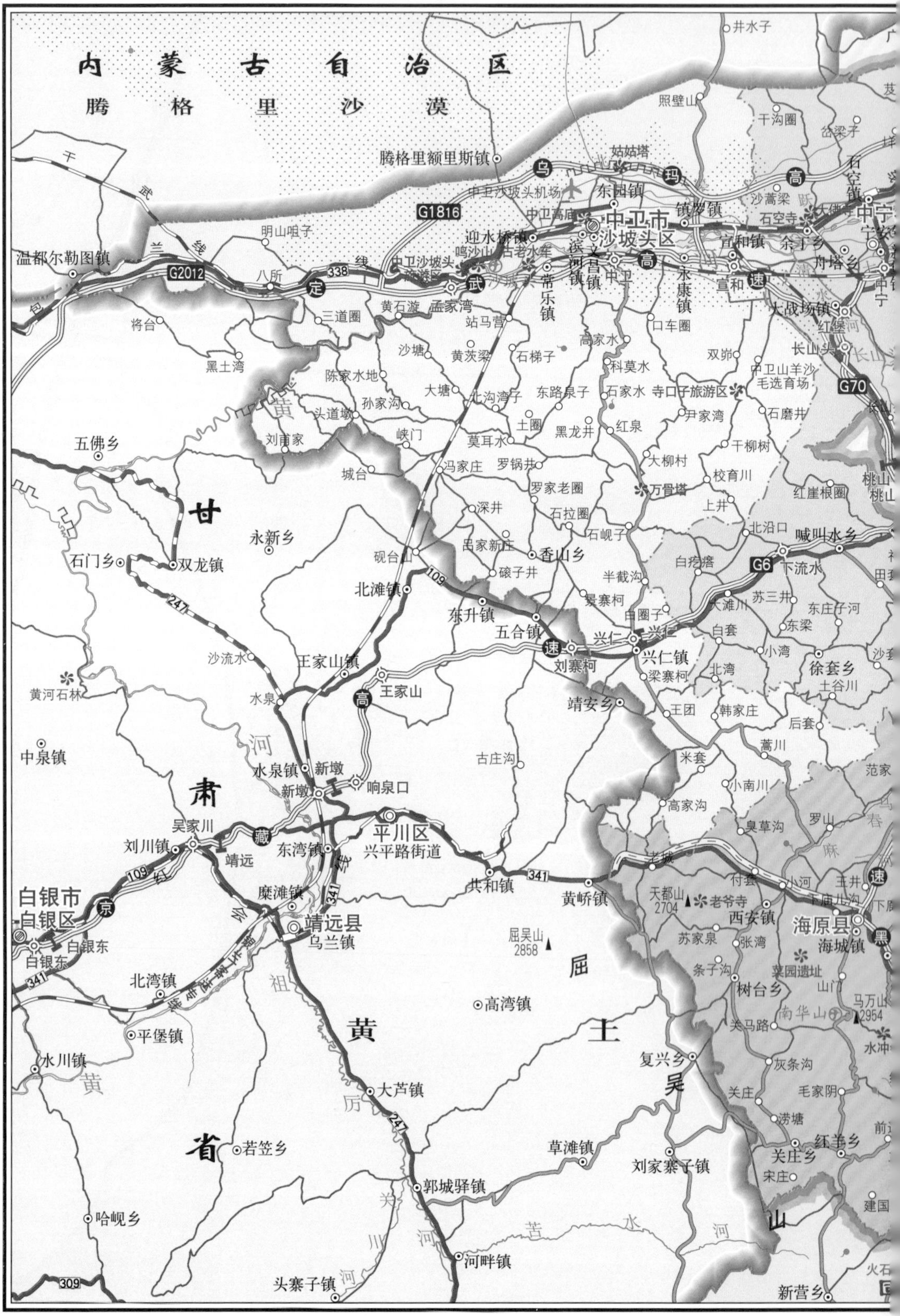
内蒙古自治区
腾格里沙漠
腾格里额里斯镇
井水子
照壁山
干沟圈
岔梁子
姑姑塔
中卫沙坡头机场
东园镇
中卫市
沙坡头区
镇罗镇
沙蒿梁
石空寺
宣和镇
余丁乡
宣和
大战场镇
中卫高庙
迎水桥镇
鸣沙山
古老水车
中卫沙坡头旅游区
滨河镇
文昌镇
中卫
常乐镇
永康镇
G1816
G2012
338
温都尔勒图镇
明山咀子
八所
三道圈
黄石漩
孟家湾
站马营
将台
黑土湾
沙塘
黄茨梁
石梯子
高家水
科莫水
口车圈
双峁
中卫山羊沙毛选育场
长山头
红堡
陈家水地
大塘
北沟湾子
东路泉子
石家水
寺口子旅游区
孙家沟
头道墩
土圈
黑龙井
红泉
尹家湾
石磨井
G70
刘亩家
峡门
莫耳水
大柳村
干柳树
五佛乡
城台
冯家庄
罗锅井
罗家老圈
万骨塔
校育川
红崖根圈
深井
石拉圈
上井
甘
永新乡
石岘子
北沿口
喊叫水乡
石门乡
双龙镇
砚台山
田家新庄
香山乡
白疙瘩
G6
下流水
碱子井
半截沟
北滩镇
109
景寨柯
苏三井
大滩川
东庄子河
247
东升镇
五合镇
白圈子
兴仁
兴仁镇
白套
东梁
小湾
刘寨柯
梁寨柯
北湾
徐套乡
沙流水
王家山镇
王家山
靖安乡
黄河石林
土谷川
水泉
王团
韩家庄
后套
蒿川
河
中泉镇
古庄沟
米套
范家
小南川
水泉镇
新墩
响泉口
肃
高家沟
罗山
吴家川
平川区
兴平路街道
臭草沟
刘川镇
靖远
东湾镇
老城
付套
小河
王井
海原县
共和镇
341
黄峤镇
天都山
2704
老爷寺
西安镇
白银市
白银区
京
糜滩镇
靖远县
乌兰镇
屈吴山
2858
苏家泉
张湾
海城镇
白银东
屈
条子沟
菜园遗址
山门
北湾镇
树台乡
马万山
2954
南华山
平堡镇
高湾镇
关马路
水冲
黄
土
复兴乡
灰条沟
水川镇
大芦镇
吴
关庄
毛家阴
涝塘
厉
草滩镇
红羊乡
若笠乡
省
刘家寨子镇
关庄乡
宋庄
郭城驿镇
建国
哈岘乡
苦
水
河
山
河畔镇
309
头寨子镇
新营乡

中卫市

【地理位置】位于宁夏回族自治区中西部，宁、甘、内蒙古三省区交汇处。地理坐标为东经104° 17' ~ 107° 10'，北纬36° 06' ~ 37° 50' 之间。北、东与吴忠市接壤，南与固原市相连，西与甘肃省白银市交界，北与内蒙古自治区阿拉善盟毗邻。

【行政区划】辖沙坡头区和中宁、海原2个县。

【人口面积】2020年末全市人口107万，面积17448平方千米。其中回族66万人，占总人口52%，是中国“回族之乡”，中国回族密度最大的地级市。

【历史沿革】中卫历史悠久，春秋时期为羌戎杂居地，秦纳入版图，属北地郡富平县，西汉属安定郡，南北朝属灵州郡，北宋属昌化镇，西夏建制为应吉里寨和应理州，元朝设应理州，明置宁夏中卫，清设中卫县，属宁夏府，1933年分设中卫、中宁两县，1954年并入甘肃省，1958年宁夏回族自治区成立，中卫、中宁先后划归银川专区、银南地区和吴忠市管辖，海原先后划归固原地区和固原市管辖，2004年4月，设立地级中卫市。

【地形】地势西南高，东北低，市区平均海拔1225米，地貌类型分为黄河冲积平原、台地、沙漠、山地与丘陵五大单元。

【河流湖泊】有黄河干流及支流、清水河等。

【气候】属温带大陆性半干旱季风气候，因受沙漠影响，干旱少雨，日照充足，昼夜温差大，年平均气温在8.2℃ ~ 10.0℃之间，年平均相对湿度57%，无霜期159~169天，年均降水量138 ~ 353毫米，年蒸发量1729.6 ~ 1852.2毫米，全年日照时数3796.1小时。

【交通】交通便捷，是连接西北与华北的第三大铁路交通枢纽，也是欧亚大通道“东进西出”的必经之地。包兰、甘武、宝中、中太银铁路在此交汇，银兰客运专线银川至中卫段建成通车；京藏（G6）、福银（G70）、定武（G2011）、乌玛（G1816）等高速公路和109、338、341、344等国道穿境而过，是新疆、河西走廊通往东部地区最便捷的内陆通道。沙坡头机场的建成通航，构建起了立体交通网络。

【资源经济】初步形成了枸杞、硒砂瓜、设施蔬菜、马铃薯、优质大米和红枣、林果等优势特色主导产业，被誉为“塞上江南”“世界枸杞之都”。矿产资源有煤、石膏、硅石、黏土、石灰岩等，煤炭储量较大。初步形成了造纸、酿酒、农副产品加工、冶金化工、建筑建材、机械制造、电力及能源等主体产业，实施“外煤进宁”，着力培育冶金、精细化工、煤化工、新能源、新材料、造纸等六大产业。

【风景名胜】沙坡头国家级自然保护区、寺口子旅游区、腾格里湖、通湖草原、大麦地岩画、中卫高庙、双龙山石窟、一碗泉旧石器遗址、“菜园文化”遗址、西华山、南华山等。

【地方特产】滚粉泡芋头、漩粉凉菜、硬面干烙子、清蒸鸽子鱼、米黄子，特产中宁枸杞、中宁硒砂瓜等。

1∶960 000

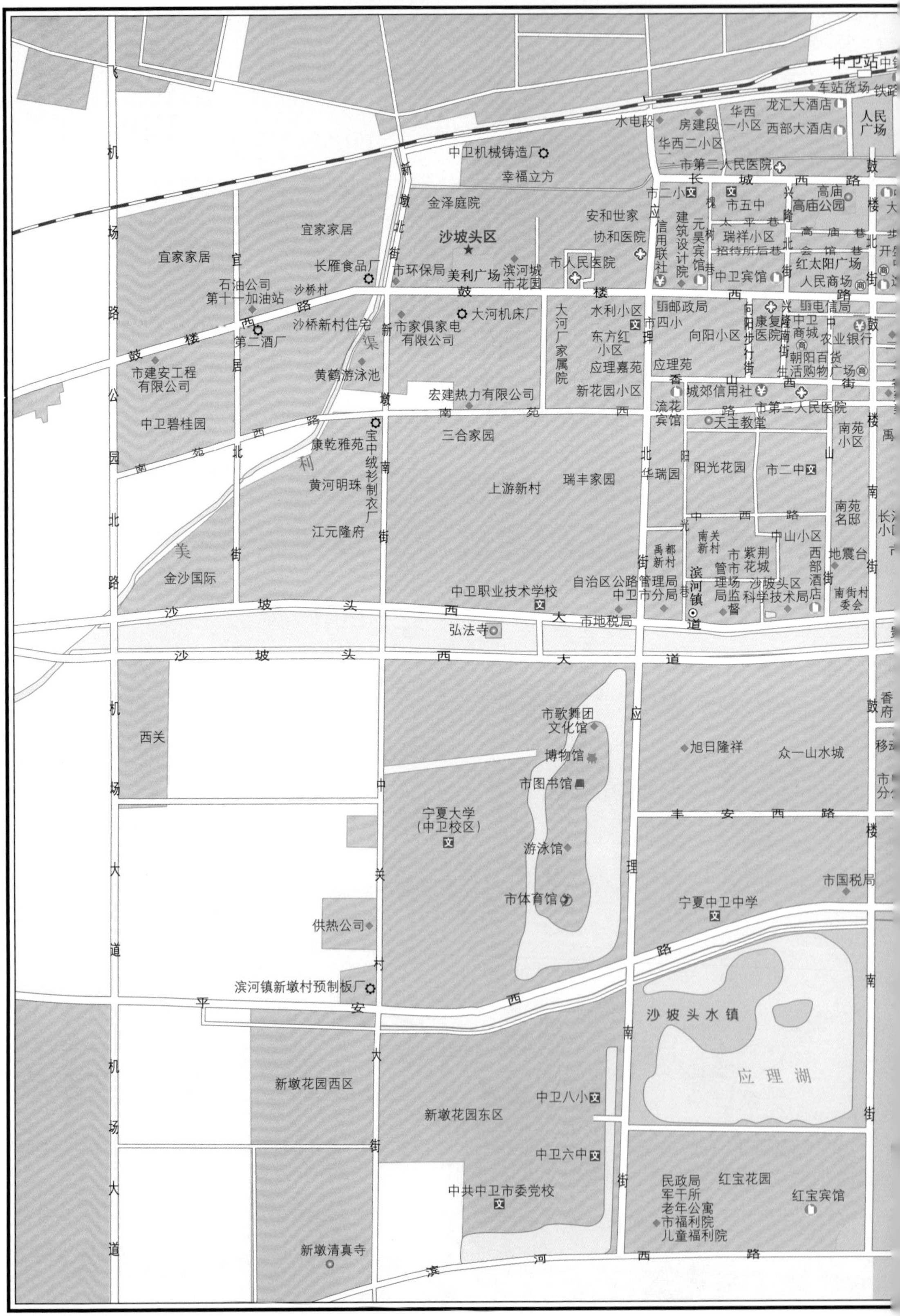

中卫站
车站货场
铁路
龙汇大酒店
人民广场
水电段
房建段
华西一小区
西部大酒店
华西二小区
中卫机械铸造厂
市第二人民医院
幸福立方
长城西路
高庙
市二小
市五中
高庙公园
金泽庭院
安和世家
建筑设计院
元昊宾馆
太平巷
瑞祥小区
高庙巷
宜家家居
沙坡头区
协和医院
信用联社
招待所后巷
会馆巷
宜家家居
长雁食品厂
市环保局
美利广场
滨河城市花园
市人民医院
中卫宾馆
红太阳广场
人民商场
石油公司第十一加油站
沙桥村
鼓楼西路
大河机床厂
水利小区
邮政局
电信局
沙桥新村住宅
市家俱家电有限公司
大河厂家属院
市四小
康复医院
中卫商城
农业银行
第二酒厂
东方红小区
向阳小区
向阳步行街
朝阳百货
生活购物广场
市建安工程有限公司
黄鹤游泳池
应理嘉苑
应理苑
城郊信用社
宏建热力有限公司
新花园小区
中卫碧桂园
南苑西路
市第三人民医院
宝中绒衫制衣厂
流花宾馆
天主教堂
康乾雅苑
三合家园
南苑小区
美利渠
瑞丰家园
阳光花园
市二中
黄河明珠
华瑞园
上游新村
南苑名邸
中西路
江元隆府
中山小区
南关新村
禹都新村
市管理局
紫荆花城
市场监督
西部酒店
地震台
金沙国际
自治区公路管理局中卫市分局
沙坡头区科学技术局
南街村委会
中卫职业技术学校
滨河镇
市地税局
沙坡头西大道
弘法寺
飞机场公路
宜居北街
新墩北街
新墩南街
中关村大街
应理北街
应理南街
鼓楼南街
西关
市歌舞团
文化馆
博物馆
旭日隆祥
众一山水城
市图书馆
丰安西路
宁夏大学（中卫校区）
游泳馆
市国税局
市体育馆
宁夏中卫中学
供热公司
滨河镇新墩村预制板厂
平安大道
平安西路
沙坡头水镇
新墩花园西区
应理湖
中卫八小
新墩花园东区
中卫六中
民政局
军干所
老年公寓
市福利院
儿童福利院
红宝花园
红宝宾馆
中共中卫市委党校
新墩清真寺
滨河西路
机场大道

中卫市

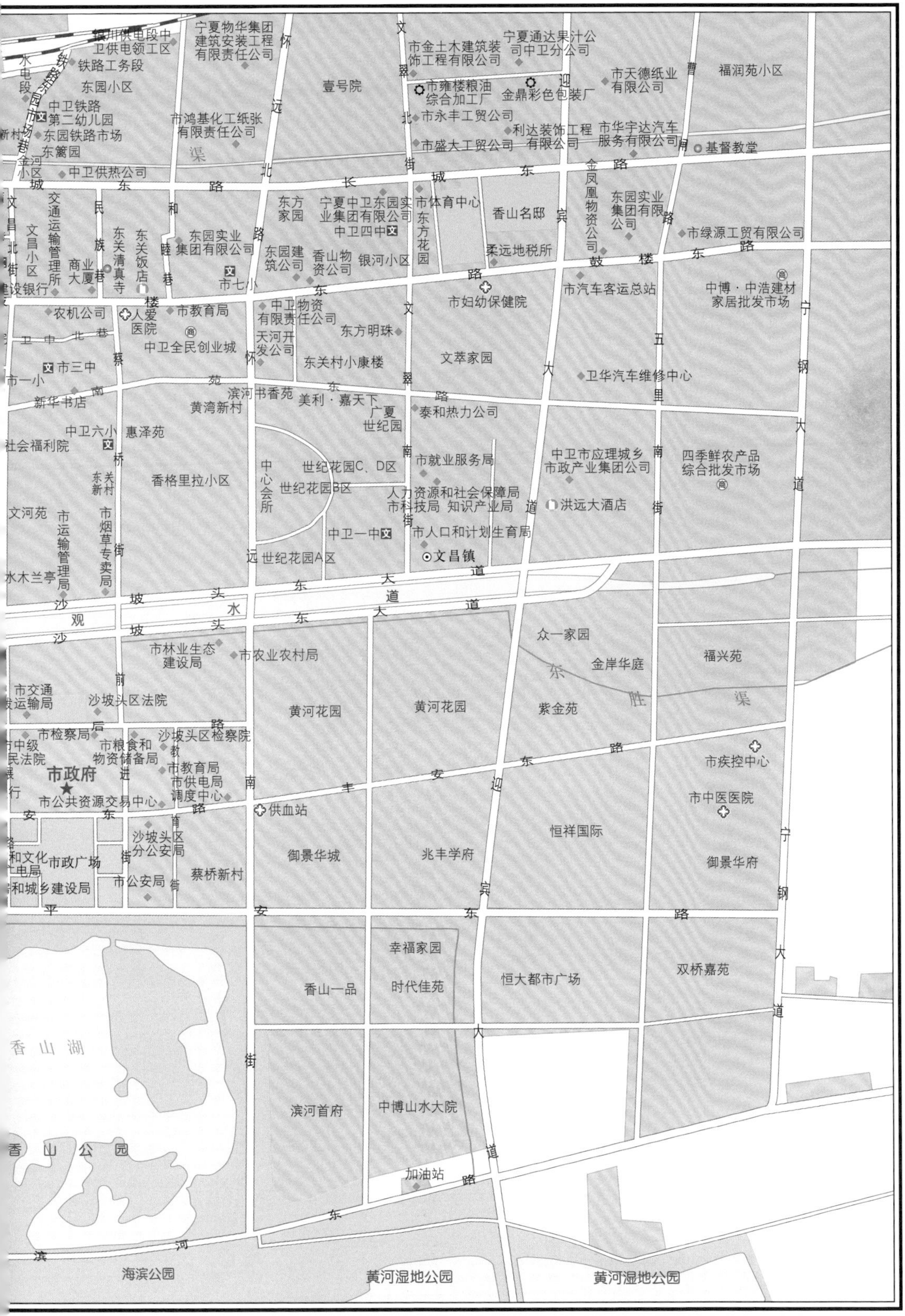

银川供电段中卫供电领工区
宁夏物华集团建筑安装工程有限责任公司
市金土木建筑装饰工程有限公司
宁夏通达果汁公司中卫分公司
铁路工务段
东园小区
壹号院
市雍楼粮油综合加工厂
金鼎彩色包装厂
市天德纸业有限公司
福润苑小区
中卫铁路第二幼儿园
东园铁路市场
东篱园
市鸿基化工纸张有限责任公司
市永丰工贸有限公司
利达装饰工程有限公司
市华宇达汽车服务有限公司
市盛大工贸有限公司
基督教堂
中卫供热公司
金河小区
长城东路
东方家园
宁夏中卫东园实业集团有限公司
市体育中心
香山名邸
东园实业集团有限公司
中卫四中
东方花园
金凤凰物资公司
市绿源工贸有限公司
文昌小区
交通运输管理所
商业大厦
东关清真寺
东关饭店
东园实业集团有限公司
东园建筑公司
香山物资公司
银河小区
柔远地税所
鼓楼东路
市七小
建设银行
市汽车客运总站
中博·中浩建材家居批发市场
农机公司
人爱医院
市教育局
中卫物资有限责任公司
市妇幼保健院
中卫全民创业城
天河开发公司
东方明珠
卫中北巷
市三中
东关村小康楼
文萃家园
市一小
卫华汽车维修中心
新华书店
滨河书香苑
黄湾新村
美利·嘉天下
广夏世纪园
泰和热力公司
中卫六小
惠泽苑
社会福利院
中卫市应理城乡市政产业集团公司
四季鲜农产品综合批发市场
世纪花园C、D区
市就业服务局
中心会所
世纪花园B区
香格里拉小区
东关新村
人力资源和社会保障局
市科技局
知识产业局
洪远大酒店
文河苑
市运输管理局
市烟草专卖局
中卫一中
市人口和计划生育局
世纪花园A区
文昌镇
水木兰亭
沙坡头水大道
沙坡头大道
观
众一家园
金岸华庭
福兴苑
市林业生态建设局
市农业农村局
市交通运输局
沙坡头区法院
黄河花园
黄河花园
紫金苑
东胜渠
市检察局
沙坡头区检察院
市中级人民法院
市粮食和物资储备局
市教育局
市疾控中心
市政府
市供电局调度中心
市公共资源交易中心
供血站
市中医医院
恒祥国际
文化广电局
市政广场
沙坡头区分公安局
御景华城
兆丰学府
御景华府
住房和城乡建设局
市公安局
蔡桥新村
平安东路
前进南路
东安丰路
迎宾东道
宁钢大道
五里南街
幸福家园
香山一品
时代佳苑
恒大都市广场
双桥嘉苑
香山湖
滨河首府
中博山水大院
香山公园
加油站
滨河东路
海滨公园
黄河湿地公园
黄河湿地公园

中卫市

沙坡头区

【地理位置】 位于宁夏中西部，属中卫市辖区。地理坐标为东经104° 17′ ~ 105° 37′，北纬36° 59′ ~ 37° 43′。

【人口面积】 人口40万，面积6877平方千米。

【地形】 地形由西向东、由南向北倾斜。境内海拔高度在2955米 ~ 1100米之间。地貌类型分为沙漠、黄河冲积平原、台地、山地和盆地5个较大的地貌单元。

【河流湖泊】 黄河等。

【交通】 银兰客运专线银川至中卫段建成通车，包兰、宝中铁路在此接轨，定武高速（G2012）、京藏高速（G6）、乌玛高速（G1816）、338国道过境，205、218省道纵横境内。

【资源经济】 主要粮食作物有水稻、小麦、玉米。初步形成了设施蔬菜、硒砂瓜、枸杞、经果林、家禽等优势特色产业。有煤、石膏、大理石、油页岩、石灰石、重晶石、硅石、方解石、碧玉石、陶土、铁、金、银、铜、铅、锌等多种矿产。工业有造纸、陶瓷、枸杞饮料等。

【风景名胜】 沙坡头国家级自然保护区、中卫高庙等。

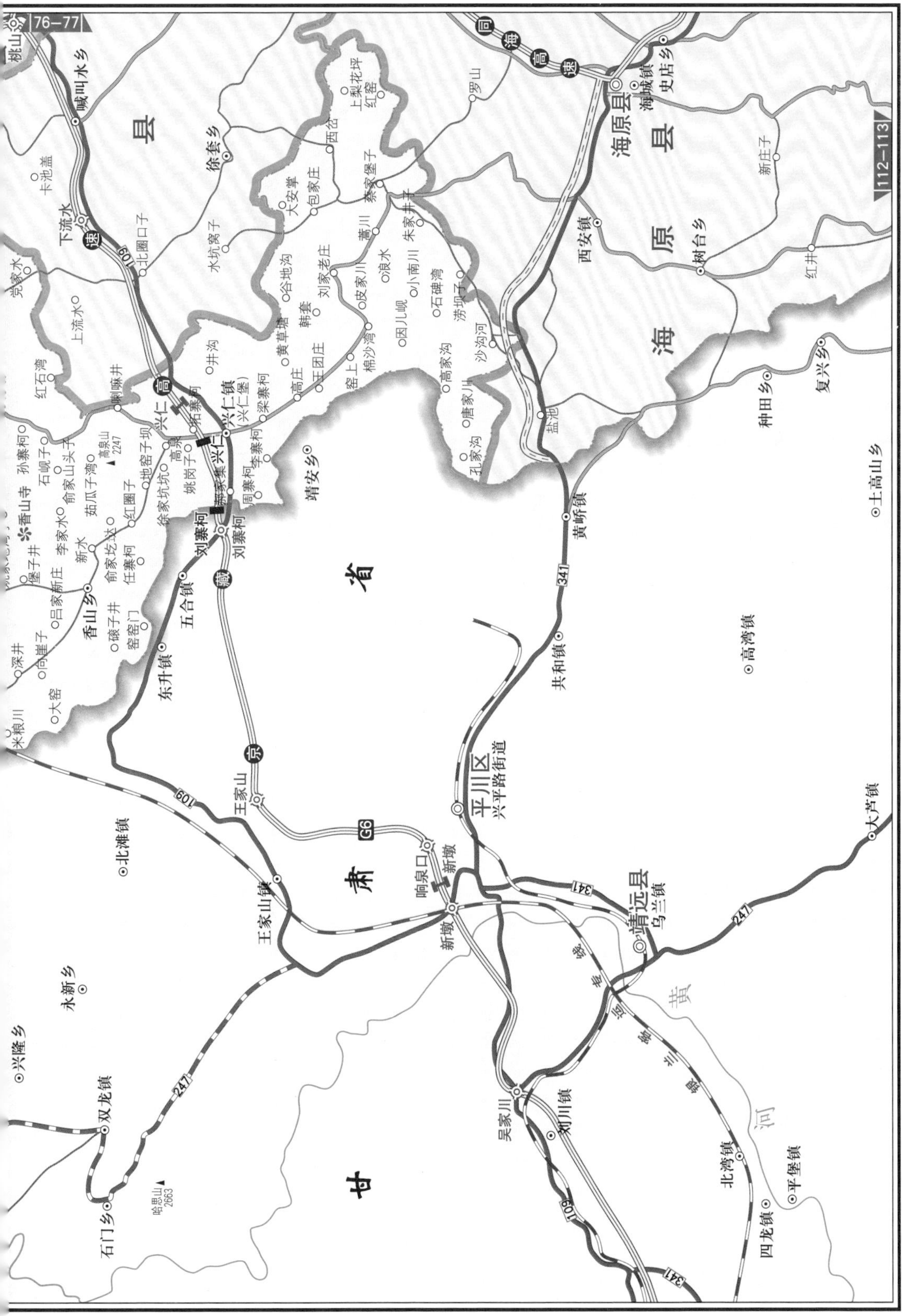

76–77
112–113
甘
肃
省
县
海
原
县
海原县
海城镇
史店乡
西安镇
树台乡
红井
新庄子
罗山
盐池
复兴乡
种田乡
土高山乡
高湾镇
共和镇
黄峤镇
靖安乡
平川区
兴平路街道
靖远县
乌兰镇
响泉口
新墩
王家山
王家山镇
北滩镇
永新乡
兴隆乡
双龙镇
石门乡
哈思山
2663
刘川镇
吴家川
北湾镇
平堡镇
四龙镇
大芦镇
黄
河
东升镇
五合镇
刘寨柯
兴仁镇
(兴仁堡)
兴仁
香山乡
香山寺
高泉山
2247
徐套乡
下流水
喊叫水乡
卡池盖
北圈口子
水坑窝子
上流水
红石湾
喇嘛井
大安掌
包家庄
谷地沟
刘家老庄
韩套
黄草塘
高庄
王团庄
窑上
棉沙湾
皮家川
浪水
小南川
石碑湾
涝坝子
沙沟河
高家沟
唐家川
孔家沟
因儿岘
朱家井子
蔡家堡子
蒿川
西岔
上梨花坪
红窑
井沟
梁寨柯
李寨柯
周寨柯
姚岗子
高泉
地窑子坝
红圈子
俞家圪垯
任寨柯
新水
李家水
茹瓜子湾
俞家山头子
石岘子
孙寨柯
堡子井
吕家新庄
碳子井
窑窑门
深井
向崖子
大窑
米粮川
宗家坑坑
完家水
桃山
京
藏
高
速
同
海
G6
109
247
341

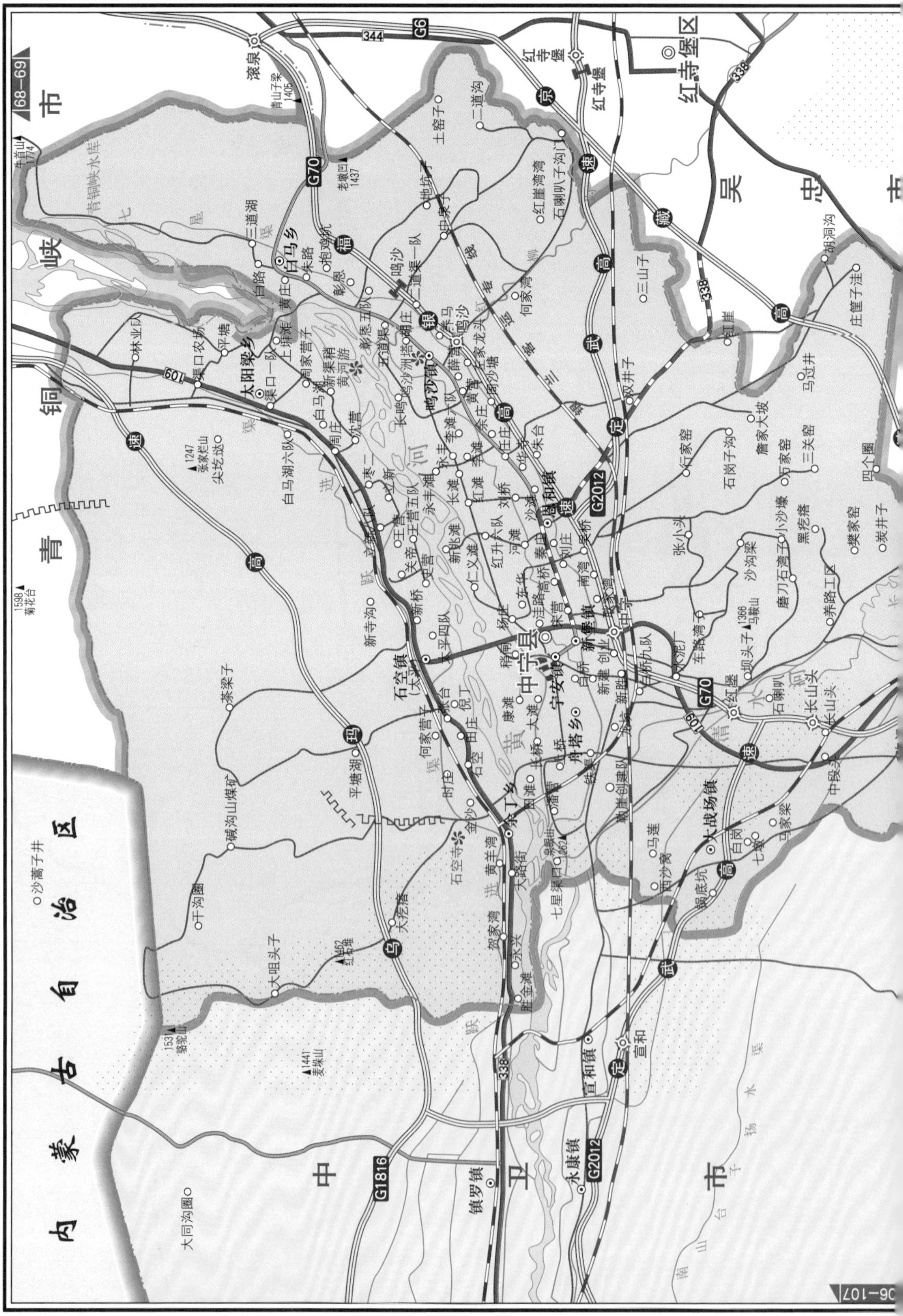
中宁县
红寺堡区
吴忠市
青铜峡市
中卫市
内蒙古自治区
宁安镇
新堡镇
石空镇
鸣沙镇
恩和镇
余丁乡
白马乡
太阳梁乡
舟塔乡
大战场镇
宣和镇
镇罗镇
永康镇
青铜峡水库
黄河
G70
G6
G2012
G1816
109
338
344
68-69
106-107

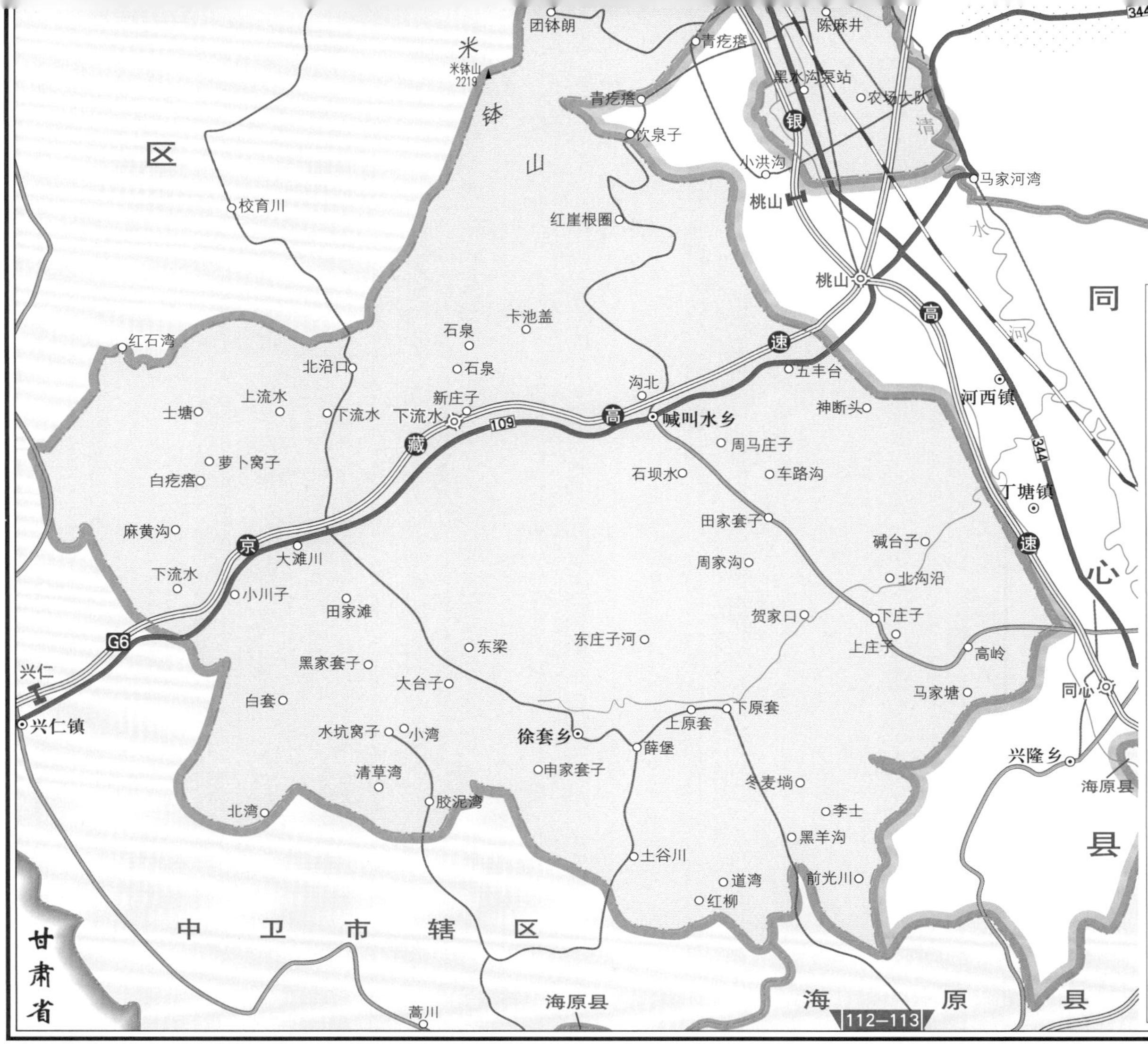

中宁县

【地理位置】位于宁夏中部，属中卫市。地理坐标为东经105° 26′ ~ 106° 07′，北纬37° 09′ ~ 37° 50′。

【人口面积】人口33万，面积4193平方千米。

【地形】北部为卫宁北山及山陵，中部为黄河冲积平原，东部和东南部为山地(牛首山、烟筒山)与丘陵，西南部为清水河河谷平原和米钵山山地。

【河流湖泊】黄河、清水河等。

【交通】银兰客运专线银川至中卫段建成通车，包兰、宝中铁路在此相汇，定武高速（G2012）、京藏高速（G6）、福银高速（G70）、乌玛高速（G1816）、109国道、101省道纵横境内。

【资源经济】盛产枸杞、红枣、粮油、瓜果、畜禽等农副产品。是中国枸杞、商品粮、瘦肉型猪生产基地。有石膏、石灰石、煤、铁等矿产品。尤其是碱沟山无烟煤是高密度、高强度、高发热量、低灰、低硫、低磷的优质无烟煤，总储量达6亿吨，被誉为“天下第一煤”。工业有冶金、能源化工、建材、特色农副产品深加工、风力发电和光伏发电等。

【风景名胜】石空寺等。

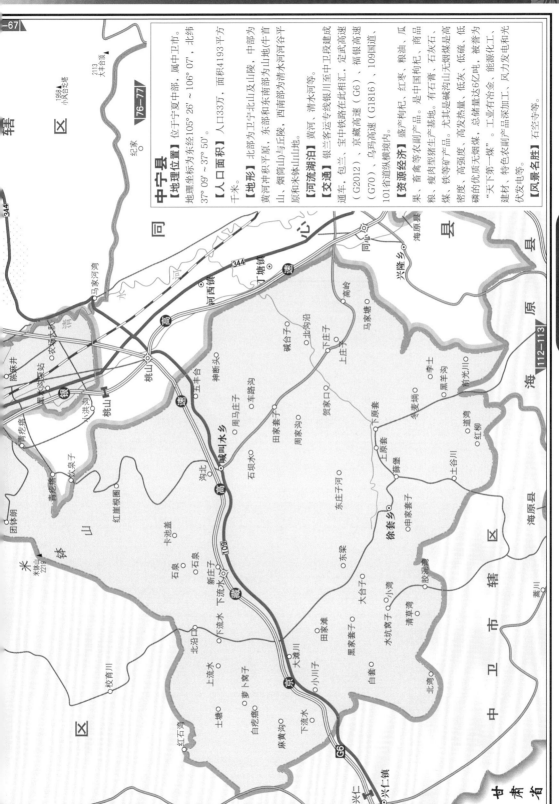

中宁县枸杞博物园
福杞缘枸杞批发总汇
中石化中宁枸杞产业园厂区
宁夏万盛科技有限公司厂区
宁安苑
滨河新城
杞香府邸
中宁二中
图书馆
文化馆
中宁红枸杞补益品有限公司
宁夏秦毅实业集团
农资公司
中石油中宁公司
加油站
中宁县丰泽粮油贸易有限公司
电厂家园
供热站
消防中队
水木兰亭
福康花园
中宁游泳馆
中宁县城新区体育馆
体育中心
市场监管局
妇幼保健院
卫生健康局
融媒体中心
消防大队
税务局
县第三小学
法院
自然资源局
档案局
人社局
中宁仁心医院
中宁县第四中学
宁夏医科大学附属医院中宁分院
金岸骄子
清真屠宰厂
中宁县第五小学
殷庄四五队
殷庄大社区C区
殷庄大社区D区
滨河路
宁丰路
西环路
富康北路
育才路
康庄路
中央大道
民生大道
河滨路
兴永路
鸣沙街
中

宁华小区
宁华家园
宁祥宾馆
东环加油站
新翔加油站
天元检测
杞乡经典A区
杞乡经典B区
杞乡经典C区
检察院
交通运输管理所
红宝集团
民政局
敬老院
石桥新村
交警队
烟草专卖局
红宝花园
红宝加油站
华诚首府
县政府
文化旅游
广电局
红宝
平安家园
商务局
建筑设计研究所
红宝南河子花园
农业农村局
广场
枸杞园
南河子公园
县九小
开元盛世花园
公安局
建设局
环保局
新堡村七队
盛世花园南区
天仁名邸
煜基观园世家
体育公园
中宁县早康枸杞开发有限公司
宁夏隆基硅材料有限公司
新堡村村委会
七星渠管理处
强发涂料
农机站
新堡镇
新堡镇卫生院
公路养护中心
运输公司
新堡村一队
观园壹号
中宁黄河乳品厂
新堡一队
新堡二队
兴宁幼儿园
煜基世芳豪庭
中宁中学家园
中宁中学
红寺堡扬水工程管理处
中宁县第四小学
区固海扬水管理处
宁夏红中宁枸杞制品有限公司
肖闸村五、六队
肖闸村二队
煜基金庭雅园
恒兴学府中央
宁夏杞乡生物食品工程有限公司
赢嘉实业公司
中宁清真寺
水利西区西苑
红宝河滨家园
县人民医院
物资综合经营公司
再生资源公司
锦绣苑
世纪花苑
农村信用合作社
新华书店
疾病控制中心
县汽车站
财政局
县青少年活动中心
广场花苑
中宁县第十小学
供电公司
教育体育局
东街锅炉房
教育局家属院
水泥厂家属院
红宝家园
银河幼儿园
振兴小区
育才东苑
中宁县第一小学
宁新小区
建设银行
商业银行
中宁宾馆
中宁饭店
长鼎宾馆
信用联社
庆丰苑
移动通信
红宝新居南苑
红宝新居
五洲酒店
南街新村
绿苑
迎宾苑
南街供气站
南环加油站
宁安古镇
中宁县第六中学
中宁县职业中学
中宁企业总部
红宝建材市场
红宝农特产品交易中心
畅和雅园
中宁县第六小学
白桥村
白桥村六队
中宁县第六小学
吉隆汽车修配中心
中安包装公司
食品公司屠宰厂
红宝西花园
水暖公司
交通饭店
塞上江南
宁安镇
朱营市场
朱营六队
荣华锦苑
恒辰世纪商业广场
恒达家园
质量技术监督局
开元新居
医院家属院
新南家园
税务局
华夏商厦
百隆商厦
恒达饭店
阳晨饭店
气象局
电信局
红宝商贸中心
中宁影剧院
中心市场
医药材公司
城关二队
郭庄二队
天仁家园二区
中宁商城
天仁家园
牛首山宾馆
鹏欣丽都
金丰小区
郭庄七队
郭庄五队
中宁县第二小学
植物检疫站
农机推广中心
西环加油站
开元酒店
县中医院
邮政局
粮食局
人行县支行
农行县支行
宁红宾馆
金岸家园
金桥饭店
红苑小区
振兴小区
枸杞花园
金岸家园B区
马庄
沈滩
宁安大街
东环路
南环路
西环路
北环路
新堡街
迎宾街
宁州线
七星渠
南河子

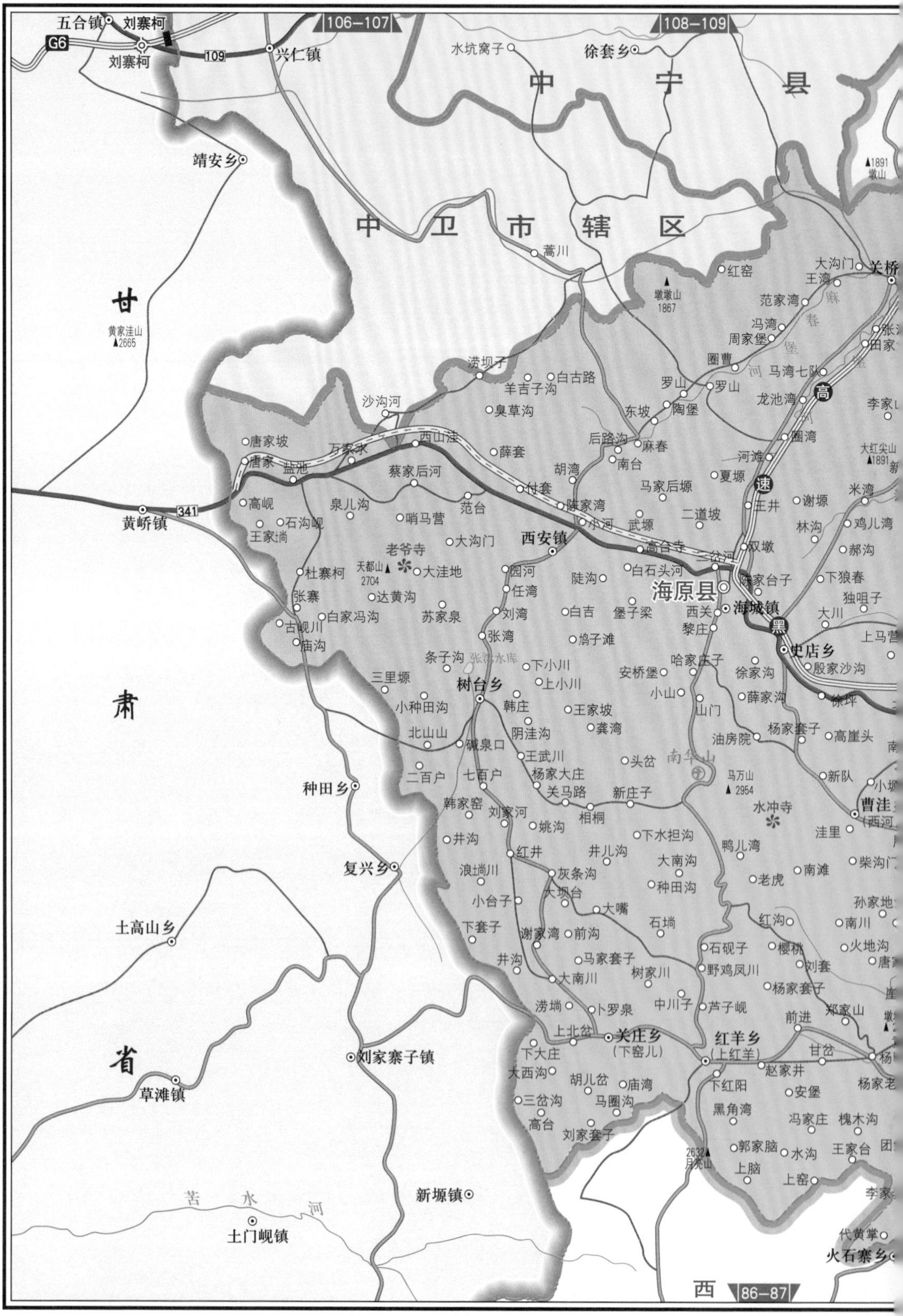
106–107
108–109
五合镇
刘寨柯
G6
刘寨柯
109
兴仁镇
水坑窝子
徐套乡
中 宁 县
靖安乡
1891
墩山
中 卫 市 辖 区
蒿川
甘
黄家洼山
2665
红窑
墩墩山
1867
大沟门
关桥
王湾
范家湾
冯湾
周家堡
麻
春
堡
河
张
田家
涝坝子
白古路
羊吉子沟
圈曹
马湾七队
罗山
罗山
龙池湾
高
李家
沙沟河
臭草沟
东坡
陶堡
唐家坡
万家水
西山洼
后路沟
麻春
圈湾
唐家
盐池
薛套
胡湾
南台
河滩
大红尖山
1891
蔡家后河
夏塬
速
黄峤镇
341
高岘
泉儿沟
付套
陈家湾
马家后塬
谢塬
米湾
石沟岘
哨马营
范台
二道坡
王井
林沟
鸡儿沟
王家垧
大沟门
西安镇
小河
武塬
老爷寺
高台寺
双墩
郝沟
杜寨柯
天都山
2704
大洼地
园河
白石头河
二分河
陈家台子
下狼春
张寨
达黄沟
任湾
陡沟
海原县
海城镇
独咀子
古岘川
白家冯沟
苏家泉
刘湾
白吉
堡子梁
西关
大川
庙沟
张湾
鸠子滩
黎庄
黑
上马营
条子沟
张湾水库
下小川
史店乡
三里塬
树台乡
上小川
安桥堡
哈家庄子
徐家沟
殷家沙沟
肃
小种田沟
韩庄
王家坡
小山
薛家沟
徐坪
北山山
阴洼沟
龚湾
山门
杨家套子
高崖头
碱泉口
油房院
南
王武川
头岔
南华山
种田乡
二百户
七百户
杨家大庄
马万山
2954
新队
小塬
关马路
新庄子
曹洼
(西河)
韩家窑
刘家河
相桐
水冲寺
姚沟
下水担沟
洼里
井沟
鸭儿湾
红井
井儿沟
复兴乡
浪垧川
灰条沟
大南沟
南滩
柴沟门
老虎
种田沟
小台子
大坝台
孙家地
大嘴
红沟
南川
石垧
土高山乡
下套子
谢家湾
前沟
石砚子
樱桃
火地沟
马家套子
刘套
唐家
井沟
树家川
野鸡凤川
大南川
杨家套子
涝垧
卜罗泉
中川子
芦子岘
郑家山
上北岔
关庄乡
(下窑儿)
红羊乡
(上红羊)
前进
省
刘家寨子镇
下大庄
甘岔
杨
大西沟
胡儿岔
赵家井
草滩镇
庙湾
下红阳
安堡
杨家老
三岔沟
马圈沟
黑角湾
冯家庄
槐木沟
高台
刘家套子
郭家脑
水沟
王家台
2632
月亮山
上脑
上窑
新塬镇
苦 水 河
李家
土门岘镇
代黄掌
火石寨乡
西
86–87

海原县

【地理位置】 位于宁夏南部，地处六盘山北麓。地理坐标为东经105° 09' ~ 106° 10'，北纬36° 06' ~ 37° 04'。

【人口面积】 人口33万，面积6378平方千米。回族人口占全县总人口的69.7%，是著名的回族聚集区。

【地形】 地处黄土高原，为黄土丘陵沟壑区，地形复杂，地貌类型多样，山地、黄土丘陵、河谷川地等呈带状交错分布，水土流失严重。平均海拔高度1951.3米，最高点马万山为2954米，地形西南高，东北低。

【河流湖泊】 清水河等。

【交通】 宝中铁路、福银高速（G70）、同海高速、黑海高速、341、344国道和204、205、311省道纵横境内。

【资源经济】 野生资源有蕨菜、麻黄、秦艽、柴胡等，尤以蕨菜居多。特色农业有小麦、马铃薯、小茴香、蔬菜、瓜类和“三豆”（豌豆、扁豆和蚕豆）。矿产有金、银、铜、铅、锌、铁、镁、石膏、灰质煤、湖盐、硝、陶土、砖瓦黏土、硅石、花岗岩及建筑用砂石等19种。工业有水泥、机砖和淀粉、食用油、地毯、皮毛等。

【风景名胜】 老爷寺等。

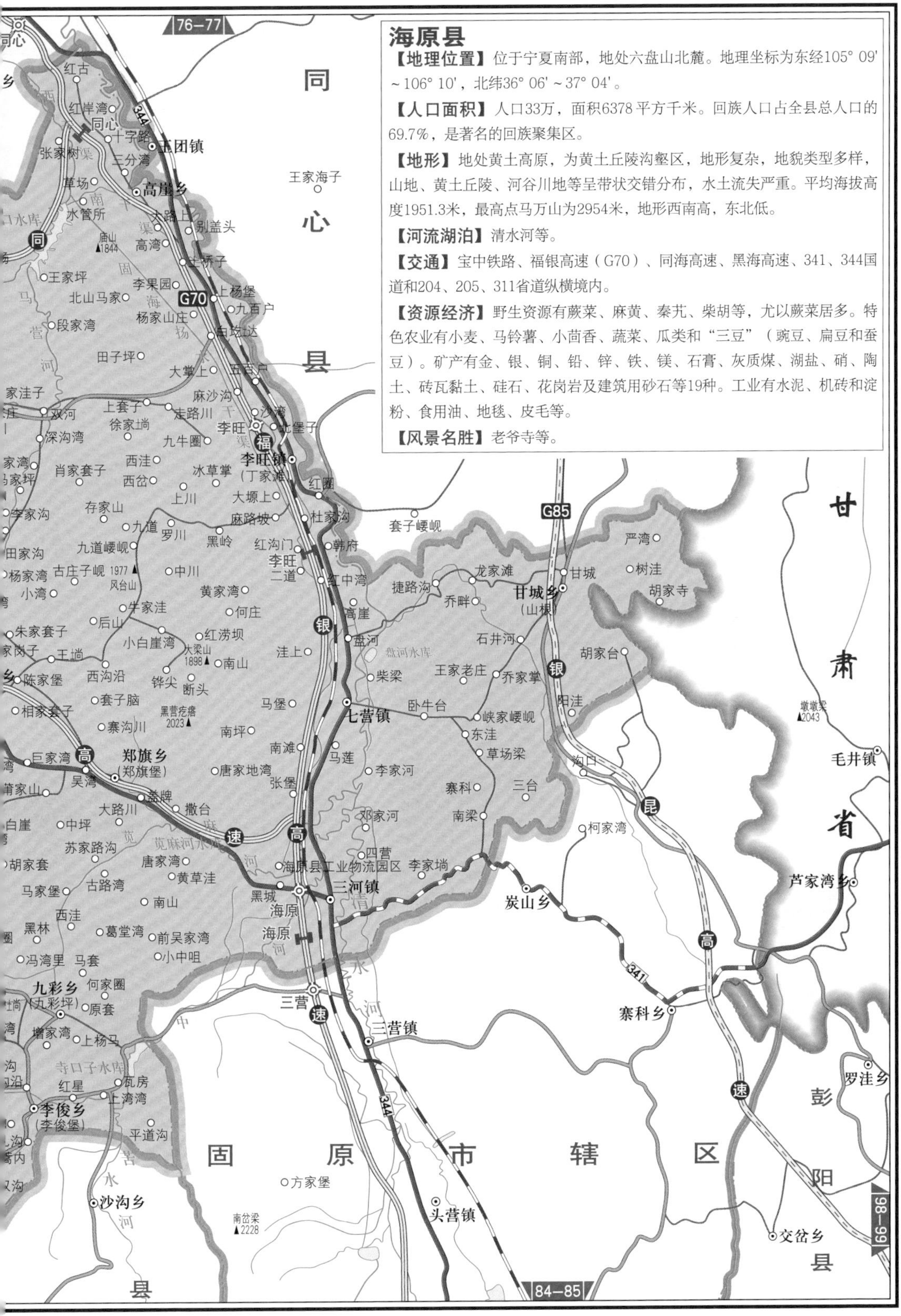

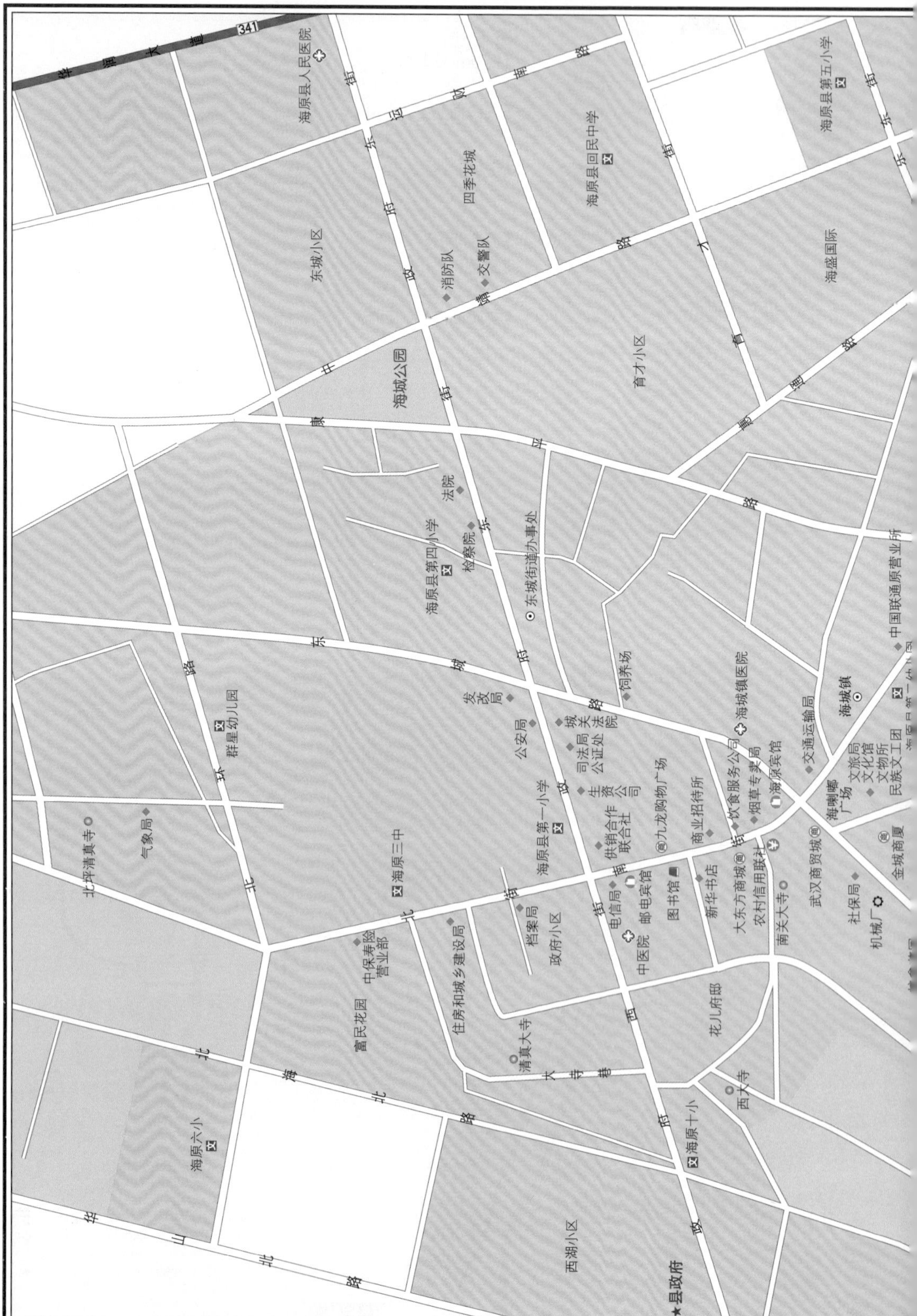
341
华润大道
海原县人民医院
东城小区
四季花城
海原县回民中学
海原县第五小学
消防队
交警队
育才小区
海盛国际
海城公园
法院
海原县第四小学
检察院
东城街道办事处
饲养场
海城镇医院
海城镇
中国联通海原营业所
发改局
公安局
城关法院
司法局公证处
生资公司
供销合作联合社
九龙购物广场
商业招待所
饮食服务公司
烟草专卖局
海原宾馆
交通运输局
文旅局
文化馆
文物所
民族文工团
海喇嘛广场
群星幼儿园
海原县第一小学
海原三中
北坪清真寺
气象局
电信局
邮电宾馆
图书馆
新华书店
大东方商城
农村信用联社
南关大寺
武汉商贸城
金城商厦
社保局
机械厂
中医院
档案局
政府小区
住房和城乡建设局
中保寿险营业部
富民花园
清真大寺
花儿府邸
西大寺
海原十小
海原六小
西湖小区
县政府
北环路
华山北路

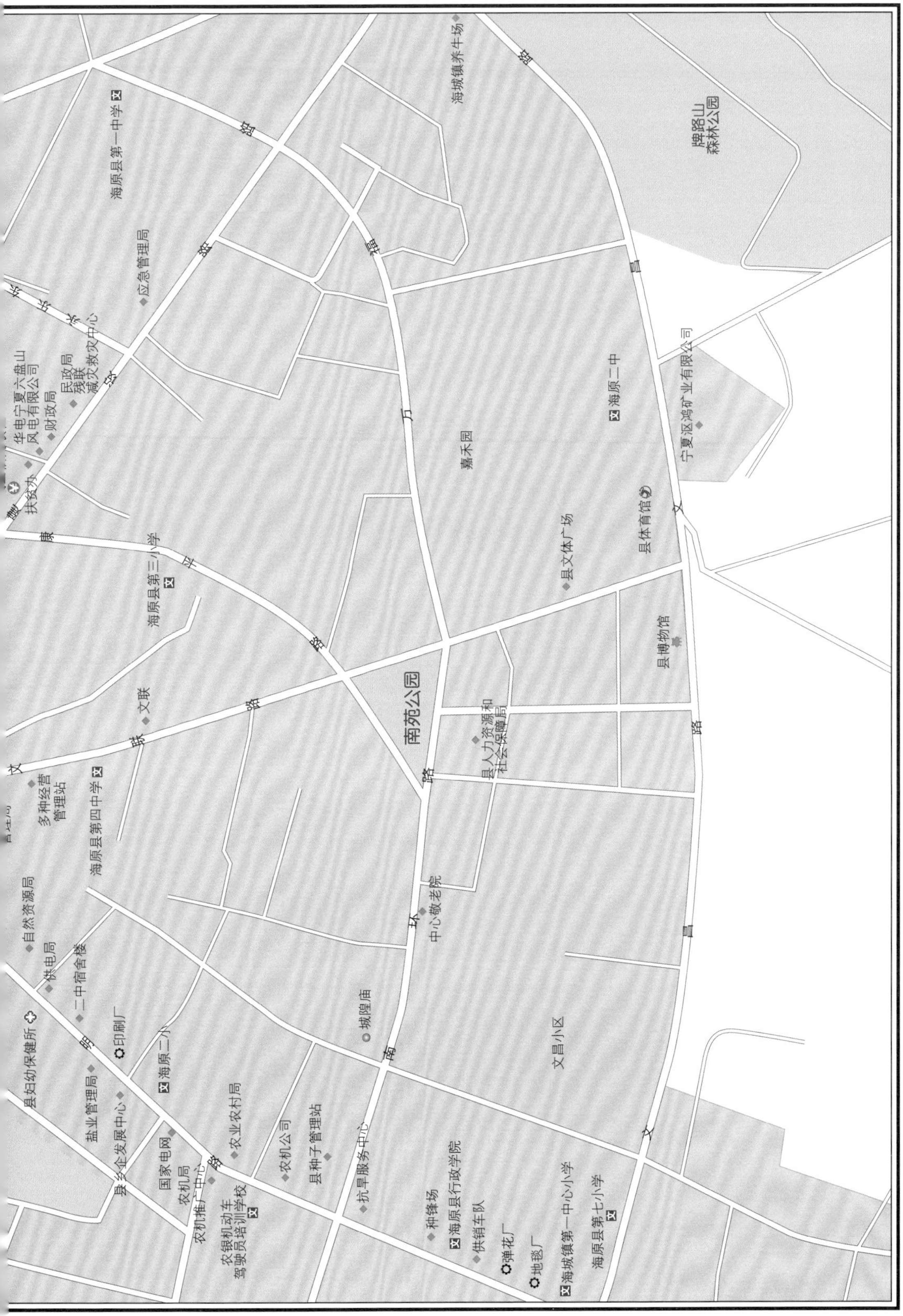
海城镇养牛场
牌路山森林公园
海原县第一中学
应急管理局
民政局
残联
减灾救灾中心
华电宁夏六盘山风电有限公司
财政局
扶贫办
嘉禾园
海原二中
宁夏沤鸿矿业有限公司
县体育馆
县文体广场
海原县第三小学
县博物馆
南苑公园
文联
县人力资源和社会保障局
多种经营管理站
海原县第四中学
中心敬老院
自然资源局
供电局
二中宿舍楼
县妇幼保健所
印刷厂
城隍庙
海原二小
文昌小区
盐业管理局
县乡企发展中心
国家电网
农机局
农机推广中心
农业农村局
农机公司
县种子管理站
农银机动车驾驶员培训学校
抗旱服务中心
种锋场
海原县行政学院
供销车队
弹花厂
地毯厂
海城镇第一中心小学
海原县第七小学
康平路
文联路
南环路
文昌路